전홍조 대사의
스페인 일기

주스페인대사의 부임에서 이임까지
외교관의 눈으로 본 스페인 이야기

전홍조 대사의
스페인 일기

펠리페 6세 국왕부터 살라망카대학 학생들까지
북부 빌바오에서 최남단 알헤시라스까지
생생한 스페인 외교현장의 기록
흥미로운 스페인 기행문

프롤로그 prologue

유라시아 대륙의 서쪽 끝, 이베리아 반도에 위치한 스페인에 대한 한국 국민들의 관심이 2010년대에 들어 폭발적으로 높아졌다. 2012년에 9만 명이었던 스페인 방문 한국인의 숫자가 7년만인 2019년에는 63만 명으로 7배 증가한 것이 이를 잘 말해 준다.

2014년에 TV에서 방영된 "꽃보다 할배"는 스페인에 대한 관심을 더욱 촉발시켰고, 이후 "윤식당 2", "같이 걸을까", "세빌리아의 이발사", "알함브라 궁전의 추억", "스페인 하숙" 등의 프로그램으로 이어졌다.
 방송 이후 한국에는 파에야, 하몽, 이베리코 삼겹살과 같은 스페인 음식과 와인, 그리고 자라(ZARA), 캠퍼(CAMPER), 로에베(LOEWE)와 같은 제품이 알려지기 시작했다. 산티아고 순례길 열풍이 일어 2019년에는 8천 명 이상의 한국인이 800km에 달하는 순례길을 걸었으며, 이는 세계 여러 국가 중 8번째로 많은 숫자였다. 이처럼 한국에 스페인 붐이 일어난 것이다.

더 중요한 것은 이러한 문화적 현상을 넘어 한국과 스페인 간 양국관계도 모든 분야에서 급속히 발전하고 있다는 점이다. 2011년 이후 교역은 80% 증가하여, 2018년에 최초로 50억 불을 돌파하였다. 누적 투자액도 4배 이상 증가한 44억 불에 달하고 있다. 양국 건설 기업들은 17개국에서 56건(수주액 129억 불)의 프로젝트를 공동으로 수행하였다. 스페인 5개 대학에 한국학(어) 과정이 개설되었고, 양국 간 워킹홀리데이 협정도 시행되고 있다. 두 나라는 보편적 가치를 공유하고 경제력과 인구가 비슷한 중견국으로서 국제사회에서 중요한 협력 파트너가 되었다. 이러한 관계 발전을 바탕으로 2021년 6월에 전략적 동반자 관계를 공식적으로 설정하였다.

필자는 한-스페인 관계가 획기적으로 발전하고 있었던 2018년부터 2020년까지 주스페인대사로 외교 현장에서 근무하였다. 확대되고 있는 양국 간 교류와 협력의 모멘텀을 살리고 양국관계를 더 높은 단계로 끌어올리기 위해 노력하였다. 특히 2020년 양국 수교 70주년을 맞아 실현된 펠리페 6세 국왕의 국빈 방한과 한국의 마드리드 국제관광박람회(Fitur) 주빈국 참가는 필자의 기억에 생생히 남아 있다. 양국관계뿐만 아니라 국제사회에서 스페인의 위상과 스페인의 정치, 경제, 사회, 문화, 역사에 대해서도 많은 것을 경험하고 느꼈다.

이러한 소중한 스페인 생활을 기억으로만 남기기가 아까워 스페인에 관심이 있는 분들과 공유하기 위해 2021년 1월부터 1년 3개월간 총 65편의 글을 "스페인 어게인"에 기고하였다. 많이 미흡한 글이라고 생각했는데, 독자들의 반응이 좋았고 책으로 내보라는 권유가 있어 망설이다가 출판을 결심하였다.

스페인의 역사, 문화, 관광지, 음식 등에 대해서는 이미 많은 책이 출판되었다. 필자는 기존의 책이나 글과는 달리 외교관의 관점에서 본 스페인을 이야기하고 싶었다. 필자의 외교 활동을 일기 형식으로 기술함으로써 스페인의 국내외 정세, 한국과의 관계, 그리고 이러한 활동을 통해 느꼈던 스페인의 정치, 경제, 사회, 문화에 대한 생각을 담아 보고자 시도했다.

최근 스페인이 우리에게 많이 알려졌지만, 아직도 우리는 스페인에 대해 모르는 것이 많다. 특히 스페인이 우리에게 어떠한 전략적 이익을 줄 수 있는지를 파악하는 것은 매우 중요하다. 스페인은 유럽연합(EU)의 4대 강국으로 중남미와도 스페인어와 문화적 유대를 바탕으로 이베로아메리카 공동체를 형성하고 있다. 특히 북아프리카와는 이슬람과 공존했던 역사·지리적 요인으로 안보 및 경제적으로 밀접한 관계를 유지하고 있기 때문에, 한국의 유럽, 중남미, 북아프리카 진출에 있어 스페인은 전략적으로 매우 중요한 국가이며, 이러한 측면에서 필자의 글이 도움이 되기를 기대한다.

일기를 쓰면서 외교관 생활을 되돌아보고 성찰하는 기회를 가진 것은 큰 소득이었다. 필자가 과연 초심을 잃지 않고 처음 계획한 대로 업무를 수행하였는지? 잘못했거나 하지 않았던 일들은 없었는지? 스페인이 필자의 37년 외교관 생활을 마감하는 마지막 근무지였다는 점에서 개인적으로 큰 의미가 있다.

마지막으로 지난 1년 3개월간 필자의 글을 게재해주고 출판에도 많은 도움을 주었던 Danny Han(한혜훈) "스페인 어게인" 운영자에게 고마움을 표시하고 싶다. 스페인에 대한 열정이 우리를 함께 해준 것 같다. 그리고 필자의 부족한 글을 흔쾌히 받아주고 좋은 기획으로 이 책을 만들어 주신 "시간의물레" 권호순 대표님께도 감사의 인사를 드린다.

코로나 팬데믹으로 잠시 멈추었던 한-스페인 양국 간 교류와 협력이 점차 재개되고 있다. 양국관계가 하루빨리 예전과 같이 활기차게 발전하는 모습을 보고 싶다.

2022년 6월
인왕산 아래에서
전홍조

Contents

프롤로그 [4]

2018년

1. 스페인에 첫발을 내딛다 [14]
2. 스페인 외교무대에 데뷔하다 [19]
3. Mobile World Congress(MWC)에서 5G 세계를 체험하다 [25]
4. 바르셀로나 첫 방문에서의 이모저모 [30]
5. 카탈루냐 분리독립에 대한 소고 [36]
6. 이낙연 국무총리 방문 [44]
7. 800년 전통의 살라망카 대학에 한국학이 뿌리를 내리다 [50]
8. 스포츠 외교 [61]
9. 한국과 스페인 문화의 접목 – 가곡과 플라멩코의 만남 [66]
10. 계속되는 고위인사 방문 – 의회 및 사법부 교류 [71]
11. 2018년 4월 마드리드의 이런저런 이야기 [76]
12. 대스페인 외교전략을 짜다 [82]
13. 스페인의 2018-2022 대아시아 전략 비전 [87]
14. 한국 최초 공중급유기 제작 에어버스 헤타페 공장 방문 [93]
15. 한-스페인 신재생에너지 협력의 시동을 걸다 [98]

16. 성가족 성당과 스페인 3대 미술관의 한국어 서비스 이야기 [104]
17. 바스크 나라(País Vasco)에 가다 [110]
18. 펠리페 6세에게 신임장을 제출하다 [122]
19. 갑작스러운 정권 교체 [130]
20. K-Beauty의 인기 [135]
21. 안달루시아 자치주와 경제협력을 추진하다 [138]
22. 한-스페인 건설협력 포럼과 신재생에너지 세미나 [144]
23. 신정부 인사들과 첫 대면 [149]
24. 8월의 마드리드와 세스페데스 신부의 고향 마을 [155]
25. 다시 활기를 찾은 마드리드 [161]
26. 한국과 스페인의 국경일 이야기 [167]
27. 카나리아 제도 이야기 [173]
28. 대사배 태권도 대회와 돈키호테배 태권도 대회 [179]
29. 2018년 가을의 이모저모 [185]
30. 스페인 헌법 이야기 [190]
31. 2018년 유럽연합(EU)을 강타한 난민 문제와 스페인 [195]
32. 2018년 부임 첫해를 마무리하며 [198]

2019년

33. 국왕 주최 외교단 신년하례식과 한복 외교 [206]
34. 주바르셀로나 총영사관 개관과 한-스페인 포럼 개최 [212]
35. 공공외교 - 스페인 주요 재단과 포럼에서 한국을 알리다 [218]
36. 공공외교 - 스페인 젊은이들과 어울리다 [224]

37. 2020년 한-스페인 수교 70주년 준비에 착수하다 [230]
38. 서-한 상공회의소와 스페인진출 한국기업협의회 [236]
39. 지방 경제외교 - 스페인 최남단 알헤시라스 [241]
40. 지방 경제외교 - 발렌시아, 알칼라 데 에나레스 [247]
41. 북한대사관 이야기 [253]
42. 대사관저 이야기 [258]
43. 250명의 한국과 스페인 사람들이 함께 밥을 먹다 [264]
44. 한식 페스티벌 갈라 디너 이야기 [269]
45. 높아진 한국문화의 위상 - 〈기생충〉과 〈고통과 영광〉 [274]
46. 2019년 가을 마드리드의 이모저모 [281]
47. 펠리페 6세 국왕 내외의 한국 국빈 방문 [288]
48. '스페인 산업 4.0 국제회의' 주빈국 참가 [299]
49. 기후변화당사국총회(COP25)와 ASEM 외교장관회의 [305]
50. 스페인에서 생각나는 사람들 [311]
51. 산티아고 순례길 [319]

2020년

52. 2020년의 시작 [328]
53. 마드리드 국제관광박람회(Fitur 2020) 주빈국 참가 [334]
54. 코로나19로 연기된 문재인 대통령의 스페인 방문 [342]
55. 코로나19 확산과 봉쇄된 스페인 생활 [348]
56. 봉쇄 해제 후 새로운 생활 방식 [354]
57. 뉴노멀(New Normal) 시대 외교 활동 [358]

58. 코로나19 2차 유행 [362]

59. 수교 70주년 마스크 외교, 그리고 또다시 봉쇄 [366]

60. 한-스페인 수교 70주년 기념 책자 발간 행사 개최 [370]

61. 이임을 앞두고 [377]

62. 스페인을 떠나다 [384]

못다한 이야기

63. 한국과 스페인의 유사성 [390]

64. 마요르카의 안익태 선생 유택 [394]

65. 스페인의 산업과 기업 [399]

66. 스페인 포도주와 음식의 추억 [405]

67. 어떻게 스페인을 여행할까? [411]

전홍조 대사의
스페인 일기

ESPAÑA EN MI VIDA

전홍조 대사의 스페인 일기

2018년

España en mi vida

1. 스페인에 첫발을 내딛다

    2018.2.7(수)에 문재인 대통령으로부터 주스페인대사 신임장을 수여 받고, 3일 후인 2.10(토)에 아내와 함께 마드리드행 대한항공 비행기에 몸을 실었다. 대사 내정은 2017년 11월에 되었으나, 스페인 정부의 아그레망 부여에 다소 시간이 걸려 부임이 조금 늦어진 셈이다. 아그레망이란, 대사 파견국이 신임 대사에 대한 동의를 접수국에 요청하고 접수국이 이를 수용하는 절차를 말한다. 스페인의 경우 아그레망은 최종적으로 국무회의를

통과해야 하는데, 연말연시에 심의할 사안이 많아 늦어졌다고 한다.

필자가 일하는 주스페인 한국대사관

3개월 전 주스페인대사 내정 통보를 받고 매우 기뻤다. 사실 중남미에 많이 근무한 외교관들은 누구나 주스페인대사로 일하기를 희망한다. 스페인은 유럽국가이지만, 오랜 역사적·문화적 유대로 인해 중남미와 특별한 관계이기 때문이다. 우리는 주로 미국의 시각에서 중남미를 바라보았다. 스페인의 시각에서 본 중남미는 어떤 것일까? 유럽연합(EU)의 4대 강국으로서 스페인의 국제적 위상은 어떨까? 이런저런 생각을 하면서 13시간의 비행 끝에 마드리드 바라하스(Barajas) 아돌포 수아레스(Adolfo Suárez) 국제공항에 도착했다. 아돌포 수아레스(Adolfo Suárez)는

1976년~1981년간 스페인의 총리를 지낸 인물로, 1975년 프랑코 장군 사망 이후 혼란스러운 정국에서 성공적으로 민주화를 이행하여 국민들의 존경을 받는 정치인이다.

문재인 대통령으로부터 신임장을 받은 필자

보딩 게이트를 빠져나가 버스를 타고 공항 귀빈실에 도착하니, 최종욱 공사참사관과 유승주 참사관이 마중을 나왔다. 김영기 한인총연합회 회장, 강영구 마드리드 한인회장 등 한인단체장들께서도 환영을 해 주었다. 보통 대사는 주재국에 부임하고 이임할 때 귀빈실을 사용할 수 있다. 국가를 대표하는 사람에게 주어지는 배려이다. 앞으로 한국에서 장관급 이상의 고위인사들이 방문할 때 영접과 영송을 위해 자주 올 곳이라 세심히 살펴보고, 앞으로 3년간 살아야 할 관저로 향했다.

일요일은 관저에서 푹 쉬고 2.12(월)에 대사관으로 첫 출근을 하였다. 자동차가 현관 앞에 도착하니 대사관 직원들이 따뜻하게 박수로 환영해 주었다. 대사관은 마드리드 내부 순환도로 M-30의 북동쪽에 있는 아르투로 소리아(Arturo Soria)에 위치해 있다. 중심부는 아니지만 외교부가 5분 거리에 있고, 중국·사우디아라비아 등 주변에 외교공관도 많아 편리한 위치이다. 공항까지 교통 체증이 없으면 20분이면 갈 수 있다. 대사관 청사는 1996년에 건축한 지하 1층, 지상 3층의 국유화 건물이다. 외관이 대학 학사모와 같이 생긴 독특한 모양 때문에 사람들 사이에 자주 이야기되곤 한다. 내부는 중앙에 ㅁ자형 마당(중정)이 있어 햇볕이 잘 들어오고 시원하다.

대사관 직원들은 외교관 12명, 행정직원 17명으로 구성되어 있다. 이와는 별도로 시내 중심부인 콜론 광장(Plaza de Colón) 인근의 카스테야나 대로(Paseo de la Castellana)에 한국문화원이 위치하고, 토레 에우로파(Torre Europa) 건물에는 KOTRA 무역관이 일하고 있다.

직원들과 상견례를 마치고 첫 번째 회의를 가졌다. 이 자리에서 주스페인대사로 부임한 소감과 함께 3가지 사항을 당부했다. 너무나 일반적이고 당연한 말이지만, 앞으로 공관을 운영할 원칙과 방향이기 때문에 간단히 이야기하고자 한다.

첫째, 직원들 간 인화와 소통이다. 내부 결속과 팀워크는 효율적인 업무 추진에 가장 핵심이다. 특히 행정직원들을 세심하게 배려하면서 이들의 자발적 협조를 구하는 것이 중요하다.

둘째, 기본과 원칙에 충실해야 한다. 눈에 보이는 성과 위주로 일을 하다 보면, 각종 기록 작성, 문서 및 보안 관리와 같은 일을 귀찮게 여기고 등한시하는 경우가 많다. 그러나 이러한 일들은 조직의 업무 효율성과 연속성을 위해 매우 중요한 일이다. 대사부터 솔선수범할 예정이니 협조해주기 바란다.

셋째, 양국관계 발전을 위한 새롭고 창의적인 사업을 발굴하자. 현재 양국 간에는 인적교류(47만 명), 교역(47억 불), 투자(24억 불)가 크게 확대되고 있고, 상호 문화에 대한 국민들의 관심도 높아지는 등 환경이 좋은데, 이를 외교적으로 어떻게 뒷받침할 수 있는지 생각해보자. 특히 2년 후인 2020년 양국 수교 70주년을 계기로 양국관계를 한 차원 높게 발전시킬 수 있는 기념사업을 발굴하도록 노력하자.

직원들도 새로운 각오로 열심히 노력하겠다면서 화답해 주었다. 출발이 좋은 것 같다.

España en mi vida

2. 스페인
외교무대에 데뷔하다

다음날인 2.13(화)에 산타 크루스 궁(Palacio de Santa Cruz)을 방문하여 사엔스(María Saenz de Heredia) 외교부 의전장에게 신임장 사본을 제출하였다. 국가원수에게 신임장을 제출하기까지는 시간이 걸리기 때문에 보통 사본을 먼저 제출하여 대사의 외교 활동을 허용한다. 스페인의 경우는 사본을 제출하면 왕실 관련 행사를 제외하고는 모든 활동이 가능하다. 산타 크루스 궁은 17세기 펠리페 4세 시대에 감옥으로 건설된 바로크풍의 건물로 지금은 외교부 의전실이 사용하고 있으며, 시내 대광장(Plaza Mayor) 인근에 있어 찾기가 쉽다.

마리아 사엔스 외교부 의전장에게
신임장 사본 제출

2.14(수)에는 언론그룹 프렌사 이베리카(Prensa Ibérica)와 라 방구아르디아(La Vanguardia)가 주최한 올해의 자동차 시상식에 초청을 받아 참석했다. 이 상은 이용자들의 투표로 결정되는데 현대 i30가 최다 득표를 하여 수상하게 되었다. 현대자동차 법인장과 함께 행사장에 도착하여 양 그룹의 몰(Javier Moll) 회장, 고도(Javier Godó) 회장과 인사를 나눈 후 데 라 세르나(Iñigo de la Serna) 개발부(건설인프라교통부) 장관을 영접하였다. 세르나 장관은 필자가 새로이 부임하여 오늘 처음으로 대외행사에 참석한다고 말하자, 반가움을 표시하면서 앞으로 한국과 긴밀히 협력하기를 희망하며 건투를 빈다고 덕담을 하였다. 한국자동차가 스페인에서 인정을 받고 있다는 기분 좋은 소식과 함께, 부임하자마자 개발부장관과 주요 언론그룹 회장들을 만나게 되어 더없이 귀중한 부임 선물이 되었다.

세르나 개발부장관과 함께 현대자동차 i30의 올해의 자동차 시상식 참석

스페인은 9개의 글로벌 자동차 기업들이 17개 공장에서 연간 280만 대를 생산하는 세계 9위의 자동차 생산국이다. 현대자동차는 스페인에 생산시설이 없음에도 유럽 사람들의 취향에 맞게 개발한 i20, i30, i40 자동차를 수출하여 인기가 높다고 한다. 연간 판매량은 6만 대 정도이고, 기아자동차도 6만 대 정도를 판매하여 스페인 자동차 시장의 약 9%를 점유하고 있다고 한다.

그 당시 한국에서는 평창 동계올림픽이 한창 진행되고 있었다. 그러나 스페인은 겨울 스포츠가 발달한 나라는 아니다. 눈이 오는 곳이 북부 피레네산맥 지역에 제한되어 있기 때문이다. 대부분의 유럽 국가는 겨울 스포츠 강국으로서 평창올림픽에 국가원수, 정부 수반 또는 장관급 인사들이 많이 참석하여 문전성시를 이루었는데, 스페인에서는 고위급 인사가 참석하지 않아 실망스러웠다. 그러나 2.15(목)에 에르난(Regino Hernán) 선수가 스노보드 크로스 종목에서 동메달을 획득했다는 소식이 모든 방송에서 보도되었다. 스페인이 동계올림픽에서 1992년 이후 26년 만에 메달을 땄다면서 흥분하였다. 2.17(토)에는 페르난데스(Javier Fernández) 선수가 남자 피겨 스케이팅에서 동메달을 땄다는 소식이 또 들려 왔다. 펠리페 6세 국왕과 라호이(Mariano Rajoy) 총리는 선수단이 귀국한 후 사르수엘라(Zarzuela) 궁과 몽클로아(Moncloa) 궁에서 각각 이들을 접견하고 축하하였다.

이렇게 별 상관이 없어 보이던 평창올림픽과 스페인이 연결되고, 사람들은 한국을 이야기하기 시작했다. 이러한 인연으로 나중에 페르난데스 선수를 만났고, 종종 대사관 행사에 참석해 자리를 빛내 주었다. 페르난데스 선수는 그해 12월 마드리드에서 개최한 아이스쇼에 김연아 선수를 초청하여, 필자도 김연아 선수와 만나 사진을 찍는 행운을 가졌다.

일데폰소 카스트로 외교차관 부임 예방

이후 2.20(화)에 센다고르타(Fidel Sendagorta) 외교부 북미·아태국장과 3.5(월)에 카스트로(Ildefonso Castro) 외교차관을 각각 부임 예방했는데, 스페인의 메달 획득 소식으로 대화 분위기가 매우 좋았다. 또한 남북한 개회식 공동입장, 김여정 부부장과 김영철 부위원장의 개회식과 폐회식 참석 등 남북 화해 분위기에 대해서도 이야기를 나누었다. 두 사람에게 부임할 때 가져온 평창올림픽 목도리를 선물로 주었더니, 아이들처럼 좋아하며 목도리를 두르고 사진을 같이 찍었다.

2.21(수)에는 세계관광기구(UNWTO)가 주최한 아태지역 상주대표 초청 연례 오찬 간담회에 참석했다. 세계관광기구는 유엔 전문기관으로 관광대국인 스페인이 1974년에 사무국을 유치한 국제기구이다. 영어로는 'World Tourism Organization'인데, 세계무역기구(World Trade Organization)와 영어 약자가 같아 구분을 위해 앞에 UN을 붙여 UNWTO로 불리고 있다. 사무국은 마드리드 시내 테투안(Tetuán) 지역에 있으며, 길 건너편에 관광차관실 등 정부건물이 있고, 멜리아 카스티야(Meliá Castilla) 호텔과 파에야(Paella)를 잘하는 알부페라(Albufera) 식당이 근처에 있어 편리한 곳이다.

스페인에 상주하는 국가들의 대사는 대개 UNWTO 상주대표를 겸임하고 있고, 필자도 한국 상주대표로 발령을 받았다. 이날 회의는 2018.1.1에 새로이 취임한 주랍 폴롤리카쉬빌리

(Zurab Pololikashvili) 사무총장이 상주대표들과 갖는 첫 번째 행사여서 그런지, 대부분 아태지역 상주대표들이 참석하였다. 신임 사무총장은 조지아 경제장관과 주스페인대사를 역임한 인물로 지난해 사무총장 선거에서 한국의 도영심 STEP(지속가능관광-빈곤퇴치) 재단 이사장을 1표 차로 이기고 당선되었다. 우리에게는 무척 아쉬운 패배였다. 사무총장의 성 폴롤리카쉬빌리(Pololikashvili)가 너무 길고 발음이 어려워 사람들은 이름 주랍(Zurab)을 부르곤 했다.

주랍 사무총장은 앞으로 UNWTO를 이끌어 갈 자신의 비전과 계획을 설명하였고, 각국 대표들과 아태지역과의 협력 방안에 대해 의견을 교환하였다. 한국에 대해서는 아태지역 관광공무원 훈련 프로그램 등과 같은 우리 정부의 지원을 평가하고, 평창 동계올림픽의 성공적 개최를 위한 UNWTO와의 협력사례를 설명하였다. 아울러 9.16-19에 서울시가 개최 예정인 세계도시관광총회에 대한 기대를 표명하였다. 지속가능관광을 위한 혁신과 디지털 전환에 중점을 두었던 주랍 사무총장은 한국과의 긴밀한 협력을 희망하였고, 이후 필자는 주랍 사무총장과 긴밀한 관계를 유지하면서 협력을 추진하게 된다.

España en mi vida

3. Mobile World Congress(MWC)에서 5G 세계를 체험하다

2.24(토)에 마드리드 아토차(Atocha)역에서 유지한 서기관과 함께 바르셀로나행 고속열차(AVE)에 몸을 실었다. 다음 주에 개최되는 MWC에 참가하고, 한국에서 방문하는 여러 대표단들의 활동을 지원하기 위해서였다.

2018년 MWC 전시장 입구

잘 아시다시피 MWC는 세계이동통신사업자협회(GSMA)가 주최하는 세계 최대의 이동통신 전시회로서 200개국 이상에서 400여 개의 통신사와 2,000여 개의 ICT 업체가 참가하고, 방문객은

10만 명이 넘는다. 기업들만 참가하는 B2B 전시회로 가장 싼 입장패스가 800유로(백만 원)인 점을 감안할 때, 방문객 10만 명은 엄청난 숫자이다. 모바일 전화기 제조사들은 신상품 출시를 발표하는 기회로 활용하고 있다. 바르셀로나시에도 매년 13,000개의 임시 일자리와 4억 6천만 유로의 경제적 혜택을 주고 있다고 한다. 그래서 스페인 국왕이 개막식 전날에 갈라 디너를 개최하고, 개막식에 참석하는 등 행사 개최에 최선을 다하고 있다.

정보통신 강국인 한국에서도 KT, SKT, LG U+, 삼성전자, LG전자 등 대기업은 물론 200여 개의 중소기업들이 한국관을 구성하여 참가했다. 2018년 MWC는 특히 5G 상용화를 위한 세계 각국의 경쟁이 치열한 시점에서 개최되어, 기업들뿐만 아니라 정부·국회·유관 단체에서 대거 대표단을 파견하였다. 대사관으로서는 바르셀로나에 공관이 없는 관계로 최종욱 공사참사관과 류재원 KOTRA 관장이 먼저 도착하여 지원 업무를 준비하고 있었다.

MWC 개최지는 GSMA가 입찰을 통해 결정한다. 1987년에 시작된 전시회는 유럽의 여러 도시에서 번갈아 개최되었다가, 1996년부터 10년간 프랑스 칸이 개최하였다. 그러다가 바르셀로나가 2006년부터 지금까지 15년간 계속 개최해 오고 있다. 비결이 무엇인지 궁금하다. 칸이 개최지에서 제외된 이유는 전시장·교통·숙박 등의 인프라가 증가하는 행사 규모를 감당하지 못했기 때문이다. 바르셀로나 전시장(Fira de Barcelona Gran Via)의 면적은 25만㎡로 10만 명 이상을 수용할 수 있고, 1992년 올림픽 개최와 유명 관광지로 교통과 숙박 인프라가 매우 양호하다. 우습게 들릴지 모르지만, 유럽 도시들 중에서 2월 말에 바르셀로나만큼 온화한 기후를 가진 도시가 없다는 점도 중요한 장점이다. 이러한 바르셀로나도 2017년 가을 이후 카탈루냐 분리운동에 따른 정국 불안으로 MWC 개최 유지가 어렵게 될 수 있다는 우려가 나오고 있었다.

필자는 바르셀로나에서 2.24(토)부터 2.28(수)까지 유영민 과학기술정보통신부 장관, 이효성 방송통신위원장, 국회 4차산업특위, 국회 과기정보방통위원회 일행의 MWC 참가 활동을 지원하였다. 2.26(월) MWC 개막일에는 유영민 장관의 한국 기업관 방문을 수행하여 한국 기업들의 5G 상용화 준비 상황을 이해하고, 5G 시대에 우리 생활이 어떻게 바뀌는지를 생생하게 체험할 수 있었다. 유영민 장관은 사진 기자들과 수행원들이 몰려 동선이 매우 혼잡한데도 불구하고, 시찰 내내 필자를 본인 옆에 챙기시면서 중요한 사항들은 직접 설명해주셨다. 또한 KOTRA 한국관과 정보통신기술산업협회의 중소기업 부스를 모두 방문하여, 사진도 찍고 격려하시는 모습이 인상적이었다. 오후에 리셉션에서는 나달(Alvaro Nadal Belda) 스페인 에너지관광디지털장관과 만나 인사도 나누었다.

유영민 과기정통부 장관을 수행하여 MWC 한국관 방문

　유영민 장관은 다음날 대사관 직원들을 저녁에 초청하셨는데, 필자는 전날 한국 기업관 방문 시 친절히 설명해 주신 것에 사의를 표했다. 이에 장관은 대사가 5G와 통신기술에 대해 잘 알아야 경제외교 활동을 잘할 수 있지 않겠느냐고 답변하시면서, 한국이 세계 최초로 5G를 상용화할 수 있도록 스페인에서도 힘써주기를 당부하셨다. 매우 인상적이고 기분이 좋았던 만남이었다. 이후 유영민 장관은 2019년 MWC에도 참석하셨고, 나중에 상세히 이야기할 기회가 있겠지만 한-스페인 수교 70주년을 맞아 한국이 '스페인 산업연결 4.0 국제회의'에 주빈국으로 참가하는 문제로 계속 만날 기회가 있었다.

　이효성 방송통신위원장 일행은 MWC 참가 이후 마드리드를 방문하여 스페인 개인정보보호청장을 면담하고, 2018년 5월에 발효될 예정인 유럽연합(EU) 일반개인정보보호법(GDPR)에 대해 협의하였다. 이효성 위원장의 귀국 시 공항에서 비행기 출발 전에 잠시 이야기를 나눌 기회가 있었다. 필자가 잘 알려진 스페인 음악으로 프란시스코 타레가(Francisco Tarrega)의 '알함브라 궁전의 추억(Recuerdos de la Alhambra)', 호아킨 로드리고(Joaquin Rodrigo)의 '아란후에스 협주곡(Concierto de Aranjuez)', 파블로 데 사라사테(Pablo de Sarasate)의 '치고이네르바이젠(Zigeunerweisen)'을 이야기하니, 자신도 모두 즐겨 듣는 음악이라면서 휴대폰에서 유튜브 영상을 틀어 함께 감상한 기억이 난다. 공항 귀빈실에 있는 투우 추상화가 좋다면서 함께 사진을 찍었는데, 참으로 예술을 좋아하시는 분 같아 기억이 많이 난다.

MWC 참가후 마드리드를 방문한 이효성 방송통신위원장

España en mi vida

4. 바르셀로나
첫 방문에서의 이모저모

MWC 참가 기간에 시간을 내어 바르셀로나의 한국 관련 인사들을 만나 상견례를 가졌다. 먼저 한인회와 만찬 간담회를 가졌는데, 박천욱 회장, 이덕 부회장, 손영도 부회장 등 7분이 나오셨다. 박천욱 회장은 1983년에 태권도 용품 기업인 "대도 인터내셔널"을 설립하여, 현재 전 세계에 도복, 전자호구를 공급하는 기업으로 발전시킨 분이다. 카탈루냐 한인회장을 오래 역임하였고, 2019년 1월에 개설된 주바르셀로나 총영사관 개설을 위해 많은 기여를 하였다. 공관은 없고, 한국 방문객이 증가하는 바르셀로나에서 한인회의 역할이 중요하다. 그간의 노고에 사의를 표하고 계속적인 협조를 당부드렸다.

카탈루냐 한인회
간부진과
만찬 간담회

수고하시는 한국분들 중에 특히 영사협력원으로 오랫동안 일해온 이광덕 '소나무 투어' 사장을 빼놓을 수가 없다. 영사협력원은 공관이 없는 지역에서 우리 국민 보호, 사건·사고 처리 등을 지원하기 위해 외교부가 운영하는 제도이다. 잘 알다시피 2017년에 스페인을 방문한 한국인은 45만 명에 달했고, 2019년에는 63만 명으로 증가했다. 방문객 중 50% 이상이 바르셀로나를 통해 입출국하였고, 신고되는 사건·사고도 절반이 바르셀로나에서 발생하였다. 당연히 영사협력원의 업무가 증가하고 본인 사업에도 부담이 많은데도 불구하고 대사관을 대신하여 성심성의를 다해 업무를 처리해 주었다. 주바르셀로나 총영사관이 개설되면서 영사협력원을 그만두었지만, 고마운 마음을 잊지 못한다.

구아르단스(Guardans) 명예영사의 사무실도 방문하였다. 사무실이 본인이 경영하는 우니코(Único) 호텔에 있어 오찬도 함께 하면서, 카탈루냐 정세와 주바르셀로나 명예영사단 현황에 대해 유익한 이야기를 들었다. 구아르단스 명예영사는 경제부국장으로 일한 경험이 있는 기업인으로 대사관과 한국 교민들에게 많은 도움을 주었다. 이분도 주바르셀로나 총영사관 개설로 명예영사를 그만두게 된다. 스페인에는 발렌시아, 빌바오, 세비야에도 명예영사관을 두고 있는데, 나중에 이야기할 기회가 있을 것으로 생각한다.

구아르단스 명예영사와 오찬

다비드 나바로
아시아교류재단(Casa Asia) 원장 면담

바르셀로나에는 아시아와의 교류를 증진하기 위해 스페인 외교부가 지방정부와 공동으로 2001년에 설립한 카사 아시아(Casa Asia)가 있다. 영어로는 Asia House로 번역이 되는데, 아시아교류재단 정도로 이해하면 될 것 같다. 2.27(화)에는 나바로(David Navarro Garcia) 원장에게 인사를 하였는데, 직전에 한국에서 참사관으로 근무했던 그는 필자를 친근하게 맞아 주었다. 최근 스페인에 한류의 인기가 많아, 카사 아시아에서도 한국어 강좌를 개설하였다고 설명한다. 특히 카사 아시아는 한국과 스페인 간 1.5 트랙 대화 채널인 '한-스페인 포럼'을 한국국제교류재단과 공동으로 운영하고 있어, 대사관으로서는 중요한 업무 파트너이다. 장소가 바르셀로나에 있어 다소 불편한 점이 있으나 마드리드에 지부를 두고 있어 보완이 된다.

바르셀로나는 워낙 유명한 곳이라 성가족 성당(Sagrada Familia), 구엘(Güell) 공원, 카사 밀라(Casa Mila), 라스 람블라스(Las Ramblas) 거리, 고딕 지구(Barrio Gótico), 몬주익(Montjuic) 언덕 등에 대해서는 설명할 필요가 없을 것 같다. 다만 그 당시는 필자도 바르셀로나가 처음이라 성가족 성당을 가 보았다. 건축물도 좋았지만, "가장 고귀한 신앙은 자연이다."라는 가우디의 철학처럼 성당 안으로 들어오는 갖가지 자연 채광이 너무 예뻤던 기억이 난다. 부임 전 스페인의 명소에 한국어 음성서비스를 확대해 보겠다는 생각을 가졌던 터라, 성당의 음성서비스를 확인해 보니 한국어는 없었다. 이후 마드리드로 돌아와서 성당 측과 이 문제를 교섭하여 한국어 음성서비스를 설치하게 되었다.

바르셀로나에서 여러 인사를 만나면서 불안한 카탈루냐 정세에 대해 많은 이야기를 나누었다. 첫 번째 화제는 7개월 전인 2017.8.17에 바르셀로나의 번화가인 라스 람블라스 거리에서 발생한 이슬람 테러 사건이었다. 스페인 사회에 적응하지 못한 모로코 출신 이민 2세들이 차량을 돌진하여 13명이 사망하고 100여 명이 크게 다쳤다. 이 사건은 2004.3.11에 마드리드 아토차역에서 발생한 이슬람 극단주의 테러(191명 사망, 1,700여 명 부상)에 이어 스페인 사회에 큰 충격을 주었다. 가장 희생이 컸다는 장소에 가 보았는데, 그곳에는 호안 미로(Joan Miró)의 예쁜 모자이크 작품이 거리에 새겨져 있다. 이곳에 차량을 몰고 사람들을 향해 돌진했다니 그 끔찍한 광경이 상상이 되지 않는다. 한국 사람의 피해가 없어 그나마 다행이었다.

두 번째는 모두 잘 아시는 카탈루냐 분리독립 문제가 단연 최대의 화두였다. 테러 사건이 발생한 지 채 2달도 지나지 않은 2017.10.1에 중앙정부의 강력한 경고에도 불구하고 강경 분리주의자인 푸지데몬(Carles Puigdemont) 주지사가 주민투표를 강행한다. 투표 참여자 42% 중 90%가 분리독립에 찬성하였고, 10.27에 카탈루냐 주의회는 독립을 선언하게 된다. 이에 라호이(Mariano Rajoy) 총리는 헌법 제155조를 발동하여 카탈루냐의 자치권을 정지하고, 중앙정부가 직접 통치하게 된다. 주정부 지도부에 체포령이 내려져 융케라스(Oriol Junqueras) 부지사 등 10명은 체포되고, 푸지데몬 주지사는 주장관 4명과 함께 브뤼셀로 도피했다. 주민들은 분리독립 지지파와 반대파로 분열되고,

카탈루냐에 본부를 둔 많은 기업들이 다른 지역으로 빠져나갔다. 라호이 총리는 분리주의 정당들에 대한 지지가 약화되었다고 판단하여, 12.21에 주의회 조기 선거를 실시하였으나, 분리주의 정당들은 다시 과반을 획득하여 정권을 잡는다.

MWC가 개최된 2월 말에는 브뤼셀에 도피한 푸지데몬의 주지사 취임 여부에 대한 공방으로 주정부가 구성되지 못했고, 콜라우(Ada Colau) 바르셀로나 시장은 MWC 개막식에 참석하기 위해 바르셀로나에 도착한 펠리페 6세(Felipe VI) 국왕을 영접하지 않는 상황이 발생하였다. 카탈루냐 문제는 오랜 역사적 근원을 가진 복잡한 사안으로 2010년 이후 분리독립 추진이 본격화되었는데, 필자는 스페인 재임 기간 내내 신경을 써야 했고 대사관의 업무도 상당한 영향을 받았다.

España en mi vida

5. 카탈루냐
분리독립에 대한 소고

카탈루냐는 프랑크 왕국의 샤를마뉴 대제가 이슬람 세력의 침입을 방어하기 위해 9세기에 남부 국경지역에 설치한 백작령 중 하나인 바르셀로나 백작령에서 출발한다. 바르셀로나 백작령은 10세기에 프랑크 왕국에서 독립하였고, 이후 13세기에 아라곤 왕국, 15세기에 아라곤-카스티야 연합왕국에 통합되었으나 자치권은 계속 유지한다. 그러나 18세기 초 스페인 왕위계승전쟁(1701-1714년)에서 승리한 부르봉 왕조는 강력한 중앙집권화를 추진하고, 전쟁에서 합스부르크 왕조 편에 섰던 카탈루냐를 1716년에 주로 편입시키고 자치권을 박탈한다.

전쟁에서 카탈루냐는 부르봉 왕조에 끝까지 강력히 저항하였지만, 1714.9.11 바르셀로나 공방전에서 패배했다. 카탈루냐는 패배한 9.11을 카탈루냐의 날(La Diada)로 기념하고 있다.

오랜 세월이 지나 1931년 제2 공화국의 출범으로 카탈루냐는 자치권을 되찾고, 자치정부인 제네랄리타트(Generalitat)를 구성한다. 그러나, 내전(1936-1939년)에 승리한 프랑코(Franco) 총통은 내전 시 공화파를 지원했던 카탈루냐의 자치권을 다시 빼앗고, 카탈루냐어 사용도 금지한다. 이후 스페인의 민주화에 따라 1978년 헌법과 1979년 카탈루냐 자치법에 의해 다시 자치권을 회복한다.

이후에도 카탈루냐는 자치권의 확대를 계속 모색하였고, 2005년 9월에는 카탈루냐를 국가(nation)로 규정하고, 세금징수, 이민정책, 사법체계 등에서 권한을 확대하는 새로운 자치법안을 스페인 의회에 제출한다. 사파테로(Rodriguez Zapatero) 총리의 사회당 정부는 난상토론 끝에 의회에서 법안을 승인하였고, 2006년 6월 카탈루냐 주민투표에서 확정되었다. 그러나 4년 후인 2010년 6월에 헌법재판소가 카탈루냐를 국가로 규정한 것은 법적 가치가 없고, 확대된 자치권을 삭제하거나 수정하는 판결을 내림으로써, 카탈루냐 주민들의 분노를 촉발시켰다. 당시에 무려 110만 명의 주민들이 항의 시위에 참여하였다고 한다.

2008년 경제위기 이후에는 카탈루냐가 스페인 GDP의 20%를 생산하는데 인구는 14%에 불과하여 GDP에 상응한 혜택을 받지 못한다는 불만도 표출되었다. 식품·자동차·화학·제약·디지털·패션·관광산업이 발달한 카탈루냐는 스페인에서 가장 부유한 지역으로 글로벌 기업 본사가 많다.

이후 카탈루냐 정치권에서는 분리독립 주장이 표출되었고, 정당들도 이념을 떠나 분리독립 지지 여부로 편이 나누어지게 된다. 2015년 9월 선거에서 PDeCat(카탈루냐유럽민주당), ERC(카탈루냐좌파공화당)와 같은 분리독립 지지 정당들의 연합인 Junts pel Si(모두가 함께, 찬성을 위해)가 승리하였고, 2017년 10월 분리독립 주민투표 후 12월에 실시한 선거에서도 이들이 계속 정권을 잡게 된다.

푸지데몬 전 카탈루냐 주지사와 킴 토라 주지사(출처 : 위키미디어 공용)

브뤼셀로 도피한 푸지데몬에 이어 2018년 5월에 주지사로 취임한 토라(Quim Torra)는 투옥자 석방과 주민 자결권을 요구하면서 계속 중앙정부와 대립하게 된다. 2019.10.14에 대법원이 투옥자 10명에 대해 9-13년의 형을 선고하자, 화가 난 분리독립 지지자들이 바르셀로나 공항을 점거하였다. 제네랄리타트는 점거 시위에 공감과 연대를 표명하였고, 토라 주지사는 직접 시위에 참가까지 하였다. 카탈루냐 주정부가 분리독립 캠페인에 많은 예산을 투입하다 보니, 보건·교육과 같은 주민 복지를 위한 예산은 축소될 수밖에 없었고, GDP 1위 자리도 마드리드주에게 내줬다. 분리독립 캠페인을 위해 전 세계 18개국에 카탈루냐 대표부를 설치하고 있는데, 비공식적으로 '대사관'으로 불리고 있다고 한다. 중앙정부는 이를 비난하고 계속해서 사법부에 소송을 제기하고 있다.

중앙정부는 당연히 외교단과 바르셀로나 영사단에 제네랄리타트와의 접촉에 신중해 주기를 요청한다. 명예영사 중 일부 스페인 사람들이 분리독립에 동조한 적은 있으나, 정상적인 외교단과 영사단은 이런 행동을 할 리가 없다. 문제는 제네랄리타트가 일상적인 영사단과의 모임이나 외국대표단과의 회동 시 갑자기 분리독립 이야기를 꺼내면 어떻게 피할 방법이 없다는 것이다. 카탈루냐주와 실질적 협력을 위해 접촉을 피할 수 없었으므로 항상 조심해야 했다.

필자가 겪은 이야기를 해보면, 2019년 1월에 개최된 주바르셀로나 총영사관 개관식에 주정부 대외장관(Consejero de Exteriores)과 카탈루냐 중앙정부 대표(Delegado del Gobierno en

Cataluña)가 참석했다. 스페인은 자치주에서 중앙정부를 대표하고 중앙정부의 권한에 속하는 일을 관장하기 위해 차관급 관리를 자치주에 파견한다. 사정상 이들의 이름은 밝히지 않겠다. 분위기가 이상하지 않을까 우려를 했는데, 다행히 소수만 참석한 현판식에서는 서로 축하 인사만 하고 별다른 일은 없었다. 그러나 이어서 시내 호텔에서 개최된 기념 리셉션 행사에서 주정부 대외장관이 자기 인사말 차례에서 느닷없이 카탈루냐 주민들의 자결권 이야기를 하면서 정치적 발언을 했다. 다음 차례인 중앙정부 대표는 난감한 표정을 짓더니 어쩔 수 없다는 듯이 주장관의 발언을 반박했다. 순간 장내 분위기가 이상해졌다. 경사스러운 날에 이런 모습을 보니 기분이 썩 좋지는 않았다.

9.11 카탈루냐의 날(La Diada)에 독립을 요구하는 시위(출처 : 위키미디어 공용)

또 다른 재미있는 에피소드도 있었다. 카탈루냐 분리독립 지지자들은 투옥된 전 주정부 인사들의 석방을 요구하는 노란 리본을 옷에 달거나 건물에 부착하였다. 그런데 사정을 모르는 한국 방문객들은 노란 리본을 보고 카탈루냐 주민들이 어떻게 '세월호 사건'을 아느냐고 물어보곤 하였다. 나중에 결국 노란 리본이 토라 주지사의 발목을 잡고 만다. 2019년 4월 총선 캠페인시 선거관리위원회는 제네랄리타트 건물에 부착된 노란 리본이 선거법 위반이라면서 철거를 명령했는데, 토라 주지사는 두 번이나 이를 거부하였다. 이에 주고등법원은 2019.12.18 토라에게 1년 6개월간 '공직 수행 금지' 판결을 내린다. 대법원에 항소하였으나 대법원도 같은 판결을 내려 2020.9.28에 주지사직에서 물러났다.

카탈루냐 주정부 청사에 그려진 노란 리본(출처 : 위키미디어 공용)

토라의 주지사 사임 이후 코로나19로 인해 연기되어온 조기 주의회 선거가 2021.2.14에 실시되었으나, 여전히 분리주의 정당들이 과반수를 획득하여 정권을 유지하고 있다. 반분리주의 정당들은 분리주의 정당들의 분열과 같은 호재를 활용하지 못하고 과반수 확보에 실패했다.

그러면 카탈루냐는 앞으로 어떻게 될까? 결론적으로 분리독립은 쉽지 않을 것 같다.

먼저, 스페인 헌법이 이를 허용하지 않는다. 헌법에 의하면, 카탈루냐의 분리독립은 카탈루냐 주민투표만으로는 가능하지 않고, 스페인 국민 다수가 찬성해야 가능하다. 카탈루냐 외 지역의 스페인 국민들이 찬성할 리가 만무하기 때문이다. 산체스(Pedro Sánchez) 총리의 사회당 중앙정부가 제네랄리타트와 대화를 하고 있지만, 이들이 요구하는 자결권을 인정하지는 못할 것이다.

둘째, 카탈루냐에서도 분리독립을 지지하는 세력이 절대적이지 못하다. 분리독립 지지 정당들이 계속 집권을 하고 있지만, 지금까지 여론조사에서 분리독립을 지지하는 비율이 50%를 넘은 적은 한 번도 없었다. 2017년 주민투표에서 분리독립을 찬성하는 비율이 90%였다고 하나, 투표 참가율이 42%에 불과했다. 다만 지난 2021년 주의회 선거에서 4개 분리주의 정당들의 득표율 합계가 50.77%였던 점은 주목해야 할 것 같다. 참고로 카탈루냐주는 4개의 도(provincia)로 구성되어 있는데, 상공업이 발달한 바르셀로나(Barcelona)와 타라고나(Tarragona)는 분리독립을 지지하는 비율이 낮고, 그렇지 않은 예이다(Lleida)와 지로나(Girona)는 분리독립을 지지하는 비율이 더 높다.

셋째, 분리독립 지지 세력 내에서 분열이 일어나고 있다. 현재 카탈루냐 주정부는 카탈루냐 유럽민주당(PDeCat, 중도우파)과 카탈루냐 좌파공화당(ERC, 중도 좌파)으로 구성되어 있다. PDeCat은 강경 입장을 견지하고 있는 데 반해, 최근 ERC는 중앙정부와 대화를 강조하는 방향으로 입장을 바꿨다. PDeCat도 친 푸지데몬파와 반 푸지데몬파로 갈려, 친 푸지데몬파가 떨어져 나와 JxCat(카탈루냐를 위하여 함께)로 2021년 선거에 참가하였다.

마지막으로, 국제사회도 카탈루냐의 분리독립을 인정하지 않고 있다. 분리독립 정치 지도자들은 카탈루냐가 독립하면 EU회원국이 될 것이라고 주장하는데, 현재로서는 가능성이 희박하다.

España en mi vida

6. 이낙연
국무총리 방문

부임 첫 달인 2월을 바쁘게 지내고 3월을 맞았다. 3.1(목)에 한국문화원에서 한인사회 대표들과 삼일절 행사를 개최하고, 카스트로(Ildefonso Castro) 외교차관 예방, 란달루세(Jose Ignacio Landaluce) 상원 외교위원장 예방, 지상사 협의회 만찬 간담회, 방사청 공중급유기 사업팀 보고 등 일정을 이어 나갔다.

3.13(화)-3.14(수)에는 이낙연 국무총리가 마드리드를 방문했다. 도미니카(공), 브라질 순방을 위해 스페인을 경유하는 일정이었다. 3.13(화) 18시경에 도착하여 3.14(수) 12시경에 출발하는 아주 짧은 일정이었다. 2월 중순에 외교부로부터 방문 계획을 통보받았는데, 먼 길을 오시는데 그냥 경유만 하기는 아깝다는 생각이 들었다. 아무리 체류 시간이 짧아도 3.14(수) 오전에 라호이(Mariano Rajoy) 총리와 잠깐 면담은 할 수 있지 않을까 하여, 스페인 측에 타진을 하였다. 그런데 라호이 총리가 정말 이낙연 총리를 만나보고 싶어 하는데, 3.14(수) 오전에는 매주 수요일에 개최되는 하원(Congreso de los Diputados)의 대정부 질의

(Sesión de Control al Gobierno)에 출석해야 하기 때문에 만남이 어렵다는 답변을 받았다. 의원내각제에서 총리의 의회 대정부 질의 출석은 필수적이기 때문에 아쉽지만 다른 방법이 없었다. 그렇지만 이때 한국에서 장관급 이상의 고위인사가 스페인을 방문하여 카운터 파트와 회담을 주선할 경우, 수요일은 피해야 한다는 것을 알게 된 것은 수확이었다.

　스페인 측은 대신 비공식 방문임에도 불구하고, 공식 의전차량 및 경호 제공, 경찰 사이드카의 모터케이드 호위와 함께 센다고르타(Fidel Sendagorta) 외교부 북미·아태국장의 공항 영접 및 영송과 같은 배려를 해주었다.

호세 이그나시오 란달루세 상원외교위원장 예방

방문단이 숙소인 인터콘티넨탈 호텔에 도착하니 저녁 8시가 넘었다. 30명이나 되는 사람들이 각자 방에 짐을 풀고 바로 저녁 식사를 하러 나가야 하니 다소 소란스러웠다. 한 분이 호텔 로비층이 1층이 아니고 0층인 것이 혼동된다고 말씀하셨다. 스페인에서는 한국의 1층이 0층이다. 사실 필자도 스페인에 처음 와서 엘리베이터를 탈 때 자주 헷갈리곤 했다.

식당은 시내 테투안(Tetuán) 지역에 있는 아사도르 도노스티아라(Asador Donostiarra)였는데, 도노스티아(Donostia)는 북부 바스크 자치주의 도시인 산 세바스티안(San Sebastian)의 바스크 말이다. 이 식당은 하몽, 감바스, 문어, 모르시야(스페인식 순대)와 같은 전통 스페인 음식과 함께, 뜨거운 돌판에 고기를 직접 구워 먹는 바스크식 음식이 한국과 비슷하였다. 인근에 레알 마드리드(Real Madrid)의 베르나베우(Bernabéu) 경기장이 있어, 호날두와 같은 축구선수와 유명 인사들의 방문 기념 사진들이 많이 걸려 있다.

식사 중에는 주로 스페인의 역사·문화·음식·정치정세·한국과의 관계에 대해 많은 대화가 이루어졌다. 특히 2008년에 경제위기로 엄청난 타격을 받은 스페인이 어떻게 위기를 극복했는지에 대해 관심이 높았다. 국무 1차장·총리 비서실장·국회의원·외교차관 등과 같은 고위인사들에게 둘러싸여 총리를 마주하고 대화를 하는 것이 상당히 부담스러웠다. 필자는 부임한

지 한 달밖에 되지 않은 신임 대사였다. 그런데 총리께서는 스페인에 대한 지식이 엄청 많으셨다. 다행히 그럭저럭 질문에 답변할 수 있었고, 모두 음식도 맛있게 먹고 식사를 무사히 마쳤다. 식사 후에 임성남 외교차관이 준비를 잘했다고 평가해주어 마음이 다소 놓였다. 그때 총리 말씀 중에 한가지 몰랐던 것이 있었는데, 1965년에 개봉된 영화 〈닥터 지바고〉가 스페인에서 촬영되었다는 것이었다. 나중에 확인해 보니, 눈 덮인 시베리아 평원을 카스티야-레온(Castilla-Leon) 자치주의 소리아(Soria)라는 도시에서 세트를 만들어 촬영했다고 한다.

스페인 동포 및 기업인 대표 조찬 간담회

다음 날 아침 8시에 호텔에서 스페인 동포 및 기업인 대표 조찬 간담회가 개최되었다. 김영기 한인총연합회장, 강영구 마드리드 한인회장, 이병민 민주평통지회장, 이인숙 한글학교장, 이

인자 세계한민족여성네트워크(KOWIN) 지부장, 김양훈 한국타이어 법인장(지상사협회장), 구상찬 판토스 법인장, 구용범 LG CFO, 김후성 ILBOC CFO, 김영욱 GS Inima CFO 등이 참석하였다. 동포사회와 우리 기업의 진출 현황 및 애로사항에 관한 대화를 나누었는데, 자칫 무거울 수도 있었던 간담회가 총리의 부드러운 진행으로 분위기가 아주 좋았다. 총리는 한-스페인 양국관계가 크게 확대되고 있다고 평가하고, 참석자들에게 고국과 스페인 간 가교역할을 잘해 주기를 당부하셨다. 특히 이인자 KOWIN 지부장의 발언 시에는 "이름은 '이인자'이지만 꼭 '일인자'가 되시길 바란다."라고 재치 있는 격려의 말씀을 하신 것도 기억난다. 간담회가 끝난 후 총리 일행은 프라도 미술관에 잠시 들리고, 다음 방문국인 도미니카(공)로 떠났다.

이낙연 총리의 스페인 방문은 도미니카(공)과 브라질 순방을 위한 짧은 경유 일정이라 크게 의미를 두지 않을 수도 있다. 그러나 필자는 이 방문이 스페인을 통한 중남미 진출이라는 새로운 정책 방향을 상징적으로 보여준 것이라 생각했다. 과거에 중남미를 가기 위해서는 주로 미국을 경유했다. 이후 필자는 호주와 뉴질랜드를 거쳐 칠레와 아르헨티나에 자주 가곤 하였다. 이제는 스페인을 거쳐 중남미로 가는 것이 대세인 것 같다. 스페인과 중남미의 오랜 역사·언어·문화·인적 유대감은 물론이고,

스페인이 중남미의 대부분 국가들과 매일 직항 노선을 가지고 있기 때문이다. 이후 김명수 대법원장을 비롯하여 많은 정부 관계자와 기업인들이 중남미와 함께 스페인을 방문하였다. 스페인을 통한 대중남미 협력강화는 필자의 재임 기간 내내 역점사업 중 하나로 추진된다.

España en mi vida

7. 800년 전통의 살라망카 대학에
한국학이 뿌리를 내리다

　이낙연 총리의 방문이 끝나고 3.15(목)-3.16(금)에는 살라망카 대학의 한국학과가 주최하는 '한국문화주간 행사'에 유지한 서 기관과 함께 참석하였다. 살라망카 대학에서 한국학은 2001년에 첫 강좌가 개설되었고, 2015년에는 전공 학위과정으로 승격되어 2019년에 첫 졸업생이 배출되었다. 한국문화주간 참석 이야기에 앞서 먼저 살라망카 대학에 관해 알아보자.

　살라망카(Salamanca)는 마드리드에서 북서쪽으로 200km에 위치한 도시로 자동차로 약 2시간이 걸린다. 로마교가 있는 토르메스(Tormes) 강 위쪽의 언덕에 건설된 살라망카는 1988년에 도시 전체가 유네스코 세계유산으로 지정될 만큼 중세 도시 모습이 잘 보존되어 있다. 특히 도시의 중심에 위치한 살라망카 대학은 1218년에 설립되어 이태리 볼로냐 대학, 영국 옥스포드 대학에 이어 세계에서 3번째로 오래된 대학이다.

　그러면, 대학의 이모저모를 살펴보자. 필자는 당시 대학의 초청을 받아 일반 방문객보다는 자세하게 안내를 받을 수 있었다. 현재의 대학 건물들은 대개 카스티야(Castilla) 왕국의 국토회복전쟁(Reconquista) 마지막 시기였던 1415-1435년과 1442-1452년에 건설되었다. 대학 마당(patio)의 루이스 데 레온(Luis de León) 동상에서 볼 때 앞쪽은 본과(Escuelas Mayores), 뒤쪽은 예과(Escuelas Menores)가 위치하고, 오른쪽에는 과거에 의과대학병원(Hospital del Estudio)이었던 총장실이 있다.

살라망카대학 본과(Escuelas Mayores) 건물의 파사드

대학 최고의 명물은 본과 건물 정면에 있는 파사드이다. 모두 3개 부분으로 구성되어 있다. 먼저, 하단의 중앙에는 페르난도 국왕과 이사벨 여왕의 원형 양각이 있는데, 주위에는 "대학을 위한 군주들, 군주들을 위한 대학"이라는 글자가 새겨져 있다.

중간 부분에는 중앙에 카를로스 1세를 암시하는 3개의 방패가 있고, 맨 왼쪽에는 카를로스 1세, 맨 오른쪽에는 포르투갈 이사벨 공주(카를로스 1세의 왕비)의 원형 양각이 각각 배치되어 있다. 상단의 중앙에는 교황과 추기경들의 부조가 있는데, 교황이 살라망카 대학의 후원자였던 마르티노 5세 또는 베네딕토 13세라는 해석이 있다. 인물이 누구인지 다소 논란이 있지만, 상단 왼쪽에는 비너스, 바쿠스, 줄리어스 시저가, 오른쪽에는 헤라클레스, 아우구스투스 황제, 알렉산더 대왕의 모습이 보인다. 상단의 위에도 여러 형태의 인간과 동물들이 많이 있는데, 그중에서도 오른쪽에 있는 해골 위의 개구리가 특히 재미있다. 필자는 리베로(Ricardo Rivero Ortega) 총장 면담 시에 파사드에서 가장 가까이에 있는 총장실 건물 2층 발코니에서 파사드를 볼 수 있었다.

이 파사드는 카를로스 1세(재위 1516년-1556년)가 건축했다는 이론이 가장 유력하다. 1492년에 국토회복전쟁을 완성한 페르난도 국왕과 이사벨 여왕 부부가 하단에 있지만, 카를로스 1세 부부와 상징 방패들이 중심 부분에 있기 때문이다. 1526년에 카를로스 1세가 포르투갈 이사벨 공주와 결혼한 점을 고려하면 건축 시기는 1523-1528년으로 추정한다. 중남미와 유럽 합스부르크 왕가의 영토를 통치하는 대제국의 군주로서 능력 있는 관료들을 육성할 수 있는 대학이 절실히 필요했기 때문이라고 한다.

파사드를 지나 건물로 들어가면, 1층에는 4각형 회랑을 따라 강의실과 예배당이 있다. 그중 파라닌포(Paraninfo) 강당은 대학의 주요 행사를 거행하는 격식 있는 장소이고, 루이스 데 레온(Luis de León) 강의실은 16세기 최고의 시인이자 신학자였던 루이스 데 레온(1527-1591년)이 강의했던 교실인데, 지금까지 원형이 그대로 보존되고 있다.

살라망카대학 파라닌포 강당

2층으로 올라가면 역사 도서관이 있다. 엄격한 보안하에 허가받은 사람들만 출입이 허용되는 이곳에 들어서니 고풍스러운 고도서와 지구본들이 눈에 들어온다. 이곳에는 양피지 필사본 2,805권(가장 오래된 것은 11세기)과 1501-1830년 기간의 인쇄본 6만여 권이 보관되어 있다. 그리고 구텐베르크의 금속활자 인쇄술 발명 이후 1440-1500년 동안의 초기 인쇄본(incunable) 485권이 별도의 특수 보관소에 있었다.

살라망카대학 역사도서관

한국 대학생이 2010년 이 도서관 지구본에서 동해 표기를 발견한 에피소드가 있다. 당시 교환학생으로 살라망카 대학에서 공부했던 한택진 서울대 외교학과 학생은 6개월간의 끈질긴 요청 끝에 도서관 열람을 허가받았다. 도서관을 뒤지던 중 MARE

COREA(한국해)와 MARE ORIENTALE(동해)가 표기된 1757년 영국 지리학자 제작 지구본을 발견한 것이다(2010.3.3 매일경제 참조). 이 학생은 현재 외교관이 되어 외교부에서 일하고 있다.

예과(Escuelas Menores) 박물관에 있는 살라망카의 하늘(Cielo de Salamanca)이라는 천문점성화도 유명하다. 이 그림은 원래 1480년 본과(Escuelas Mayores) 1층에 있었던 도서관의 둥근 천장(bóveda)에 그려진 것인데, 18세기에 예배당(capilla)으로 바꾸는 공사 중에 2/3가 손실되어 1/3만이 천장에 숨겨져 남아 온 것을 1953-1954년에 복구하여 현재의 박물관으로 옮겼다.

그런데, 국왕과 대학이 항상 협력적인 관계는 아니었던 것 같다. 필자가 당시 교수들에게 들은 바에 따르면, 자유로운 사조를 가졌던 대학이 국왕의 통치 이념을 따르지 않는 경우가 많았고, 국왕이 대학 폐지를 검토한 적도 있었다고 한다. 본과 건물의 파사드도 폐교 위기에

살라망카 대성당의 우주인 조각상

놓였던 대학이 국왕에게 충성을 보이기 위해 만들었다는 주장도 있다. 또한 국왕에 의해 금서로 지정된 책들을 예배당 천장에 숨기고 막아서 보존했다고 한다.

그리고 학교 건물은 아니지만, 살라망카 대성당도 상당히 유명하다. 한 가지 재미있는 것은 성당 파사드에 있는 여러 형상의 조각들을 자세히 보면, 우주인과 아이스크림을 먹는 사자가 있다. 16세기에 어떻게 이런 조각들이 가능했을까? 너무 이상해서 물어보니, 1992년에 성당을 복원하면서 새로운 시대에 맞는 상징물로 추가했다고 한다. 많은 것을 상상했는데 너무 싱거운 대답이었다.

이외에도 살라망카에는 흥미로운 역사와 문화가 너무 많다. 거리를 걸으면서 중세 대학도시의 분위기에 취해 보기를 추천한다.

스페인에는 말라가 대학, 살라망카 대학, 바르셀로나 자치대, 마드리드 콤플루텐세 대학, 마드리드 자치대에 한국학 강좌가 개설되어 있다. 한국학 전공 학위과정은 2011년에 말라가 대학이 처음 개설하였으나, 스페인에서 교양과목으로 한국어 강좌가 처음 개설된 곳은 2001년에 살라망카 대학이었다. 이후 부전공을 거쳐 2015년에 전공 학위과정으로 승격하여, 전공 학생 100명(매년 25명 입학)과 부전공 학생 210명이 공부하고 있다. 성적이 좋은 학생들이 한국학과를 많이 지원하고 있고, 경쟁률도 2:1이 넘는다고 한다. 석박사 과정에도 17명이 공부하고 있다.

한국학이 정착되기까지 지난 20년간 많은 어려움이 있었다고 한다. 초기에는 대대적인 홍보에도 불구하고, 수강 정원 10명을 채우지 못했다. 중국학과 일본학의 기존 텃세를 극복하기도 어려웠다. 특히 일본은 아키히토 국왕 내외가 1985년(왕세자 시절)과 1994년에 2번이나 살라망카를 방문하였고, 나루히토 현 국왕도 왕세자 시절인 2013년에 방문한 적이 있다. 2018년에는 리베로 총장이 일본에서 개최한 대학 설립 800주년 기념 리셉션에 아키히토 국왕 내외가 참석하는 등 긴밀한 관계를 유지하고 있다.

살라망카 대학의 한국학 발전에는 누구보다도 지난 20년간 한국학과를 운영해온 김혜정 교수의 공로가 크다. 중국과 일본의 텃세에 기죽지 않고 열정과 집념으로 학생들을 가르치고 학교를 설득했다. 한국국제교류재단의 지원도 큰 도움이 되었다. 필자가 방문했을 때 재단의 지원으로 4명의 강사가 파견되어 있었다. 곤잘레스(Vicente González Martin) 문과대학장도 큰 역할을 했다. 그는 한국학이 부전공, 전공 과정으로 승격하는 단계마다 주위의 반대를 물리치고 적극적으로 지원을 아끼지 않은 1등 공신이라고 김혜정 교수는 말했다.

3.15(목) 오후에 필자가 대학에 도착했을 때 캠퍼스는 설립 800주년을 기념하는 각종 행사 홍보물로 온통 축제 분위기였

다. 김혜정 교수를 만나, 대학 마당(patio) 오른쪽 건물의 2층에 있는 총장실에서 리베로 총장과 윌디스(Efrem Yildiz) 대외부총장을 면담하였다. 리베로 총장은 법대 교수 출신으로 2017년에 49살의 젊은 나이에 총장으로 선출될 정도로 능력과 평판이 뛰어난 인물이었다. 필자를 반갑게 맞아 주면서 대학의 한국학 발전을 위한 한국 정부와 대사관의 지원에 감사를 표시하였다. 필자도 총장 취임을 축하하고, 한국학 과정에 대한 대학의 지속적인 관심과 지원을 요청하였다. 향후 협력 방안으로 살라망카 대학의 '한-스페인 포럼' 개최를 협의하였는데, 이후 살라망카 대학은 2019년 포럼에서 차기 포럼 유치를 제의하였다. 리베로 총장은 사무실 발코니에 필자를 데리고 나가, 대학의 명물인 본과 파사드를 보여주며 설명해 주었다. 또한, 필자 부부에게 게스트 하우스의 총장 스위트를 제공하고, 다음날 오찬에 같은 법대 교수인 부인과 함께 필자 부부를 초청하는 등 호의를 베풀었다.

이어 살라망카 대성당 앞에 위치한 문과대학을 방문하여 곤잘레스 학장을 면담하고, 함께 한반도 평화 컨퍼런스에 참석하여 평창동계올림픽 이후 남북한 화해 분위기와 한-스페인 관계에 대해 특강을 하였다. 이 자리에는 동행한 유지한 서기관과 옥스퍼드 대학의 지영해 교수도 참석하여 발표를 하였는데, 100여 명의 학생들이 참석하여 한반도에 대한 높은 관심을 보여주었다.

비센테 곤잘레스 마르틴 학장과 한반도 평화 컨퍼런스 참석

이후 한국어 경연대회와 K-Pop 공연에 참석하여 인사말을 하고 학생들과 함께 분위기를 즐겼다. 경연 참석자들의 수준과 동료 학생들의 호응에 많이 놀랐고, 한국에 대한 높은 인기가 빈말이 아니라는 것을 확인할 수 있었다. 당시 필자는 경연 상품으로 평창올림픽 목도리를 들고 갔는데, 나중에 한국말 경연대회에서 우승한 크리스 수진(Cris Soojin) 양이 목도리를 받고 기쁜 표정으로 찍은 사진을 보내왔다.

한국어 경연대회 우승자 크리스 수진이 평창올림픽 목도리를 받고 기뻐하는 모습

다음 날 오전에는 대학에서 준비한 언론 인터뷰에 참석하여, 살라망카 대학의 한국학 현황과 함께 워킹홀리데이 등 한-스페인 양국관계, 평창올림픽, 남북관계에 대해 많은 질문을 받고 설명하였다. 《라 가세타La Gaceta》지가 3.19자에 가장 상세히 보도했다. 인터뷰 후 언론인들과 김밥·잡채 등 한식을 함께 하면서 한국 이야기를 이어 갔다.

스페인에서의 한국학 발전은 여러 숨은 공로자들의 헌신과 집념으로 가능했다. 한국의 국력 신장과 K-Pop 등 한류의 인기와 함께 정부의 해외 한국학 진흥정책도 큰 역할을 하였다. 살라망카 대학을 보면서 무궁한 가능성을 보게 되었다. 그러나, 김혜정 교수는 아직 갈 길이 멀다고 한다. 무엇보다도 스페인어로 한국학을 강의하고 학생들과 소통할 수 있는 교원이 부족하다. 현재 스페인 정부의 임용절차를 받은 한국인 교수가 3명에 불과하다는 점이 이를 단적으로 보여준다. 한국인 교원 양성이 어려우면, 중국이나 일본과 같이 한국학을 전공한 스페인 학생들을 적극적으로 육성하는 것도 방법이라고 말한다.

España en mi vida

8. 스포츠 외교

2018년 3월 말은 외교단 예방, 국회 외통위 의원단 방문, 서한 상공회의소 살라베리(Jorge Salaverry) 사무총장 면담, 나달(Jordi Nadal) 안도라 명예영사 면담 일정 등으로 보내고 있었다. 여러 일정 중에서 특히 스포츠와 관련된 2가지 행사가 기억에 남는다.

라 리가 신청사 개소식에 참석한 알폰소 다스티스 외교장관과 하비에르 테바스 회장(출처 : 라 리가 홈페이지)

먼저 3.20(화) 저녁에는 스페인 프로축구 라리가(La Liga)가 새 건물로 이사하여 개최하는 개소식에 참석하였다. 레알 마드리드의 베르나베우(Bernabéu) 구장에서 멀지 않는 새 건물(Calle Torrelaguna 60)에 도착하니, 직원들이 사무실 곳곳을 안내하고 업무를 상세히 설명해주었다. 그리고 행사장으로 가는데 다스티스(Alfonso Dastis) 외교장관과 문 앞에서 마주쳤다. 새로 부임한 한국대사라고 했더니 반갑게 악수를 청했다. 외교장관이 여기에 왜 왔을까 궁금해하면서, 행사장에 들어갔더니 이미 각국 대사들과 외교단들도 많이 앉아 있었다. 이윽고 행사가 시작되니, 테바스(Javier Tebas) 라리가 회장이 라리가의 발전 역사와 현황에 대해 발표하였는데, 특히 라리가의 국제화와 글로벌 진출이 역점 사업이라고 설명했다. 그리고는 해외 사무소 개설현황, 각국의 라리가 중계현황, 개도국 축구 육성 사업에 대해 이야기했다. 이제 대강 다스티스 외교장관이 왜 참석했는지, 스페인 국가브랜드 고위대표와 외교단들을 왜 초청했는지 이유를 알 것 같았다. 다스티스 장관도 인사말에서 라리가가 스페인을 대표하는 브랜드로 발전할 수 있도록 해외공관을 포함하여 외교부가 적극 지원하겠다고 약속했다.

필자는 이후에도 라리가와 레알 마드리드가 국가브랜드, 스포츠 관광과 같은 행사에서 지속적으로 홍보 활동을 전개하는 것을 목격했다. 축구 하나로 스페인의 이미지를 높이고 엄청난 수익을 창출하는 스페인이 부러웠다. 물론 후에 BTS의 빌보

드차트 1위 랭크, 영화 〈기생충〉의 아카데미상 수상으로 한국의 브랜드가 높아지는 것을 보고 부러움은 많이 없어졌지만, 스페인 축구의 세계적인 인기는 부인할 수가 없다. 이때 사무실에 써 있던 라리가의 모토가 기억이 나서 적어본다. "맥박이 없으면 심장(마음)이 없고, 마음이 없으면 열정이 없으며, 열정이 없으면 감정이 없고, 감정이 없으면 축구가 없다(Sin latido no hay corazón, sin corazón no hay pasión, sin pasión no hay emoción, sin emocióun no hay fútbol.)" 행사는 저녁 9시에 시작되어 11시에 끝났고, 미쉐린 2스타 프레이사(Ramon Freixa) 셰프가 요리한 타파스(Tapas)와 함께 와인으로 배를 채우고 집으로 돌아왔다. 완전히 스페인식이다. 다음부터는 행사에 가기 전에 간단히 요기를 해야 된다는 사실을 깨달았다.

다음날인 3.21(수)에는 보건복지부에서 개최된 평창 장애인 올림픽 스페인 대표팀 귀국환영식에 참석했다. 장애인 올림픽 대표팀은 필자가 부임하기 전인 1월에 대사관에서 출정식을 개최하는 등 관심을 보여주었는데, 이에 보답하는 차원에서 필자를 초청한 것 같다. 스페인은 이번 올림픽에 선수 4명이 참가하여 산타카나(Jon Santacana) - 갈린도(Miguel Galindo) 팀이 시각장애인 알파인 스키에서 은메달을, 피나(Astrid Fina)가 스노보드에서 동메달을 획득하였다. 스노보드에 처음으로 출전한 곤잘레스(Victor González)는 아쉽게도 메달을 따지 못했다.

스페인 장애인 올림픽 대표팀 귀국 환영식(엘레나 왕녀, 몬세랏 보건복지부장관 등)

프라도 미술관에서 길 건너편에 있는 보건복지부에 도착하여, 스페인 체육회 대표, 장애인 체육회장과 인사를 나누고, 잠시 후 도착한 엘레나(Elena) 왕녀(펠리페 6세 국왕 큰누나)와 몬세랏(Dolors Monserrat) 장관과 함께 행사장으로 들어갔다. 엘레나 왕녀는 장애인 복지를 위해 많은 활동을 하고 있으며, 장애인 대표팀도 많이 지원하고 있다고 한다. 행사에서는 필자에게도 인사말을 할 기회를 주어, 스페인 대표팀의 선전을 축하하고 스포츠를 통해 한국과 스페인의 우의가 더욱 깊어지기를 바란다는 요지의 이야기를 하였다. 아울러 평창올림픽을 계기로 남북한 간 화해 분위기가 조성되고 있음을 설명하고, 스페인 국민의 관심과 지지를 부탁했다.

공식행사가 끝난 후 참석 인사 및 선수들과 이야기를 나누었는데, 참가 선수 중 한 명이 '평창'을 발음하기가 무척 힘들었다고 말했다. 이에 필자가 평창을 방문하려던 한 외국인이 '평창'과 '평양'의 철자와 발음이 비슷해 항공권을 잘못 구입하여, '평양'으로 갈 뻔했다는 이야기했더니 모두 박장대소를 하였다.

새로 부임한 대사로서 엘레나 왕녀와 몬세랏 장관을 만난 것도 큰 소득이었다. 엘레나 왕녀는 부드럽고 온화한 분으로 기억이 되고, 몬세랏 장관은 정치인답게 매우 활발하고 말도 빨랐다. 두 분 모두 대사관이 장애인 대표팀을 적극적으로 도와주어 감사하다는 인사를 빼놓지 않아 기분이 좋았다.

España en mi vida

9. 한국과 스페인 문화의 접목
- 가곡과 플라멩코의 만남

스페인에서의 한국문화 확산은 2011년 주스페인 한국문화원 개설로 크게 확대되었다. 2018년 한 해만 해도 공연 12건, 전시회 11건, 영화상영회 19건과 K-Pop, K-Beauty, 한식, 태권도 등 주제별 행사 5건이 개최되었다. 문화원의 각종 강습, 특강까지 더하면, 일 년 내내 문화행사가 개최되었다고 해도 과언이 아니었다. 과거 주코스타리카 대사 시절에 필자와 직원들이 예산과 전문성의 부족으로 힘들게 문화행사를 개최했던 경험이 있기에, 문화원의 존재가 더욱 소중하게 다가왔다. 더구나 필자와 함께 일했던 이종률 문화원장과도 케미가 잘 맞았다. 이종률 원장은 멕시코와 아르헨티나에서 문화원장을 2차례 역임한 베테랑으로 스페인어권에서 어떻게 한국문화를 전파해야 하는지에 대해 필자와 생각이 같았다. 그중 하나가 한국과 스페인 문화가 접목된 행사를 개최함으로써 자연스럽게 스페인 사람들의 흥미를 유발하는 것이었다.

부임 3개월째로 접어드는 4.3(화)에 한국문화원은 레이나 소피아 미술관 근처에 위치한 왕립고등음악원(Real Conservatorio Superior de Música)에서 '가곡과 플라멩코의 만남' 음악회를 개최하였다. 여기서 가곡은 서양 음악이 아니고, 조선시대에 상류층이 부른 전통 성악곡으로 2010년에 유네스코 세계무형유산으로 지정되었다. 이날은 한국의 대표적인 여성 정가(가곡, 시조, 가사) 국악인 정마리가 출연하였다.

왕립고등음악원에서 개최된 '가곡과 플라멩코의 만남' 공연

스페인의 세계무형유산인 플라멩코는 대개 춤으로 많이 알려졌지만, 음악과 노래도 빠뜨릴 수 없는 핵심 요소이다. 기타는 몬토야(Jose Manuel Montoya), 타악기는 발둔시엘(Javier Valdunciel), 노래는 푸엔테두라(Lorena Puentedura, 여)와 가예고(Sergio Gallego, 남)가 맡았다.

음악회 장소에 들어가니 원형 계단식 관람석 150여 개의 자리가 이미 꽉 차 있었다. 공연 무대는 단순했지만, 등불로 예쁘게 꾸며져 분위기가 살아났다. 서로 다른 음악들이 만나 과연 멋진 하모니를 만들어낼 수 있을까? 자칫 지루하고 따분한 공연이 되지 않을까? 약간의 우려 속에 공연이 시작되었다. '뒷뜰의 매화', '별을 보다'와 같은 가곡과 'Alegría(기쁨)', '알함브라 궁전의 추억'과 같은 스페인 음악을 함께 부르는데, 고음의 가냘픈 소리(가곡)와 울림이 있고 강한 소리(플라멩코)가 절묘하게 조화를 이루며, 청중들을 사로잡았다.

이 공연은 이틀 후인 4.5(목)에 국립장식예술미술관(Museo Nacional de Artes Decorativas)에서 개최된 한국현대공예전 개막식에서 다시 한번 스페인 사람들을 매료시켰다. 이번에는 미술관 중앙홀에 만들어진 무대를 향해 청중들이 홀뿐만 아니라 2, 3층 발코니에서도 공연을 볼 수 있었고, 조명 효과도 뛰어나 더욱 멋진 분위기를 연출하였다. 한국공예디자인문화진흥원이 주최한 한국현대공예전은 '시간의 여행(Viaje del Tiempo)'이라는 주제로 현대공예작가 27명의 작품 97개가 미술관 전 층에 걸쳐 전시되었다. 개막식에 참석한 로드리게스(Sofia Rodriguez) 미술관장, 라푸엔테(Luis Lafuente) 문화부 국장과 함께 작품을 감상하였는데, 현대적인 소재와 디자인으로 한국의 전통을 잘 표현

한 것 같다고 평가하였다.

국립장식예술미술관에서 개최된 한국현대공예전 개막식

다음 날인 4.6(금)에는 라 아바디아(La Abadia) 극장에서 열린 마드리드 국제아동극 페스티벌 개막공연에 참석했다. 한국의 '브러쉬 극단'의 작품 브러쉬(Brush)가 개막공연작으로 초청받았기 때문이다. 초청된 이유가 궁금하여 주최측에 물어보니, 영국 에든버러 축제에서 공연을 보고 작품이 좋아 초청했다고 한다. 극장은 부모님과 함께 온 아이들로 250석이 꽉 찼다. 아동극이라 어른이 보기에는 재미가 없을 것으로 생각했는데, 정반대로 어른들이 더 즐거워한다. 브러쉬 극단은 Doodle Pop, Dragon Hi와 같은 아동극으로 이제 전 세계에 알려진 극단으로 성장한 것 같다.

브러쉬 극단의 '마드리드 국제아동극 페스티벌' 개막공연

　1주일 동안 마드리드 중심부에서 3개의 서로 다른 문화행사를 개최하니 마음이 뿌듯해졌다. 다시 양국 문화의 접목이라는 주제로 돌아가서, 문화원은 2019년 5월에 '판소리와 플라멩코의 만남' 음악회를 라 아바디아 극장에서, 2019년 6월에 '피의 결혼(Bodas de Sangre)' 무용극을 코르도바 대극장에서 공연하였다. 무용극 '피의 결혼'은 김복희 무용단이 스페인의 국민 시인이자 극작가인 가르시아 로르카(Federico García Lorca, 1898-1936년)의 비극을 한국적 미학으로 재해석한 작품이다. '판소리와 플라멩코의 만남'은 2019년 10월 펠리페 6세 국왕의 국빈 방한 시 국빈만찬에서도 공연될 정도로 한국과 스페인을 상징하는 대표적인 문화행사로 자리 잡은 것 같다.

España en mi vida

10. 계속되는 고위인사 방문
– 의회 및 사법부 교류

  3.21(수)에 란달루세(Jose Ignacio Landaluce) 상원 외교위원장을 방문한 데 이어, 4.25(수)에는 노게라(Pilar Rojo Noguera) 하원 외교위원장을 예방하였다. 란달루세 위원장을 간략히 소개하면, 당시 집권당인 국민당(PP) 소속으로 2015년까지 하원의원을 세 번이나 역임하고, 2016년부터는 상원의원으로 재직 중이었다. 또한, 2011년부터는 영국령 지브롤터(Gibraltar)와 인접한 남부 항구도시 알헤시라스(Algeciras) 시장으로 있었다. 국회의원을 하면서 지방자치 단체장까지 겸직하는 것이 흔하지는 않지만, 스페인에서는 허용이 된다. 여하튼 대단히 유능한 정치인임에 틀림이 없는 것 같다. 하원 외교위원회 부위원장으로 재직한 2015년에는 '북한 규탄 결의안' 채택을 주도하였고, 알헤시라스에는 한진해운(현재 현대상선)이 2010년부터 운영하는 컨테이너 터미널(TTIA)이 있어, 한국과 인연이 무척 깊은 정치인이었다. 3.28(수)에는 이진복 한-스페인 의원친선협회장이 알헤시라스로 란달루세 위원장을 방문하여 지역구에서 만남이 이루어졌다.

필라르 로호 노게라 하원 외교위원장 예방

　노게라 하원외교위원장도 국민당(PP) 소속으로 갈리시아 주의회 의장을 오래 역임한 후, 2016년에는 하원의원에 당선되었다. 하원은 프라도 미술관에서 포세이돈 분수대를 거쳐 솔 광장(Puerta del Sol)으로 가는 방향에 위치하므로 마드리드를 방문한 사람들은 한 번쯤 보았을 것이다. 노게라 위원장과의 면담에서는 최근 양국 간 인적·물적 교류의 확대를 설명하면서, 2017년 12월에 서명된 워킹홀리데이협정이 조속히 비준될 수 있도록 협조를 요청하였다. 그리고 평창올림픽 이후 남북한 화해 분위기를 설명하고, 이틀 후로 다가온 판문점 남북정상회담에 관심을 가져 줄 것을 당부하였다. 의회외교에 대해서는 2008년 이후 스페인 측의 양국 의원친선협회 미구성으로 양국 간 교류에 어려움이 있음을 설명하고, 가능한 대안을 검토해보자는 제안을 하였다. 스페인 의회는 2008년 경제위기 이후 예산 긴축을 위해 외국 의회와의 친선협회 구성을 중단하였다. 이후 필자는 한국에 관심이 있는 스페인 의원들이 비공식 소모임을 구성하여, 대사관과 교류를 하고 한국 국회의원의 방문 시 만남도 갖는 방안을 제안하고, 협의를 계속하였다.

스페인 대법원을 방문한 김명수 대법원장과 안헬 화네스 스페인 대법원장(대리)

양국 간 사법 교류도 활발하여, 2017년에 안창호 헌법재판관과 권성동 국회법사위원장이 스페인 헌법재판소를 방문한 데 이어, 4.30(월)에는 김명수 대법원장이 스페인 대법원을 공식 방문하여, 화네스(Angel Juanes) 대법원장대리와 회담하고, 법관 교류 등 양국 사법부 간 협력 방안을 협의하고, 실행을 위한 MOU를 체결하기로 합의하였다. 한국 대법원장으로는 1978년 이후 40년 만의 스페인 방문으로 의의가 컸다. 회담에는 스페인 측에서 델 마르(María del Mar Cabrejas) 사법부 총평의회(Consejo General del Poder Judicial) 위원도 참석하였는데, 사법부 '총평의회'라는 제도가 특색이 있어 설명하고자 한다.

총평의회는 사법부의 최고 의결기구로 대법원장 제청과 법관의 임명·승진·교육·징계를 담당하고, 사법연수원과 사법자료센터를 산하기관으로 가지고 있다. 의장은 대법원장이 겸임하고, 20인의 위원은 각급 법원의 법관 12명과 15년 이상 경력의 변호사와 법학자 8명으로 구성되는데, 상·하원이 각 10명씩 제청한다. 민주적이고 균형된 사법부 운영이 가능한 장점이 있으나, 사실상 의회가 결정권을 가지고 있어 정당 간 정치적 이해관계가 개입될 여지가 많다. 실제로 현 총평의회는 2018년 12월에 임기가 끝났는데, 3년이 지난 지금까지도 정당 간 합의(3/5 찬성 필요)가 이루어지지 않아 아직도 새 평의회를 구성하지 못하고 있다. 이후 5.21(월)에는 김신 대법관이 대법원, 사법부총평의회와 사법연수원을 방문하는 등 교류를 이어 나갔다.

스페인에 이어 칠레와 아르헨티나를 공식 방문하는 김명수 대법원장을 5.1(화)에 공항에서 영송하고 나니, 김헌정 헌법재판소 사무처장이 도착하였다. 김헌정 처장은 5.3.(목)에 곤잘레스(Juan José González) 헌법재판소장을 예방하고, 구티에레스(Andres Javier Gutiérrez) 사무총장과 양국 헌법재판소 간 협력 방안을 논의한 후, 협력 MOU를 체결하였다. 이후 2018년 9월에는 나르바에스(Antonio Narvaez Rodriguez) 헌법재판관과 구티에레스 사무총장이 한국을 방문하여 우리 헌법재판소 창립 30주년 국제회의에 참석하였고, 실무자 간 교류도 꾸준히 진행되었다. 나중에 이들을 부부동반으로 관저 만찬에 초청하였는데, 식사 내내 한국 방문 경험을 소개하면서 한국이 너무 좋다고 칭찬하였다. 또한, 양국의 헌법재판소가 독일을 모델로 했기에 유사점이 많아 편한 점이 있다고 했다. 덕분에 필자도 곤잘레스 헌법재판소장을 알게 되어 재임 기간 내내 친하게 지냈다.

김헌정 헌법재판소 사무처장과 안드레스 구티에레스 스페인 사무총장

España en mi vida

11. 2018년 4월
마드리드의 이런저런 이야기

무덥고 태양이 강한 스페인도 3월 말이나 4월 초의 성주간(Semana Santa, 부활절)에는 이상하게도 비가 오고 날씨가 좋지 않다. 부활절 연휴가 끝나고 나서 완연한 봄이 되었는데, 4월에는 앞서 이야기했던 다양한 문화행사와 김명수 대법원장 방문 등 큰 행사도 있었지만, 따뜻한 봄 날씨와 함께 기억에 남는 일들이 있었다.

먼저 3월에 이어 계속해서 외교단 예방을 했는데, 아태그룹 의장을 맡고 있던 듀센바예프(Bakyt Dyussenbayev) 카자흐스탄 대사가 6월경에 주한 대사로 부임할 예정이라고 알려왔다. 듀센바예프 대사는 스페인에 6년간 재임하면서 각계각층과 다양한 네트워크를 형성하였는데, 주요 인사 초청 간담회, 주요기관 시찰 등을 주선하여 동료 대사들의 평판이 아주 높았다. 필자에게 자국민들이 한국을 너무 좋아한다고 말하면서, 자신도 한국에서 일하게 되어 기쁘다고 하였다. 라호우스(Roberta Lajous Vargas) 멕시코 대사도 기억에 많이 남는다. 60대의 베테랑 여성 외교관으로 스페인-

멕시코 관계를 상세하게 설명해주었는데, 멕시코 정부가 프랑코 정권을 인정하지 않았고 민주화가 된 1977년에야 국교를 재개했다는 사실이 인상적이었다. 2017년에 양국 수교 40주년을 기념했다면서 기념 책자도 선물로 주었다. 그리고, 대사관 건물이 시내 중심부 하원 건물의 길 맞은편에 있었는데, 2층 대사 집무실에서 하원 정면을 바로 볼 수 있었다. 스페인 하원이 자신의 눈앞에 있다는 라호우스 대사의 농담에 웃은 기억이 난다.

스페인 하원과 멕시코 대사관이 위치한 광장(출처 : 위키미디어 공용)

4월에는 마드리드에 소재한 이베로아메리카공동체 사무국(SEGIB)에 한국 인턴을 파견하는 MOU를 서명하였다. 중남미 국제기구에 한국 청년들을 인턴으로 파견하는 사업은 2008년에 필자가 외교부 중남미 심의관으로 일할 때 도입되었는데, 10년 후인 2018년에 스페인으로 확대되어 보람을 느꼈다. 그 밖에 크레마데스(Javier Cremades) 한-서 상공회의소 회장, 스페인 한국연구센터(CEIC)의 오헤다(Alfonso Ojeda) 명예회장, 이달고(Alvaro Hidalgo) 회장, 라모스(Agustin Ramos) 사무총장 및 루비오(Alberto Rubio) 외교지 편집장과 첫 만남을 했다. 그리고 콤플루텐세대학 국제연구센터(센터장 Maria Isabel Alvarez)가 한국국제교류재단의 후원으로 개최한 한국학 프로그램(3개월 과정)에 참여한 20여 명의 강사와 학생들과 관저에서 만찬 간담회도 가졌다.

콤플루텐세 대학 국제연구소의 한국학 프로그램 강사들과의 관저 만찬

4.25(수)에는 센다고르타(Fidel Sendagorta) 국장을 비롯한 외교부 동북아 담당 직원들을 관저에 초청하여, 대사관 직원들과 오찬을 함께 하면서 팀워크를 다졌다.

외교부 북미아태국 직원과 관저 오찬후 정원에서

개인적으로는 4.8(일)에 아내와 함께 처음으로 베르나베우(Bernabéu) 경기장을 찾아 레알 마드리드(Real Madrid)와 아틀레티코 마드리드(Atlético Madrid) 간의 마드리드 더비를 관람하였다. 말로만 듣던 스페인 프로축구를 직접 보게 되어 마음이 설레었다. 축구를 잘 모르는 아내도 마찬가지였다. 제일 싼 좌석이 100유로나 하는데도 카스테야나 대로(Paseo de la Castellana)에 위치한 81,000석의 경기장이 꽉 찼다. 열기가 엄청났다. 호날두 선수도 보였다. 축구를 잘 모르지만, 패스가 정확하고 공이 선수들 몸에 붙어 다닌다는 느낌이 들 정도로 수준이 높았다. 흥미로운 것은 경기장 위로 연결된 케이블을 통해 여러 대의 카메라가

자유자재로 날아다니면서 선수들과 경기 장면을 가까이서 촬영하였다. 모든 것이 좋았다. 관중석에서 담배 피우는 걸 허용하는 것만 빼고는….

아내와 함께 관람한 레알 마드리드-아틀레티코 마드리드 축구경기
(레알 마드리드의 스폰서 기업인 한국타이어 광고판이 보인다)

2018년 4월에는 마드리드에서도 '4.27 판문점 남북정상회담'이 단연 화제의 중심이었다. 스페인 언론들은 평창동계올림픽 개최 이후 한반도 상황을 지속적으로 보도하고 있었다. 스페인 정부도 남북정상회담 개최가 합의되자, 3.8(목)에 "한반도의 화해와 비핵화를 위한 대화 발표" 제하의 성명을 발표하고 회담에 대한 기대감을 표명하였다. 필자가 면담을 하거나 행사에 참

석하면, 비핵화에 대한 북한의 진정성이나 정상회담에 대한 질문이나 코멘트가 반드시 따랐다. 필자도 4.5(목)에 일간지 《El Economista》에 '평화를 향한 걸음(Un paso hacia la paz)'이라는 글을 기고하였다.

많은 기대 속에 4.27(금) 오후 4시(한국 시간 오전 9시)부터 밤늦게까지 인터넷 생방송을 통해 판문점 정상회담을 보았다. 스페인 정부는 다음날인 4.28(토)이 주말인데도 신속하게 정상회담 결과를 환영하고 완전한 비핵화의 구체적 결과를 기대한다는 요지의 성명을 발표하였다. 정치인들도 트위터를 통해 환영 입장을 표명했는데, 당시 야당 사회당(PSOE) 당수였던 산체스(Pedro Sánchez) 현 총리도 결과를 환영하면서, 대화를 통한 문제 해결의 중요성을 강조했던 기억이 난다. 언론들은 판문점 정상회담이 역사적이라고 평가하면서도, 한반도 비핵화를 위한 실질적인 진전을 위해서는 갈 길이 멀고, 많은 난관이 존재한다고 분석하였다. 한반도에 대한 관심은 미-북 정상회담 때까지 계속 이어졌다.

España en mi vida

12. 대스페인
외교전략을 짜다

스페인에 부임한 지 3달이 지났다. 그동안 많은 사람을 만나고 행사에 참석하면서 어느 정도 현지 상황을 파악하였다. 이제는 전략을 짜야 할 때가 되었다. '전략'이라는 거창한 용어보다는 앞으로의 '활동 방향과 계획'이라는 단어가 더 적당할 것 같다. 차석인 최종욱 공사참사관을 비롯해 분야별로 민보람 서기관(정무), 이창원 서기관(경제), 고일권 무관(방산), 이종률 문화원장(문화), 유지한 서기관(공공외교), 유승주 참사관, 배영기 서기관(영사)과 협의를 했다. 류재원 KOTRA 관장도 좋은 의견을 주었다.

스페인 외교지의 표지에 실린 필자

2018년 한-스페인 양국관계 상황을 보면, 스페인은 2008년 세계금융위기로 발생한 경제침체를 극복하고 이전의 경제력을 회복하고 있었으며, 한국도 2014년 예능 프로그램 "꽃보다 할배" 방영 이후 스페인 문화에 관심이 증폭되어 양국 간 경제, 문화 및 인적 교류가 확대되었다. 특히 2017년에 스페인을 방문한 한국인은 45만 명으로 2013년 11만 명에 비해 4배가 증가하였다. 그러나, 세계 12위와 13위인 양국의 경제력에 비해 실질 협력의 수준은 높지 않은 편이었다. 가장 중요한 원인은 서로에 대한 이해와 관심의 부족이었다. 스페인은 대외관계가 유럽과 중남미 중심으로 이루어졌고, 본격적인 아태지역 진출이 다른 유럽 국가들에 비해 늦었다. 한국도 스페인을 주로 문화와 관광 측면에서 이해했고, 스페인의 경제·산업 경쟁력과 한국과의 협력 가능성에 대해서는 관심이 부족하였다.

이러한 측면을 감안하여 4가지 큰 틀에서 대스페인 외교전략을 구성하였다.

첫째, 증가 추세에 있는 인적, 문화 교류를 지속적으로 확대함으로써 양국 국민 간 상호 이해와 인식을 제고하고, 이러한 현상이 교역 및 투자 확대로 연결될 수 있도록 유도하기로 하였다. 최근 양국 국민의 상호 문화에 대한 관심 증가로 한국자동차, 전자제품, 화장품 등의 스페인 수출과 스페인 농식품(육류, 올리브,

와인), 소비재(가방, 의류, 신발) 등의 한국 수출이 증가한 점이 이를 잘 설명해 주고 있었다. 인적 교류 확대를 위해 '워킹홀리데이협정'의 조속한 발효와 효율적인 시행 준비, 항공협정 전면개정의 서명과 발효, 아시아나 항공의 바르셀로나 취항 지원, 주바르셀로나 총영사관 개설 준비, 주요 문화기관(성가족 성당 등)의 한국어 안내 확대 등을 추진하기로 하였다. 문화 교류 확대를 위해 주스페인 문화원 활동의 외연 확대, 스페인 대학들의 한국학 과정 운영 및 세종학당 설치 지원, 한류팬(3개 동호회, 33개 K-Pop 팬클럽)들과의 적극적인 교류를 추진하고, 공공외교 강화를 위해 주요 기관 및 대학들에 대한 강연 및 스페인어 SNS 활동을 확대하기로 하였다. 한편, 한국 방문객들의 사건·사고 증가에 따라 우리 국민 보호를 위한 영사업무 체제도 지속 점검하기로 하였다.

둘째, 여러 산업분야에서 양국이 유사한 경쟁력을 가지고 있는 점을 감안, 경쟁보다는 협력을 통한 교역과 투자 확대를 추진하고, 이를 위해 새로운 협력 분야를 발굴하기로 하였다. 먼저 지금까지 상당한 성과를 거두고 있는 건설·인프라 분야에서 양국 기업들의 제3국 공동진출을 계속 확대하기 위해 양국 간 '건설협력포럼', '비즈니스 네트워킹' 개최 등과 같은 지원을 계속하기로 하였다. 양국 기업들은 지금까지 17개국에서 총 56개 사업(129억 불)을 공동 수주하였다. 새로운 협력 분야로 재생에너지 선도국(재생에너지 발전 비중 39%)이자 이베르드롤라(Iberdrola)와 같은 세계적 기업들을 보유하고 있는 스페인과 재생에너지 협력을 추진하기로 하였다. 한국도 신정부 출범 이후, 2030년까지 재생에너지 발전 비중을 20%로 확대하는 에너지 전환정책을 시행하고 있어 스페인과의 협력 잠재력이 높았다. 그리고 4차산업혁명 대응을 위한 디지털 경제협력도 적극 추진하기로 하였다. 이를 위해 스페인이 개최하는 'Mobile World Congress'를 통한 양국 정부 및 기업 간 협력과 스페인 정부가 요청한 "스페인 산업연결4.0 국제회의" 주빈국 참가를 추진하기로 했다.

셋째, 2020년 '양국 수교 70주년'을 양국관계를 한 차원 높게 발전시키는 계기로 적극 활용하기로 하였다. 이를 위해 양국 정상의 상호방문, 특히 2차례 연기된 펠리페 6세 국왕의 방한을 최우선으로 실현하는 것이 중요했다. 수교 기념행사로 세계 3대 관광박람회인 마드리드 국제관광박람회(Fitur) 주빈국 참가, 양국관계 70년을 정리하는 기념 책자 발간, 각종 학술회의와 문화행사들을 추진하고, 양국 간 '전략적 동반자 관계'를 공식 선언하여 지난 70년간의 성과를 바탕으로 미래를 향한 새로운 협력의 틀을 마련하는 방안을 검토하기로 하였다.

마지막으로, 스페인을 통한 대중남미 협력강화를 중점과제로 추진하기로 하였다. 같은 언어와 역사적, 문화적 유대감을 바탕으로 중남미에 상당한 영향력을 보유하고 있는 스페인을 우리의 대중남미 외교에 적극 활용할 필요가 있다. 이를 위해 '이베로아메리카공동체'와의 협력강화, 양국 정부 간 대중남미 협의체 활성화, 양국 기업들의 중남미 공동진출 지원을 추진하기로 했다.

향후 3년간 업무에 대한 큰 그림을 그렸다. 이제는 차근차근 실현해 나가야 한다. 목표한 바가 이루어지도록 최선을 다할 것을 다짐해본다.

España en mi vida

13. 스페인의 2018-2022 대아시아 전략 비전

2018년 5월에도 여러 가지 일들이 있었으나 가장 중요한 것은 5.8(화)에 스페인 외교부가 개최한 "스페인의 2018-2022 대아시아 전략 비전(Visión Estratégica para España en Asia 2018-2022)" 발표였다.

스페인의 아시아에 대한 관심은 영국·독일·프랑스 등 다른 유럽 국가들에 비해 다소 늦게 시작되었다. 1980년대부터 아태시대의 도래가 이야기되고 APEC(아태경제협력)이 창설되는 등 아시아가 세계 경제의 새로운 중심축으로 부상하고 있었으나, 스페인은 2000년대에 들어서야 행동을 취했다. 국민당(PP) 아스나르(Aznar) 총리 정부에서 피케(Josep Piqué) 외교장관이 "2000-2004 아태기본계획(Plan Marco Asia Pacífico 2000-2004)"을 마련했고, 이후 사파테로(Zapatero) 총리 정부에 의해 "아태행동계획(Plan de Acción Asia Pacífico)"이 2005-2008년과 2009-2012년 에 연속 수립되었다. 이후 경제위기로 인한 어려움 때문인지 중단되었다가, 9년 만에 새로운 대아시아 전략이 발표되는 것이라 의미 있는 행사였다. 필자도 최근 대스페인 외교전략을 마련하였기 때문에 관심을 가지고 행사에 참석했다.

아시아 진출 스페인 기업들과의 경험 공유 토론회

행사는 마드리드 시내 대광장(Plaza Mayor) 근처에 있는 외교장관 공관(Palacio de Viana)에서 개최되었다. 발표회 전에 먼저 스페인 기업과 교육·문화·사회 기관들의 아시아 진출 경험을 공유하는 토론회가 있었는데, 첫 번째 세션은 파월(Charles Powell) 엘카노 연구소장의 사회로 Técnicas Reunidas(플랜트 건설), Gestamp(자동차 부품), Acciona(건설 및 재생에너지), CaixaBank(은행)의 성공사례가 소개되었다. 나바로 아시아교류재단(Casa Asia) 원장이 주재한 두 번째 세션에서는 El Corte

Inglés(백화점), IE Business School(교육), Festival Sonar(음악), La Liga(축구)가 아시아 관광객, 유학생 유치 확대와 아시아 시장 진출 방안을 소개하였다.

토론회가 끝난 후 자리를 옮겨 이동하니 예쁜 디자인의 발표회 행사장이 나왔다. 다스티스 외교장관, 카스트로 외교차관, 센다고르타 북미아태국장 등 많은 외교부 간부들이 참석하였다. 다스티스 장관이 새로운 대아시아 전략 비전을 설명하였는데, 대체로 내용은 다음과 같았다.

2000년에 대아태지역 전략을 수립한 이후 아시아교류재단 (Casa Asia) 설립, 11개 대사관 및 총영사관 개설, 정부 간 대화 채널 신설 및 확대, 인프라, 재생에너지, 방산 기업의 성공적인 아시아 진출 등과 같은 성과가 있었으나, 여전히 다른 EU 국가에 비해 대아시아 정책이 제한적이며, 특히 아시아의 중요성이 스페인의 정책 수립보다 빠른 속도로 증가하고 있어, 이는 기회상실을 의미한다고 평가한다. 향후 대아시아 전략으로 협력중점분야 선정, 스페인의 적극적인 역할 수행이 가능한 EU 의제 개발, 민관협력체제의 강화를 제시하고, 정부 외교정책위원회 (Consejo de Política Exterior)가 부처 간 대아시아 정책을 조율하도록 한다.

대아시아 전략 비전을 좀 더 자세히 살펴보면, 스페인의 대아시아 수출이 전체 수출의 10%에 불과하여 EU 평균인 20%까지 확대하고, 브렉시트 이후 스페인을 아시아 국가들의 투자 대상지로 적극 홍보할 필요가 있다는 점이 강조되었다. EU-아시아 국가 간 FTA 체결과 아시아 관광객 및 유학생 유치 확대의 중요성도 눈에 띈다. 개별 국가별 전략은 포함되어 있지 않으나, 스페인의 아시아인프라투자은행(AIIB) 참여와 일대일로 이니셔티브가 언급되고 있으며, 특히 한국은 과학기술혁신·교육·관광 분야의 주요 협력대상국으로 평가되었다.

알폰소 다스티스 외교장관의 대아시아 전략 비전 발표

행사는 스페인에 거주하는 중국, 필리핀 음악인과 스페인 연주자들의 합동 공연으로 끝났다. 이어서 오찬이 있을 예정인데 잠시 휴식 시간에 다스티스 장관에게 다가가서 인사를 했다. 지난 3.20(화)에 스페인 프로축구 라리가 신건물 개소식에서 잠시 인사를 했지만 다시 한번 필자를 소개하고, 이번 대아시아 전략 비전을 통해 한-스페인 관계도 더욱 발전하기를 기대한다고 이야기했다. 또한, 지난 '4.27 남북정상회담' 결과에 대해 스페인 정부가 신속하게 환영과 지지 성명을 발표하였고, 특히 다스티스 장관이 자신의 트위터를 통해서도 지지 입장을 표명해 주어 대단히 감사하다는 인사를 했다. 다스티스 장관은 최근 양국 간 교류와 협력이 확대되고 있음을 잘 알고 있다고 말하면서, 필자에게 양국관계 발전을 위해 힘써 달라고 당부하였다. 또한, 자신이 남북정상회담 결과에 매우 고무되어 정부 성명 외에 트위터를 통해서도 입장을 표명하게 되었다면서, 한반도 비핵화와 평화 정착이 구체적 결실을 맺기를 희망한다고 답변하였다.

알폰소 다스티스 외교장관과 환담하는 필자

오찬은 몇 개의 테이블로 나누어 진행되었는데, 아직 신임장을 제정하지 않은 신참 대사인 필자는 파키스탄 대사와 함께 거의 말석에 배정되었다. 다행히 비야리노(Camilo Villarino) 장관 비서실장과 로페스-케사다(Miguel López-Quesada) 헤스탐프(Gestamp) 대외협력 이사가 같은 테이블에 있어서 여러 가지 유익한 대화를 나눌 수 있었다. 비야리노 실장에게는 신참 대사로서 외교부 동향에 대해 궁금한 점을 많이 질문하였는데, 이후 보렐(Josep Borrell) 장관, 곤잘레스(Arancha Gonzaález Laya) 장관 재임시에도 계속 비서실장을 맡은 능력 있는 외교관이었다. 헤스탐프는 스페인 제1의 자동차 부품 글로벌 기업으로 한국에도 2개의 공장을 운영하고 있는데, 로페스-케사다 이사는 자동차 생산 강국인 한국 투자가 매우 성공적이라고 평가하였다. 오찬 테이블에서도 남북정상회담과 한반도 정세에 대한 질문이 많았다.

이번 행사를 통해 스페인 외교부는 물론 아시아와 관련된 기업과 교육·문화·사회단체들을 많이 알게 되었다. 또한, 아시아 국가 중 한국이 차지하는 중요성도 짐작하게 되었는데, 향후 아시아 지역이라는 큰 틀을 보면서 한국의 대스페인 외교를 추진하는 데 도움이 되었다. 중국이 압도적 우위에 있으나, 일본, 인도 수준으로 한-스페인 관계를 높일 수 있도록 노력해야겠다는 다짐을 했다.

España en mi vida

14. 한국 최초 공중급유기 제작
에어버스 헤타페 공장 방문

5.7(월)에 한국이 주문한 공중급유기 제작 현황을 파악하기 위해 마드리드 남쪽의 에어버스(Airbus) 헤타페(Getafe) 공장을 방문하였다. 스페인은 영국·프랑스·독일과 함께 에어버스 그룹의 4대 지분 보유국으로서 군수송기 조립 공장과 민항기/헬리콥터의 날개, 동체 생산공장을 세비야, 헤타페, 이예스카스, 알바세테에 가지고 있다. 스페인 항공산업은 1923년에 설립된 군수송기 생산기업인 CASA에서 출발했는데, 1999년에 Airbus Military, 2014년에 다시 Airbus Defense and Space에 통합되었다. 이러한 이유로 스페인은 군수송기에 높은 경쟁력을 보유하게 되었고, A400M Atlas(전략 수송기), C295, CN235 생산을 주도하고 있다.

한국은 2015년에 25년간의 숙원사업이었던 공중급유기 4대 도입 계약을 Airbus Defense and Space와 1조 4,880억 원에 체결하였다. 당시 미국 보잉과 이스라엘 IAI도 입찰에 참여하였는데, 급유능력(93.5톤), 화물탑재능력(43톤), 병력수송능력

(300명) 등 모든 면에서 에어버스가 우수하여 선정되었다고 한다. 에어버스 공중급유기 모델은 A330 MRTT(Multi Role Tanker Transport)인데, 민항기 A330을 개조하여 공중급유를 위한 첨단 장비와 시설을 설치한 항공기이다. 공중급유기의 도입은 전투기의 작전 반경과 시간을 획기적으로 확대함으로써 한국 공군의 전략적 위상을 높이는 의미 있는 사업이어서, 필자는 방문을 앞두고 많은 기대를 했다.

에어버스 헤타페 공장에서 제작된 공중급유기 1호기

고일권 무관을 비롯한 대사관 직원들과 헤타페 공장에 도착하니, 구티에레스(Alberto Gutiérrez) 부사장 등 관계자들과 유형근 중령 등 방사청 현장팀이 영접하였다. 방사청은 원활한 사업 진행을 위해 헤타페 공장 내에 현장팀을 운영하고 있었다. 먼저 공장에 입장하여 현재 제작 중인 공중급유기를 시찰하고, 민항기를 공중급유기로 개조하는 과정을 살펴보았다. 그리고 한국에 인도될 1호기를 보기 위해 활주로로 나갔다. 1호기는 외부 도색만 제외하고는 완성된 상태라고 한다. '대한민국 공군' 글자를 새기고, 스페인 공군 전투기와 공중급유 작전을 시행한 후 11월에 한국으로 정식 인도될 예정이라고 한다. 공중급유기를 운용할 한국 조종사들은 세비야의 에어버스훈련센터에서 교육을 받고 있다.

공중급유기의 핵심 장비인 급유봉(boom)

1호기에 다가가니, 위 사진에서 보이는 대로 항공기 밑부분에 거대한 급유봉(boom)이 눈앞에 나타났다. 이 급유봉을 조종

하여 급유가 필요한 전투기의 연료통에 연결하여 연료를 공급하는 방식이라고 한다. 연료통과 정확한 연결을 위해 고성능 카메라들이 곳곳에 장착되어 있었다. 글자 그대로 이를 붐(boom) 방식이라고 부른다. 그리고 가늘고 긴 호스를 사용하는 프로브(Probe)라는 방식도 있는데, 한국은 붐 방식을 선택했다고 한다. 항공기에 탑승하여 내부를 둘러보았다. 얼핏 보면 보통 민간 항공기와 같아 보였다. 공중급유 외에도 300명 규모의 병력을 실어 나르는 다목적 항공기인 셈이다. 가장 궁금했던 연료봉 조종 장치에 가보았다. 컴퓨터 화면에 연료봉이 보이고, 조종 스틱을 움직이니 연료봉도 움직이는 모습이 보인다. 이것을 정확하게 전투기 연료통 구멍에 넣어야 하므로 엄청난 훈련이 필요할 것 같다는 생각이 들었다.

시찰 후 회의실로 옮겨 사업 전반과 향후 계획에 대한 브리핑을 받았다. 이 자리에는 알론소(Fernando Alonso) 사장도 합류하였는데, 필자는 공중급유기 사업이 차질 없이 진행될 수 있도록 최선을 다해 주기를 당부하고, 대사관도 최대한 지원하겠다고 하였다. 한 가지 흥미로운 것은 이 자리에서 에어버스는 최신 전략 수송기인 A400M Atlas를 언급하였는데, 추후 한국의 T-50 고등훈련기와 교환거래 가능성도 검토된 바가 있다.

페르난도 알론소 사장, 알베르토 구티에레스 부사장 등 에어버스 관계자

공중급유기 1호기는 11.12에 김해 공항에 도착하여 한국에 인도되었고, 이후 2019년까지 나머지 3기가 차례로 인도되었다. 대사관도 2년에 걸친 사업 진행 과정 내내 관심을 가지고 지원하였다. 한국 공군은 KC-330 시그너스로 명명하고, 공중급유 외에도 2020년에 6.25 전사자 유해 송환, 아크부대 임무 교대 지원, 코로나19 이라크 교민 긴급구조 등의 작전을 수행했다고 한다. 한국 최초의 공중급유기를 누구보다도 먼저 보게 된 것은 개인적으로도 큰 영광이었다. 그리고 에어버스가 유럽의 다국적 기업이긴 하나, 스페인 항공산업의 경쟁력을 체험한 소중한 기회가 되었다.

España en mi vida

15. 한-스페인
신재생에너지 협력의 시동을 걸다

　스페인 부임 4개월째인 2018년 5월에는 경제관련 활동과 행사가 많았다. 5.9(수)에는 '이베리아 윤활유 기유 회사(ILBOC)'의 로메로(Eduardo Romero) 사장과 김후성 CFO를 대사관에서 만났다. ILBOC은 스페인 최대 석유화학 기업인 렙솔(Repsol)과 한국의 SK 루브리컨츠가 설립한 합작 회사로 스페인 남동부 지중해 연안의 카르타헤나에 2.8억 불을 투자하여 공장을 준공하고 2014년부터 제품을 생산하고 있다고 한다. 한국 기업이 왜 멀고 먼 지중해에 윤활유 공장을 지었을까? 궁금해서 물어보니 스페인 기업과 협력해서 유럽 시장에 진출하기 위해서란다. SK 루브리컨츠는 스페인 내 제품생산을 통해 가격과 납품기한 경쟁력을 높일 수 있었고, 렙솔은 SK 루브리컨츠의 기술력을 활용해 품질을 높일 수 있었다고 한다. 그 결과, 불과 4년 만에 유럽 시장에서 45%의 점유율(매출액 3.5억 유로)을 차지할 정도로 성장하였고, 5천만 불을 추가 투자하여 생산시설을 확대할 예정이었다.

　로메로 사장은 한국 기업과 너무 케미가 잘 맞아 일할 맛이 난다고 말하면서, 카르타헤나가 작은 도시이긴 하지만 매년 한국 문화제를 개최하여 많은 주민이 한류 팬이 되었다고 신나게 자랑을 했다. 이는 우리 기업의 스페인을 통한 제3국 진출의 대표적인 모범사례라고 할 수 있다. 사실 렙솔은 34개국에서 원유 탐사 및 생산·정유·주유소·화학·발전·모빌리티 등 광범위한 사업 분야를 가진 글로벌 종합에너지 기업으로 매출액 기준으로 스페인 2위의 기업이다. 2018년에는 기아자동차와 Wible 카쉐어링 사업(Niro 하이브리드 사용)도 시작하였으니, 한국과 매우 가까운 기업임에 틀림이 없다.

ILBOC(이베리아 윤활유 기유) 에두아르도 로메로 사장 면담

5.16(수)에는 프랑크푸르트에서 기철 아시아나항공 유럽본부장이 대사관을 방문하여, 8.30부터 바르셀로나-인천 직항을 주 4회 운항한다는 반가운 소식을 알려왔다. 그동안 대한항공에서 마드리드-인천 직항(2007년)과 바르셀로나-인천 직항(2017년)을 각각 주 4회 운항했는데, 이제 주 12회의 직항이 생기는 것이다. 2017년에 한국 방문객 45만 명 기록 이후 2018년에도 방문객은 계속 늘었다. 바르셀로나 지점을 맡게 될 신승철 지점장도 함께 왔는데, 취항 준비를 위해 필요한 사항들을 서로 협력하기로 하였다.

호아킨 가이 데 몬텔라 스페인기업연합(CEOE) 부회장 면담

5.22(화)에는 스페인기업연합(CEOE)의 데 몬텔라(Joaquin Gay de Montella) 부회장을 방문하였다. 이창원 서기관과 류재원

KOTRA 관장이 동행하였고, CEOE측에서는 카사도(Narciso Casado) 대외관계 이사와 쿠에바스(José Cuevas Muñoz) 아태 담당이 참석하였다. CEOE는 200개의 지역 및 산업 경제단체를 통해 3백만 스페인 기업들의 이익을 대변하는 역할을 하고 있으며, 노사정회의에서 항상 사측을 대표하여 참석하고 있다. 면담에서는 최근 양국 간 교역 및 투자 증가와 한국 방문객 확대로 경제협력을 위한 좋은 모멘텀이 형성되었다고 평가하고, 서로 적극 협력하기로 하였다. 특히 6.19에 개최 예정인 '제4차 한-스페인 건설협력 포럼'을 위해 CEOE로부터 회의장 제공과 홍보 등의 협력 약속을 받아내는 성과가 있었다.

한-스페인 신재생에너지 포럼 개최

가장 중요한 행사는 대사관이 5.31(목)에 인터콘티넨탈 호텔에서 개최한 '한-스페인 신재생에너지 협력 포럼'이었다. 앞에서도 언급한 바와 같이, 신재생에너지 협력은 필자가 수립한 대

스페인 외교전략의 가장 핵심적인 분야 중 하나였다. 이를 위해 대사관은 에너지 컨설팅 회사 HazEnergia에 연구용역을 의뢰하였는데, 스페인 정부, 기관, 기업들을 초청하여 연구결과를 공유하고 협력 네트워크를 구축하기 위해 행사를 기획하게 되었다. 새로운 협력 분야이고 처음 하는 행사라 걱정이 많이 되었는데, 이창원 서기관과 류재원 관장이 노력한 덕분에 행사장이 꽉 찰 정도로 많은 사람이 참석하였다.

필자의 인사말에 이어 HazEnergia에서 연구결과를 발표하였다. 양국의 재생에너지 산업 현황 분석을 통해 프로젝트 개발, 부품 및 장비 생산, 에너지 저장시스템 분야에서의 기업 간 협력과 함께 경험 및 정책 공유를 위한 정부 간 협력 방안을 다양하게 제안하였다. 이어 한국에너지공단에서 우리 정부의 에너지 전환정책을 설명하고, 한전에서는 자사의 에너지사업 개발현황을 발표했다. 마지막으로 한국에 진출하여 사업개발을 진행 중인 Univergy사의 경험 사례 발표순으로 행사가 진행되었다.

행사에는 경제산업경쟁력부, 재생에너지기업협회(APPA Renovables), 에너지다변화/절약연구소 (IDAE), 산업기술개발센터(CDTI), 수출투자청(ICEX)은 물론 10여 개의 재생에너지 기업들이 참석하여 성황을 이루었다.

특히 스페인 제1의 전력회사이자 세계 2위의 재생에너지(풍력은 1위) 발전사로 전 세계 12개국에서 발전사업을 운영하고 있는

Iberdrola사, 건설회사이면서도 에너지 분야에서 세계 제1의 태양열 발전능력(전 세계 30% 차지)을 가진 Abengoa사, 풍력 발전 개발 및 운영 기업인 EDPR사, 세계적인 풍력터빈 제조사인 Siemens-Gamesa사의 참석은 무척 고무적이었다.

또한, 한국에서 경제참사관으로 근무한 가르시아(Antonio Garcia Rebollar) 경제부 통상정책국장은 스페인 기업의 시화호 수상 태양광 발전사업 참여에 열의를 보였다. Siemens-Gamesa사는 추후에 가르시아(Rosa Garcia) 사장이 직접 대사관으로 필자를 만나러 왔다. 우리 정부의 에너지 전환정책과 양국 간 협력에 대한 스페인 측의 관심을 이끄는 데 일단 성공하였고, 앞으로 구체적 진전을 위해 할 일이 많았다.

España en mi vida

16. 성가족 성당과 스페인 3대 미술관의
한국어 서비스 이야기

    스페인에서 한국어 서비스가 처음 도입된 곳은 마드리드의 프라도 미술관이었다. 2013년 삼성전자의 후원과 대사관의 협조로 주요 작품들에 대한 음성 안내 서비스가 시작되었다. 당시 안내 스크립트 작성, 녹음, 시스템 설치에 6만 유로 정도가 소요된 것으로 알고 있다. 프라도 미술관에는 안내 팸플릿과 주요 50개 작품을 설명하는 소책자도 한글로 만들어져 배포 또는 판매되고 있다.

    앞에서 필자는 2018년 2월 말에 MWC 참가를 위한 바르셀로나 출장 시 성가족 성당(Sagrada Familia)을 방문하였다고 이야기한 바 있다. 당시 한국어 안내가 서비스되고 있지 않음을 확인한 필자는 마드리드로 복귀한 즉시, 유지한 서기관과 대책을 협의하고, 성가족 성당 측에 한국어 서비스 도입을 요청하도록 하였다. 2017년에 바르셀로나를 찾은 한국 방문객이 25만 명이나 되고 앞으로도 계속 증가할 것으로 예상되는데, 한국어 서비스를 도입하면 성가족 성당을 더 많이 방문할 것이라는 논리로 성당 측을 설득하였다. 사실 이 일을 시작할 때는 어려움이 많을 것으로 생각했다. 특히 2013년에 프라도 미술관 사례에 비추어 경비 문제가 제일 큰 난관이 될 것으로 예상하였는데, 일이 생각보다 쉽게 풀렸다. 성당 측은 흔쾌히 한국어 서비스를 수용했다. 그리고 그다음 제안이 더 기분이 좋았다. 성당 측이 현재 음성 안내 시스템 개선 작업을 하고 있는데, 이 작업에 한국어를 포함할 수 있다는 것이다. 시스템은 물론 녹음까지 성당 측에서 할 테니까 대사관에서는 스크립트 한글 번역만 지원해 달라고 한다. 단, 시간이 촉박하니까 2개월 내로 작업을 마쳐야 한다는 것이다. 신속히

성가족 성당의 한국어 서비스 단말기

외교부 본부에 보고하고, 번역 비용 1,000유로 지원을 건의하였다. 몇 주 후에 콤플루텐세대학의 정미강 교수가 작성한 번역본을 받아 유지한 서기관과 함께 꼼꼼히 검토하였다. 2월 말에 성가족 성당을 방문하여 설명을 들었던 것이 큰 도움이 되었다. 그리고, 얼마 후 음성 녹음본을 받아 감수하여 성당 측에 넘겼다. 이렇게 하여 2018년 5월부터 한국어 서비스가 시작된 것이다.

스페인의 천재 건축가 안토니 가우디의 대표작으로 유네스코 세계유산으로 지정된 성가족 성당은 1년에 세계 각국에서 4,500만 명이 방문하는 곳이다. 이런 곳에 한국어 서비스를 설치함으로써 우리 국민의 편리한 해외여행에 도움을 주고, 한국의 위상도 높일 수 있게 되었다는 점에서 의미가 있다. 외교부 본부에서도 보도자료를 작성하여 언론에 알렸다. 이번 일은 운이 많이 따랐던 것 같다. 그러나 스페인을 방문하는 우리 국민 45만 명의 힘이 없었다면 성당 측에서 이렇게 적극적으로 나오지 않았을 것이다.

레이나 소피아 미술관의 한국어 서비스 시작, 로사 로드리고 전략국장과 최종욱 공사참사관

시간이 지나 2019.2.13에는 마드리드의 '소피아 여왕(Reina Sofía) 미술관'에 한국어 서비스가 도입되었다. 성가족 성당과는 달리 이번에는 시간이 좀 걸렸다. 사실 그때는 특별한 경우였다. 2018년 7월에 K-Pop 월드페스티벌 스페인 예선 참관을 위해 마드리드에 출장을 왔던 서은지 공공문화외교국 심의관이 레이나 소피아 미술관 관계자를 만나 이 문제를 협의하였다. 이후 대사관이 미술관과 협의를 지속하여 6개월 만에 결실을 본 것이다. 이번에도 대사관은 스크립트 번역 지원을 하고, 미술관이 시스템과 녹음을 하는 것으로 합의가 되었다. 번역은 양은숙 마드리드자치대 교수가 맡았다. 미술관의 로드리고(Rosa Rodrigo Sanz) 전략국장이 협조하였다.

　로드리고 국장은 한국인의 스페인 방문 증가와 예술에 대한 높은 관심을 잘 알고 있었다. 유명세 면에서 프라도 미술관에 뒤지고 있어 한국어 서비스 도입을 통하여 더 많은 한국 관람객 유치를 기대하고 있었다. 마드리드를 여행하는 사람(특히 외국인)들은 시간상 프라도 미술관만 들리는 경우가 많다. 그러나 레이나 소피아 미술관에는 세기의 대작인 피카소의 〈게르니카〉, 살바도르 달리의 〈위대한 수음자의 얼굴〉, 호안 미로의 〈파이프를 문 남자〉가 있다. 스페인의 3대 현대 화가의 작품이 한 곳에 있는 곳으로 들르지 않으면 후회한다. 이런 곳에 아시아 국가로는 처음으로 한국어 안내가 시작되어 큰 자부심을 느꼈다. 서비스 시작일에 오랫동안 보고 싶었던 〈게르니카〉를 우리 말 음성으로 설명을 들으니 감개무량하였다. 작품 앞에서 사진을 찍을 수가 없다고 하여, 이 장면을 보여 드리지 못해 아쉽다. 이번에도 유지한 서기관이 담당으로 노력을 많이 하였다.

다음으로 '프라도 미술관', '레이나 소피아 미술관'과 함께 마드리드의 미술관 트라이앵글을 구성하는 '티센-보르네미사 미술관'의 한국어 서비스 도입에 관심을 가지고, 홍다혜 서기관에게 검토하도록 이야기하였다. 그런데 알아보니 티센 미술관도 자체 개발로 최근 한국어 서비스를 시작했다고 하여, 직접 방문하여 확인했다. 이후, 어느 행사에서 아세베도(Evelio Acevedo) 관장을 만날 기회가 되어 감사의 인사를 했다. 이로써 마드리드 3대 미술관에 한국어 서비스가 모두 도입되었다.

필자가 마지막으로 한 사업은 프라도 미술관과 협조하여 2020년 5월에 미술관의 공식 안내 책자를 한글본으로 발간한 것이다. 홍다혜 서기관이 미술관의 발간 계획을 알고 번역 예산을 확보하였다. 스페인 동포 예술가 우경화 씨가 번역을 맡았는데, 어려운 미술 용어와 개념을 우리말로 잘 표현하였다. 미술관의 역사와 소장한 400여 개의 작품을 설명한 478페이지 분량의 방대한 책이다. 당초 한-스페인 수교 70주년을 맞아 축하 행사를 개최할 예정이었으나, 코로나19 상황으로 취소되어 아쉬움이 있다.

프라도 미술관 한글 안내책자 발간

España en mi vida

17. 바스크 나라(País Vasco)에 가다

바스크 지역은 너무 잘 알려져 설명할 필요가 없을 것이다. 스페인과는 인종과 언어가 완전히 다르고 오랜 기간 자치와 독립을 갈망해 왔다. 이 지역의 정식 명칭이 스페인 말로 País Vasco(바스크 말로는 Euskadi)인데, País는 국가(country)라는 뜻이다. 얼마나 자치와 독립을 갈망했는지 짐작이 간다. 바스크 사람들은 현재 자치주뿐만 아니라, 인근 나바라 자치주와 프랑스 남부 국경에도 살고 있다. 마침 2018.5.2에는 1959년에 창설되어 853명의 인명을 희생시킨 무장테러단체 ETA가 영구 해산을 선언하여, 지난 50년간 스페인을 긴장과 공포 속으로 밀어 넣었던 ETA 시대가 막을 내렸다.

산세바스티안 개최 세계관광기구(UNWTO) 집행이사회 한국대표단

5.23(수)-25(금)에 개최된 UNWTO(세계관광기구) 집행이사회에 참석하기 위해 이창원 서기관과 함께 산세바스티안(San Sebastian)에 출장을 갔다. 산세바스티안은 프랑스와 접하는 바스크 지역의 동쪽에 위치하며, 바스크 말로 도노스티아(Donostia)라고 불린다. 조개껍질 모양의 예쁜 꼰차(concha) 해변에 국제영화제(9월)와 재즈페스티벌(7월)이 열리는 문화와 관광의 도시이다. 산세바스티안 국제영화제는 세계 3대 영화제는 아니지만, 1957년에 시작된 전통 있는 공인 영화제로 한국 작품도 매년 초청되어 2003년에 봉준호 감독, 2016년에는 홍상수 감독이 최우수 감독상을 수상했다. 2003-2004년 시즌에 이천수 선수가 소속 팀으로 뛰었던 레알 소시에다드(Real Sociedad) 축구팀의 연고지이기도 하다.

그러나 무엇보다도 산세바스티안은 '맛(미식)의 도시'이다. 인구 18만 명의 작은 도시에 미쉐린 스타 식당이 10개나 있고, 이 중 3개가 3스타이다(스페인에는 총 11개의 3스타 식당이 있음). 바스크 지역 전체에 22개의 미쉐린 스타 식당(그중 4개가 3스타)이 있으니, 이 지역이 요리의 고장이라고 해도 과언이 아닌 것 같다. 그런데 가격이 500유로나 하고, 1년 전에 예약을 해야 된다고 하니, 보통 사람에게는 그림의 떡이다. 그래서 필자는 활기차고 서민적인 핀초(Pintxos) 거리가 산세바스티안을 대표하는 이곳의 명물이라고 생각한다.

산세바스티안 핀초 거리의 한 핀초 식당

회의는 쿠르살(Kursaal) 컨벤션 센터에서 열렸고, 한국에서도 금기형 문화체육관광부 관광정책국장과 도영심 STEP 재단 이사장이 참석하였다. 주랍 신임 사무총장의 취임 후 첫 회의라 신임 간부 발표가 관심이었는데, 콜롬비아 출신으로 주한 대사와 주오스트리아 대사를 역임한 카발(Jaime Alberto Cabal)이 사무차장으로 선출되어 필자와 반갑게 인사를 하였다. 집행이사국은 33개국인데 관광장관들이 많이 참석하였고, 회의 의장을 맡은 아르헨티나 관광장관은 필자가 업무협의를 위해 별도 면담을 하였는데, 필자의 요청을 진지하게 들어주어 무척 인상에 남는다.

또한, 이번 출장에서는 필자가 수교 70주년 기념사업으로 추진하는 '2020년 마드리드 국제관광박람회(Fitur)' 주빈국 참가 문제에 진전을 보게 되었다. 많은 예산이 소요되어 주무 부처인 문화체육관광부에서도 쉽게 결정할 사안이 아니고, 스페인 Fitur측에서도 한국을 주빈국으로 선정해준다는 보장이 없어 고민을 많이 하고 있었다. 먼저 Fitur 관계자들이 필자를 찾아왔다. 그들은 얼마 전 이창원 서기관을 면담한 적이 있어 우리 측의 관심을 알고 있었다. 관심을 표명한 다른 국가들도 있으나, 한국이 희망할 경우 최우선적으로 배려하겠다고 말하면서 조속히 결정해 주기를 요청하였다.

다음으로 금기형 관광정책국장과 회의를 마치고 홀가분한 마음으로 핀초 식당에서 와인을 한잔하면서 이 문제를 이야기하였다. 필자는 수교 70주년이라는 상징적 의미도 있지만, 세계 3대 관광박람회인 Fitur의 주빈국 참가를 통해서 스페인은 물론 유럽 및 중남미인들의 한국관광 유치에 도움이 될 것이라는 실질적 측면을 강조하면서 전향적인 검토를 요청하였다. 이틀을 함께 지내 친해졌기 때문이었을까? 금기형 국장은 미소를 띠면서 적극적으로 검토하겠다고 답변하였다. 필자는 지금도 '만약 그때 산세바스티안에서 금기형 국장을 만나지 않았더라면, 2020년 Fitur 주빈국 참가가 실현될 수 있었을까?'라는 생각을 많이 한다. 이 글을 통해 다시 한번 감사의 말씀을 드린다.

5.25(금) 오전에 회의가 끝나고, 자동차를 렌트하여 빌바오로 향했다. 비가 오는 가운데 대서양을 따라 서쪽으로 고속도로를 달리는 이곳 풍경은 산이 많고 수풀이 우거져 있어 한국과 비슷하다. 황량하고 누런 평원이 펼쳐진 스페인의 일반 풍경과는 확연히 달랐다. 지겨울 정도로 비가 많이 온다고 불평하는 사람들도 있다.

바스크 지역(빌바오)은 번성했던 제철과 조선 산업이 1980년대에 들어 쇠퇴하였고, 이에 따라 1997년에 구겐하임 미술관을 유치하는 등 문화도시로 변모하였다. 그래서 2차 산업이 많지 않을 것이라고 생각했는데 그렇지가 않았다. 여전히 이 지역은 스페인의 대표적인 산업 지역으로 2차 산업 비중이 21.5%(스페인 전체는 14.4%)나 되었다. 그것은 엄청난 혁신 노력이 있었기 때문이다. 메르세데스-벤츠 완성차 공장, 세계적인 자동차 부품기업인 CIE Automotive 본부와 Gestamp 공장이 이곳에 있다. 스페인 제1의 철도차량 제조기업 CAF, 세계 제1의 풍력터빈 제조업체 Siemens-Gamesa, 세계 제1의 풍력발전회사 Iberdrola, 스페인 제2의 은행 BBVA 본부도 있다. 이외에도 정유(Repsol), 기계(Danobat), 엔지니어링(SENER) 산업도 발달해 있으며, 예전 같지는 않지만 제철(ArceloMittal), 조선(Murueta)도 생산을 계속하고 있었다. 19세기에 산업혁명을 일으켜 스페인 최대의 공업지역으로 성장했던 저력이 남아 있었다.

마누엘 아라나 명예영사가 경영하는 빌바오 무루에타 조선소 방문

5.25(금) 오후에 빌바오에 도착하니 아라나(Juan Manuel Arana) 명예영사가 마중을 나왔다. 아라나는 빌바오 최대 조선소인 무루에타(Murueta) 조선을 경영하고 있다. 먼저 회사 사무실이기도 한 명예영사 사무실을 방문하고, 무루에타 바닷가에 위치한 조선소를 찾았다. 한국의 거대 조선소에 비하면 규모는 훨씬 작다. 앞서 이야기한 대로 빌바오의 조선 산업은 많이 쇠락한 상태이다. 무루에타 조선소는 1943년에 설립되었는데, 아라나 명예영사는 어려운 여건에서 회사를 물려받아 소규모 특수선박(참치어선, 준설선, 소해정, 예인선 등) 분야에 주력하여 살아남

았다고 이야기한다. 매출액도 1억 유로 가까이 되어 스페인 조선소 중 3위라고 한다. 한국과는 유류 탱커선 건조와 관련하여 인연을 맺었다고 하는데, 한국 때문에 스페인 조선 산업이 무너졌다는 농담을 한다.

조선소 방문을 마치고 산업 엔지니어링 회사인 IDOM을 찾았다. 금요일 오후 6시가 다 되어 직원들은 모두 퇴근하였는데, 케레헤타(Fernando Querejeta) 회장과 임원들이 남아 반갑게 맞아 주었다. 회사 소개와 함께 한국 기업들과도 프로젝트를 많이 했다고 하면서, 마드리드 사무실을 통해 대사관과 협력하기를 희망하였다.

아라나 명예영사가 단골 식당으로 저녁을 초대하였다. 금요일 밤 빌바오의 핀초 거리는 사람들로 넘쳐났다. '미식(맛)의 도시'답게 음식과 포도주가 너무 좋았다. 아라나 명예영사의 이력과 바스크 사람들에 대해 많은 이야기를 나누었다. 바스크 사람들은 가정 교육이 엄격하고 사회생활의 규율이 확실하다는 것이다. 직장에서 근무 시간에 절대 게으름을 피울 수 없다고 한다. 명예영사의 매우 진지하고 예의 바른 말이나 행동에서도 느낄 수 있었다. 바스크 지역 산업이 발달하고, 세계적인 기업들이 많이 나온 이유를 알 수 있을 것 같았다.

5.26(토)에는 김정수 회장을 비롯한 이 지역 한인들과 오찬을 함께 하였다. 100여 명의 작은 한인사회이지만 서로 화목하고 평화롭게 사는 것 같았다. 특히 2세 교육을 잘 시켰다고 자랑이 많았다. 어제 방문했던 IDOM에서 일한다는 젊은이도 참석했다. 내일이 일요일이니 하루 더 머물고 가라는 것을 거절하고 나오느라 힘들었다.

　이왕 빌바오에 온 김에 구겐하임 미술관에 대해 잠시 이야기하고자 한다. 대서양 비스케이만으로 흘러가는 네르비온(Nervión)강 하구에 위치한 이 미술관은 프랭크 게리(Frank Gehry)가 설계하였고, 여러 마리의 물고기들이 서로 뒤엉킨 듯한 건물 외관에 비늘을 연상하는 티타늄(과거 빌바오의 제철, 조선 산업도 상징한다고 함)으로 디자인되었다. 건물 자체가 작품이다.

구겐하임 미술관 전경. 엄마(거미), 튤립, 물안개, 큰나무와 눈이 보인다.(출처 : 구겐하임 미술관 홈페이지)

리차드 세라의 The matter of time, 빌바오 구겐하임 미술관

그런데 레이나 소피아 미술관의 〈게르니카〉와 같이 이 미술관이 소장한 대표작이 무엇이냐고 물으면, 별달리 떠오르는 것이 없을 것이다. 1997년에 개관한 현대 미술관이기 때문에 어쩌면 당연할 수도 있다.

구겐하임 미술관에는 마크 로스코, 로이 리히텐슈타인과 같은 현대 화가들의 회화가 많이 있으나, 그보다도 다양한 현대 조각 작품들이 더 유명하다. Richard Serra의 대형 철골 나선형 조각인 〈The matter of time〉(해석하기가 어려워 원제 그대로 표기), Anish Kapoor의 〈Tall tree and the eye〉(큰 나무와 눈), Louise Bourgeois의 거미 조각인 〈Maman〉(엄마), Jeff Koons의 〈Tulips〉(튤립)은 이미 건물의 일부로 정착된 것 같다. 일본 작가

Kujiko Nakaya의 〈Fog sculpture〉(물안개 조각)도 있는데, 이것은 실제 조각이 아니고, 매시간 마다 강변에 하얀 물안개로 형상을 만드는 독특한 작품이다. Jenny Holzer의 'LED 사인보드 기둥' 작품도 특이한데, 20m 높이의 9개의 전자 기둥에 바스크어, 스페인어, 영어로 된 메시지를 위에서 아래로 흘려보내고 있다. 아마 가장 인상적인 것은 건물 외부에 설치된 Jeff Koons의 대형 꽃 조각 작품인 〈Puppy〉(퍼피)일 것이다. 높이 12m의 강아지(West Highland Terrier 품종) 구조물에 4만여 개의 꽃을 꽂아 만든 작품이다. 외부 광장에 있어 미술관에 입장하지 않아도 볼 수가 있어 많은 사람의 사랑을 받는다.

제프 쿤스의 퍼피(Puppy), 빌바오 구겐하임 미술관 앞 광장

구겐하임 미술관에서 비스케이만 쪽으로 더 가면 '비스케이 다리'가 나온다. 1893년에 이 지역 출신인 팔라시오(Alberto Palacio)가 설계한 다리인데, 다리 위로 사람과 차량이 다니는 것이 아니고, 다리 위에서 밑으로 케이블을 내려 운반선(사람과 차량이 탑승)을 매달고 강을 건너는 것이다. 한 천재의 기발한 아이디어와 제철 산업이 발달했던 당시 빌바오의 위상을 잘 보여준다.

사람과 차량을 운반선에 싣고 매달아 강을 건너는 빌바오 비스케이 다리

스페인 내전(1936-1939년)에서 폭격으로 크게 파괴되어 새로 건설하자는 의견도 있었으나, 복구하여 지금까지 사용하고 있으며 2006년에 유네스코 세계유산으로 지정되었다. 승강기로 다리 위에 올라갔는데 비스케이만, 네르비안강, 빌바오 시내가 어우러진 풍광이 가히 일품이었다.

필자는 2019년 11월에 빌바오를 다시 방문하여 빌바오 상공회의소에서 비즈니스 포럼을 개최하고 부르토(Juan Mari Burto) 빌바오 시장을 만나 바스크 지역과의 협력 방안을 협의하였다. 2018년에는 가보지 못한 한국 자동차 부품 생산 기업인 Industria Gol도 시찰하고, 빌바오에서 30분 거리에 있는 게르니카도 방문하였다. 피카소의 그림으로도 잘 알려진 게르니카는 스페인 내전 중인 1937.4.26에 프랑코를 지원한 나치가 전투기로 마을을 폭격하여 인구의 1/3인 1,654명이 사망했던 도시이다. 고로뇨(Jose María Gorroño) 시장은 필자를 의회 청사 앞에 있는 게르니카 나무로 안내하였다. 14세기부터 주민 대표들이 모여 법률을 만든 장소로 바스크 민주주의의 상징이라고 설명하였다. 그리고 떡갈나무 잎을 담은 액자를 선물하였다. 폭격의 상처를 보러 갔는데, 바스크 민주주의의 상징을 새롭게 알게 되었다.

España en mi vida

18. 펠리페 6세에게
신임장을 제출하다

 5.23(수)에 사엔스 의전장으로부터 펠리페 6세 국왕 앞 신임장 제정식이 6.6(수)로 잡혔다고 연락을 받았다. 부임한 지 4개월이 지났으니 예상했던 것보다는 많이 늦어졌다. 필자보다 먼저 부임한 대사들이 많았기 때문이다. 주재국의 국가원수에게 파견국 국가원수의 신임장을 제출하는 신임장 제정식은 다분히 의례적인 행사이나, 파견국 대사에게는 나라를 대표하여 처음으로 주재국 국가원수에게 인사를 드린다는 점에서 의미가 크지 않을 수 없고, 그만큼 긴장도 많이 된다.

 스페인의 신임장 제정식은 전통과 격조가 있기로 유명하다. 18세기 중반 카를로스 3세 때 시작된 행사의 틀이 지금도 유지되고 있다. 흔히들 영국의 신임장 제정식을 많이 이야기하는데, 스페인도 영국에 못지않다고 생각한다. 먼저 복장은 연미복(white tie)을 입어야 한다. 다행히 연미복을 대여해 주는 곳이 많아 어렵지 않게 옷을 구할 수 있었다. 왕실 근위대의 호위를 받으며 마차를 타고 행사장인 마드리드 왕궁으로 가는 것도 특징이다. 얼마 전 6.1(금) 갑작스런 총리와 정부 교체로 분위기가 가라앉지 않을까 걱정했는데 모든 것이 순조롭게 진행되었다.

6.6(수)에 오전 모레노(Ramon María Moreno) 의전실 고문의 안내로 약간 비가 오는 가운데 관저를 출발했다. 경찰 모터케이드의 선도로 태극기가 달린 차량을 타고 마드리드 시내를 달리니 가슴이 벅차올랐다. 잠시 후 외교부 의전실이 있는 산타 크루스궁(Palacio de Santa Cruz)에 도착하여, 대사의 방(Salón de Embajadores)으로 올라가니 최종욱 공사참사관, 유승주 참사관, 민보람 서기관, 이창원 서기관이 먼저 도착해 있었다. 인사 나온 스페인 외교부 직원들과 잠시 이야기를 나누고 사진을 찍었다. 얼마 후 왕궁으로 향하기 위해 건물 정문을 나서니, 왕실 기마 근위대 15여 명이 일렬로 도열해 있었다. 엄청난 몸집의 말 위에서 화려한 18세기 유니폼을 입고 도열한 모습은 과히 압도적이었다. 근위대장이 앞으로 나서면서 검(sable)으로 인사를 했고, 필자는 고개를 조금 숙여 답례했다. 이어 대기하고 있는 사륜마차에 올라탔다. 마차의 이름은 Berlina de Gala인데, 19세기에 이사벨 2세와 알폰소 12세가 구입하거나 제작한 것이다. 2인승으로 내부는 비단과 금으로 꾸며졌다. 6마리의 말이 마차를 끄는데, 총 6명(마부, 고삐잡이, 재갈잡이 2명, 종자 2명)이 말들을 인도하고 있다. 이들도 18세기 복장을 하고 있다. 대사관 수행원들은 Berlina Coupé 4인승 마차를 타고 뒤를 따른다.

일렬로 도열한 왕실기마근위대

　잠시 후 마차를 앞뒤로 둘러싼 왕실 기마 근위대의 호위를 받으며 왕궁으로 향했다. 비도 그쳤다. 앞서 이야기한 적이 있지만, 산타 크루스궁은 시내 대광장(Plaza Mayor) 근처에 있어 왕궁으로 가는 길은 평시에 많은 시민과 관광객들로 붐비는 곳이다. 마차가 지나가는 거리에는 많은 사람이 발걸음을 멈추고 구경을 하고 있었다. 아마 이 색다른 행렬이 무엇인지 많이 궁금하지 않았을까? 사진을 찍는 사람들도 많았다. 창밖을 보니 한국 사람이라고 짐작되는 아시아인들도 있었다. 필자를 보고 같은 동양인인 것을 확인하고 손을 흔들어 주었다. 필자도 손을 흔들어

답례했다. 이 즐거운 장면은 두고두고 기억에 남는다. 오직 스페인에 부임한 대사만이 누릴 수 있는 특권이었다. 국가에 감사할 따름이다.

라몬 모레노 의전 고문과 함께 마차에 탄 필자

이윽고 마차 행렬이 왕궁에 도착했다. 마드리드 왕궁은 국가의 주요 행사가 있는 날만 사용되고, 평시에는 일반인에게 개방된다. 국왕은 마드리드 북서부 교외에 있는 사르수엘라궁(Palacio de Zarzuela)에 거주하고 이곳에 집무실도 있다. 외국 대사들은 일 년에 두 번 이곳 왕궁에서 국왕 내외에게 인사할 기회가 있는데, 한번은 1월 말 외교단 신년하례식이고, 또 한번은 10.12 국경일이다. 마차가 출입문을 지나 왕궁광장(Plaza de la Armería)으로 들어서니 중앙에 도열한 왕실 의장대와 군악대가 애국가를 연주한다. 아마 이러한 상황에서 마음이 찡하지 않는 사람은 없을 것이다. 필자의 마음을 알았는지 옆에 있는 모레노 고문이 살며시 미소를 지어준다.

왕궁을 향해 대광장(Plaza Mayor)을 지나가는 마차행렬

마차는 왕궁 중앙현관에서 멈추었다. 마차에서 내리니 창으로 무장한 근위병들이 2층으로 올라가는 계단에 도열해 있었고, 대장이 필자에게 인사를 한다. 신임장 제출에 앞서 왕관의 방(Salón del Trono)에 안내되어 마르티네스(Alfredo Martínez Serrano) 왕실 의전장, 사엔스 외교부 의전장과 잠시 환담을 하고 사진을 찍었다. 이 방은 국왕이 주요 행사를 개최할 때 사용하는 곳으로 매우 웅장하고 화려하다. 매년 외교단 신년하례식도 이곳에서 열린다.

왕궁 중앙현관에서 도열한 근위대를 지나 계단을 올라가는 필자

긴장된 마음으로 신임장을 다시 한번 확인하였다. 잠시 후 의전장이 행사장(Salón Oficial)으로 들어가 국왕에게 '대한민국 대사'라고 소개를 했다. 방으로 들어가니 검은색 예복에 하늘색과 빨간 리본을 두른 펠리페 6세가 서 있었다. 국왕은 키가 197cm로 장신이다. 옆에는 정부 교체로 공석이 된 외교장관 대신 차관보(이름은 기억이 나지 않음)가 배석하였다. 국왕 앞으로 가서 "국왕 폐하, 대한민국 특명전권대사로서 신임장을 제출하게 되어 영광입니다."라고 말하고, 신임장을 드렸다. 국왕은 미소를 띠면서 신임장을 받고 악수를 청하였다. 수행한 대사관 직원들도 차례로 국왕과 악수를 하였다. 이후 옆에 있는 작은 방(Saleta del Nuncio)으로 옮겨 펠리페 6세와 면담을 하였다.

펠리페 6세에게 신임장을 제출하고 악수하는 필자

펠리페 6세는 온화하고 다정다감한 분이었다. 먼저 필자에게 어떤 언어를 선호하는지 물었다. 혹시 필자가 스페인어가 불편할까 배려를 하는 모습이었다. 부임 축하와 간단한 인사가 끝나자, 국왕은 한국을 생각하면 무척 안타까움을 느낀다는 말씀을 하셨다. 무슨 뜻인지 궁금해서 국왕의 얼굴을 보니, 과거 자신이 계획했던 방한이 여러 사정으로 두 번이나 무산된 것에 대한 아쉬움의 표현이라고 설명하셨다. 펠리페 6세는 왕세자였던 1988년에 서울올림픽 참관을 위해 처음 방한하였다. 그 후 세월이 지나 2014년에 다시 방한할 계획이었으나 부왕인 후안 카를로스가 갑작스럽게 선위를 하는 바람에 무산되었고, 2017년에도 한국의 대통령 탄핵 사태로 방한이 실현되지 못했다.

펠리페 6세와 면담하는 필자

국왕은 훌륭한 과학기술과 혁신 국가로 발전한 한국의 모습을 꼭 보고 싶다면서, 신정부의 내각이 구성되는 대로 외교장관에게 방한 계획을 세우도록 지시하겠다고 약속하였다. 그렇지 않아도 필자는 이 문제를 간곡히 요청하려고 했는데, 국왕께서 먼저 이렇게 약속을 해 주시니 마음이 푸근해졌다. 이후 판문점 남북정상회담, 양국관계 현황 등에 관한 이야기를 계속하고 있는데, 의전관이 들어와서 면담을 끝내라는 신호를 보내왔다. 다음 대사가 기다리고 있기 때문일 것이다. 조금 더 이야기하다가 의전관이 한 번 더 들어오자 국왕은 이만 자리에서 일어나자고 하셨다. 마지막으로 알폰신(Jaime Alfonsín Alfonso) 시종장 등 왕실 관계자들과 인사를 나누고 행사를 모두 마쳤다.

España en mi vida

19. 갑작스러운 정권 교체

6.1(금)에 하원에서 국민당(PP) 정부의 라호이(Mariano Rajoy) 총리에 대한 불신임안이 통과되었다. 1주일 전인 5.25(금)에 산체스(Pedro Sánchez) 사회당(PSOE) 당수가 불신임안을 제출했을 때만 해도 아무도 예상하지 못한 일이었다. 산체스 당수가 불신임안을 발의한 직접적인 배경은 5.24(목)에 국가고등법원(Audiencia Nacional)이 1999~2005년에 불법 선거자금을 수수한 혐의로 기소된 전 국민당 지도부 29명(소위 구르텔 Gürtel 사건)에 대해 무더기로 유죄 판결을 내렸기 때문이다. 언론들은 불신임안 통과 가능성이 희박한 것으로 전망했다. 사회당의 의석이 하원 350석 중 85석에 불과하였으며, 같은 좌파계열인 포데모스연합(Podemos Unidos, 71석)이 합류하더라도 과반수인 176석에 20표가 모자라기 때문이었다. 그러나 예상외로 카탈루냐 분리독립정당(ERC, PDeCAT)과 바스크(PNV, EH Bildu), 발렌시아, 카나리아 지역 정당들이 찬성표를 던져 180표로 통과되고 말았다.

하원 불신임안 가결후 페드로 산체스 신임 총리에게 축하 인사를 하는
마리아노 라호이 총리(출처 : 위키미디어 공용)

　국민당과 라호이 총리는 경제위기의 와중인 2011년 11월 조기 총선에서 정권을 맡아, 2012년 6월에 EU의 금융지원을 신청하는 등 어려움을 겪었으나, 강력한 긴축정책으로 2013년 12월에 금융지원을 종료하고, 2017년에는 경제위기 이전의 GDP를 회복하는 성과를 거두었다. 이러한 성과에도 불구하고 계속된 스캔들(구르텔 사건 외에도 재판 중인 사건이 2개가 더 있었음)에 대한 국민의 불만은 어쩔 수가 없었던 모양이다. 그리고 긴축정책으로 고통을 받은 국민의 불만은 2015년 12월 총선에서 신생정당 포데모스연합(극좌파), 시민당(중도우파)에 대한 지지로 나타나서, 1978년 민주화 이후 유지되어온 양당체제가 무너지고 말았다.

　산체스 총리는 불신임안에 찬성한 정당들과 연합하지 않고

85석을 가진 불안정한 소수 정부로 출범을 했다. 이러한 이유로 카탈루냐 분리독립정당들이 불신임안 찬성을 이유로 자신들의 요구를 관철하기 위해 산체스 총리를 압박할 것이라는 예상이 많았다. 스페인의 의원내각제가 다른 국가들과 다른 점은 소수 정부 출범이 가능한 것 외에도 총리나 각료가 의원일 필요가 없다는 것이다. 사실 산체스 총리가 당시 의원 신분이 아니었다.

정권 교체로 필자도 상당히 당혹스러웠다. 스페인 부임 후 지난 4개월간 열심히 정부 인사들과 친분을 쌓아 왔는데, 새 정부가 구성되면 다시 시작해야 하는 것이다. 나중에 2-3개월 간 정부 인사를 보니 중앙부처 국장급들까지 대거 물갈이되는 것을 보았다. 그렇다고 일을 하지 않을 수 없어 중앙부처를 제외한 분야의 일들은 예정대로 진행하였다.

레베카 그린스판 이베로아메리카 사무총장 예방

신임장 제정식 다음 날인 6.7(목)에는 그린스판(Rebecca Grynspan) 이베로아메리카 사무총장을 면담했다. 1991년에 발족한 이베로아메리카 정상회의는 스페인어, 포르투갈어를 사용하는 22개국으로 구성되어 있으며, 사무국(SEGIB)은 마드리드에 있다. 한국은 2016년에 옵서버로 가입하였는데, 정회원국은 아니지만 SEGIB과 포럼 개최, 지식공유사업 시행과 같은 협력을 추진하고 있었다. 또한, 지난 4월에는 한국 인턴의 SEGIB 파견사업에도 합의하여 가을부터 시행할 예정이었다. 한국이 이렇게 열심히 협력해서 그런지, 그린스판 사무총장은 필자를 따뜻하게 맞아 주었다. 그리고 필자가 직전에 주코스타리카 대사로 일했다고 하니까, 분위기가 더욱 친근해졌다. 그린스판 사무총장이 코스타리카 부통령을 역임했기 때문이다. 필자는 SEGIB을 우리의 대중남미 협력강화를 위한 중요한 채널로 활용하기 위해 재임 내내 노력을 많이 했다.

6.9(토)에는 세계한민족여성네트워크(KOWIN) 스페인 지부가 한인회와 함께 개최한 자선 행사에 참석하였다. 한식 판매를 통해 장학금과 불우이웃돕기 성금을 마련하는 행사인데, 한인들은 물론 스페인 사람들이 많이 참석하였다. 이날의 하이라이트는 큰 통에 마련한 한반도 국기 모양의 비빔밥이었는데, 많은 사람이 함께 밥을 비비며 즐거워했다. 이인자 회장을 비롯,

KOWIN 회원분들이 고생을 많이 한 것 같았다. 이날 스페인의 대표 통신사인 EFE 통신 한국 특파원을 지낸 카스티요(Santiago Castillo)와 같은 친한 인사들도 많이 만났다.

한반도기로 장식된 비빔밥 비비기 행사

6.11(월)에는 피케(Josep Piqué) 전 외교장관을 만났다. 1996년 부터 산업장관, 외교장관(2000-2002년), 과기장관(2002-2003년) 을 역임한 정치인이자 저명한 국제정치학자이기도한 이 분은 외교장관 시절에 스페인의 대아태지역 전략을 처음으로 입안하였다. 한국과도 인연이 많아 산업장관 시절 한국을 방문하여 산업기술협력 MOU를 체결하였고, 2012년에 설립된 서-한 상공회의소의 명예회장을 맡기도 하였다. 피케 전 장관은 필요한 계기마다 항상 흔쾌하게 필자에게 유용한 조언과 도움을 주어 늘 고맙게 생각하고 있다.

España en mi vida

20. K-Beauty의 인기

6.7(목)에 KOTRA와 한국문화원이 문화원에서 K-Beauty 행사를 개최하였다. 화장품과 문화가 잘 조화된 행사였다. 문화원 2층으로 올라가니 각종 화장품이 전시되어 있고, 강당에서는 상담 열기가 뜨거웠다. 20개 한국 업체들이 33개 스페인 수입업체와 상담을 하고 있었다. 대나무, 알로에, 녹차 등 자연재료가 스페인 여성들의 호기심을 끌고 있다고 한다. 2017년에는 1천 7백만 유로의 한국 화장품이 수출되었고, 엘 코르테 잉글레스(El Corte Inglés), 세포라(Sephora)에 입점하는 등 전국적으로 유통망이 형성되어 있다고 한다.

1층으로 내려오니 도영심 STEP 재단 이사장이 기다리고 있었다. 얼마 전 산세바스티안 UNWTO 집행이사회에서 만났는데, 이번에는 몇 개의 한국 화장품 회사들을 이끌고 방문했다고 한다. 오르티스(Gonzalo Ortiz) 주한 스페인대사의 조카, 리파이(Taleb Rifai) 전 UNWTO 사무총장의 딸, 켈리(Grace Kelly) 모나코 대공비의 손녀(혹시 필자의 기억이 정확하지 않을 수도 있음)를 소개한다. 모두 자기가 연락해서 왔다고 한다. 정말 인적 네트워크가 대단한 분이다. 잠시 후 스페인 유명 모델이 진행하는 시연회가 시작되자 150여 명의 참석자가 무대 주위로 몰렸다. 한국 화장품의 인기가 정말 대단했다.

한국문화원에서 개최된 K-Beauty 행사

1년이 지난 2019년 6월에는 한국 기업 JC People의 마스크팩 WHEN이 스페인 최대 백화점 엘 코르테 잉글레스 매장에서 판매를 시작하였다. 2017년 AMI의 제품 CLIV에 이어 두 번째 엘 코르테 잉글레스 진출이었다. JC People의 진출을 지원했던 류재원 KOTRA 관장은 엘 코르테 잉글레스의 까다로운 심사 기준을 통과하기 위해 많은 노력을 기울였다고 설명하였다. 백화점은 이날 스페인의 여성 및 화장품 관련 언론들을 초청하여 WHEN 제품 설명회를 개최하였다. 필자와 류재원 KOTRA 관장도 초청을 받았다. 참석자 대부분이 여성들이라 조금 망설였지만, 한국 화장품의 우수성을 홍보하는 중요한 기회라는 생각이 들어 참석하여 인사말을 하고 언론과 인터뷰도 했다.

WHEN 화장품 언론 설명회

필자는 휴일에 가끔 백화점이나 쇼핑몰에 가는 일이 있으면 한국 화장품 판매대에 들리곤 했다. 예쁘게 포장된 한국 제품들이 인기 있게 판매되는 것을 보면 항상 기분이 좋았다.

백화점 매장에 진열된 WHEN 화장품

España en mi vida

21. 안달루시아 자치주와 경제협력을 추진하다

 6.13(수)-15(금)에는 안달루시아의 제1, 2위 도시인 세비야와 말라가를 방문하였다. 안달루시아는 스페인 17개 자치주 중에서 인구 1위(847만 명), 면적 2위(87,268㎢), GDP 3위(1,606억 유로)의 중요한 지역이다. 과거 이슬람 세력이 오래 지배했던 곳이라 코르도바, 세비야, 그라나다에는 이슬람과 가톨릭 문화가 융합된 문화유산이 많이 있다. 당연히 관광업이 발전되어 있고, 2018년에는 1,200만 명의 외국 관광객이 방문하였다. 풍부한 일조량과 비옥한 토양을 기반으로 농업도 발달하여, 세계 최대의 올리브 생산지(전 세계의 32%)이다. 코르도바는 도시의 가로수가 오렌지 나무일 정도로 오렌지가 많이 생산된다. 1980년대 이후에는 우주항공(세비야), 석유화학(우엘바, 카디스, 알헤시라스), IT(세비야, 말라가), 바이오·의학(그라나다), 물류항만(알헤시라스), 신재생에너지 산업도 발달하고 있다.

 먼저 말라가에서는 말라가시와 영사단이 주최한 국제외교기업포럼에 참석했다. 외국투자 진흥을 목적으로 개최된 이 행사

말라가 국제외교기업포럼 참석

에는 스페인 주재 30여 개국 대사관이 참가하였다. 6.13(수) 저녁에 말라가 시청의 환영 리셉션을 시작으로, 6.14(목)에는 컨벤션 센터에서 세미나, 각국 홍보 부스 방문, 상담회 등의 일정으로 행사가 진행되었다. 우리도 서-한 상공회의소의 살라베리(Jorge Salaverry) 사무총장이 부스를 설치하였고, 필자는 델 라 토레(Francisco de la Torre) 말라가 시장과 코카(Julio Coca) 안달루시아 혁신개발공사(IDEA) 소장과 회담했다. 이들은 말라가가 야심 차게 추진하고 있는 IT 및 혁신 단지에 한국 기업들이 투자해 주기를 희망하였다. 델 라 토레 시장은 필자에게 지도를 펼쳐 놓고, "만약 한국 자동차 기업이 전기차 공장을 설립하면 항구 인근의 부지를 무상으로 제공할 준비가 되어 있다."고 이야기하였다.

전날인 6.13(수)에는 말라가 대학을 방문하였다. 이 대학은 2011년에 스페인에서 처음으로 한국학 전공 과정을 개설한 선구자였다. 앞에서 소개한 살라망카 대학과 함께 스페인에서 한국학을 이끌어 가는 양대 대학이다. 현재 240명의 학생이 수강하고 있으며, 학술대회·강연회·문화행사 등 다양한 활동을 하고 있다. 말라가 대학은 한국과 교환학생 교류가 가장 활발한 대학이다. 특히 인천대학교와는 2010년에 자매결연을 체결한 이후 매년 20명 이상의 교환학생을 교류하고 있다고 한다. 말라가는 예쁜 지중해 해변 도시로 날씨와 음식이 좋고 물가도 저렴하여 한국 학생들에게 매우 인기가 높다. 그리스, 로마 유적과 피카소 생가와 함께 말라가를 중심으로 남북으로 펼쳐진 태양의 해변(Costa del Sol)이 인상적이다.

말라가대학 안토니오 도메네크 한국학 주임교수와 빅토르 무뇨스 부총장

도메네크(Antonio Domenech) 주임 교수는 한국국제교류재단(KF) 펠로우쉽으로 한국에서 철학을 연구하였고 한국 부인과 만나 결혼하였다. 귀국 후 말라가 대학에서 10년 이상 한국학 과정을 발전시켜온 주역이다. 이러한 공로로 한국 정부의 훈장도 받았고, 한-스페인 포럼을 2번이나 말라가에서 주최하였다. 학교 방문 후 도메네크 교수 부부, 무뇨스(Victor Muñoz) 부총장, 파트리시아(Patricia) 강사가 필자 일행을 시내 해변 식당에 데려갔는데, 각종 해산물이 너무 맛있고 가격도 저렴했다.

6.15(금)에는 안달루시아 서부의 세비야에서 한국경제설명회와 비즈니스포럼을 개최하였다. 먼저 아침 9시에 에스파다스(Juan Espadas) 세비야 시장을 만나 한국과 안달루시아 간 경제,

후안 에스파다스 세비야 시장 면담

문화, 인적 교류에 대해 이야기하였다. 에스파다스 시장은 최근 한국 방문객(2017년 45,000명)의 증가에 고무되어 있었다. 세비야 시청은 세비야 대성당과 히랄다 탑 바로 옆에 있는데, 건물 내부는 오래된 그림과 조각들로 장식되어 마치 박물관에 온 느낌이 들었다.

이어 세비야 상공회의소에서 개최된 한국경제설명회와 비즈니스 포럼에는 첫머리에 설명한 안달루시아 주요 산업의 기업들이 많이 참석하였다. 필자의 인사말에 이어, KOTRA의 심재상 차장이 한국경제, 한국-스페인 무역투자, 한국-안달루시아 무역투자 현황을 발표하고, 마지막으로 참석 기업들과 상담했다. 참석 업체 중 태양광 에너지 기업 한 곳이 한국과 협력 의사를 표시하여, 필자가 나중에 한국 기업을 소개해준 것이 기억이 난다. 그리고 한국에 올리브 오일을 수출하는 기업의 대표가 효능을 자랑하면서, 매일 아침 공복에 한 숟가락을 먹어 보라고 권했던 것이 재미있었다.

세비야 상공회의소 주최 한국경제설명회 및 비즈니스 포럼

이후 필자는 KOTRA와 함께 스페인의 여러 지역을 방문하여 한국경제설명회와 비즈니스 포럼을 개최하였다. 지방 분권화가 강한 스페인은 지방정부의 권한이 강하고, 지역마다 산업 환경이 달라 이러한 활동이 매우 효과가 있었다고 생각한다.

에레로 레온(Fráncisco Herrero León) 세비야 상공회의소 회장은 75세의 나이가 무색하게 강한 남자의 기풍이 느껴졌다. 에레로 말도나도(Francisco Herrero Maldonado) 세비야 명예영사가 이분의 아들인데, '말라이니어'라는 물류회사를 운영하고 있다. 스페인을 비롯하여 미국·칠레·아프리카·한국에 사무실을 두고 있다. 행사가 끝나고 에레로 부자가 필자를 상공회의소 옥상으로 데려 올라갔다. 영문도 모르고 따라갔는데, 세비야 대성당과 히랄다 탑의 전경이 한눈에 들어왔다. 이때 함께 찍은 사진이 정답게 느껴진다. 이슬람 양식의 건물 식당에서 스페인의 냉국인 가스파초를 시원하게 먹었던 기억도 난다. 세비야는 이슬람 세력의 이베리아반도 지배 제2기(1031-1248년)의 중심 도시로서, 1492년에 국토 회복전쟁이 끝난 이후에는 신대륙과의 교역으로 계속 번창했다. 신대륙 교역업무를 담당했던 통상원(세비야대성당 부근)과, 세관 역할을 했던 황금의 탑(과달키비르 강 옆) 등 그 시대의 모습이 남아 있다.

España en mi vida

22. 한-스페인 건설협력 포럼과
신재생에너지 세미나

　안달루시아 출장 다음 주인 6.19(화)에는 제4차 한-스페인 건설협력포럼을 스페인기업연합회(CEOE)에서 개최하였다. 앞에서도 언급한 바와 같이, 한국과 스페인 건설기업들의 제3국 공동진출은 오랜 역사를 가지고 있다. 2018년 현재 17개국, 56개 프로젝트, 수주액 129억 불이라는 수치가 이를 말해준다. 2015년 이후 한국의 해외건설 수주액이 감소하고 있음에도 양국 기업들의 공동 수주는 계속되었다. 2015년에 쿠웨이트 정유공장, 캐나다 수력댐, 호주 고속도로 사업에 이어 2017년에는 오만과 바레인에서 정유공장 사업도 수주하였다. 스페인 기업 테크니카스 레우니다스(Técnicas Reunidas) 마드리드 본사에는 오만 정유공장 사업 추진을 위해 대우건설 직원들이 일하고 있었다. 한-스페인 건설협력포럼은 양국 기업들의 협력을 제도적으로 지원하기 위해 2014년에 설립되었다.

　포럼은 한국 측에서 KOTRA, 해외건설협회, 스페인 측에서 스페인건설협회(SEOPAN)가 주관하고, 양국 정부(한국 국토교통부, 스페인 개발부)가 후원하고 있다. 이번 포럼을 기획할 때 류재원

제4차 한-스페인 건설협력 포럼

KOTRA 관장은 기존의 산업플랜트, 토목 분야 외에 철도, 수처리와 같은 새로운 분야를 발굴하겠다고 이야기하였다. 일리가 있는 말이다. 스페인은 철도 인프라 분야에 뛰어난 기술력과 경험을 갖추고 있으며, Talgo, Caf와 같은 철도차량 생산기업도 보유하고 있다. 그리고 대부분 건설기업은 수처리를 중요한 업무 분야로 다루고 있으며, GS건설은 2011년에 스페인의 수처리 기업인 Inima를 인수하였다. 제3국 공동진출 분야를 새롭게 확대한다는 측면에서 의미가 있다. 또 하나의 새로운 주제는 파이낸싱 지원이었다. 이 문제가 양국 정부 차원에서 논의되고 있었고, 이를 어떻게 구체화하느냐가 관건이었다.

포럼에는 한국 측에서 GS건설, 대우건설, 현대건설, 한화건설, 포스코건설, 철도시설공단 등 8개 사와 스페인 측에서 ACS, Acciona, Sacyr, Comsa, 철도산업협회(Mafex), 철도시설공단(Adif) 등 17개 사가 참석하였다. 필자, 박기풍 해외건설협회장, 강희업 국토교통부 국장, 델 라 푸엔테(Bruno de la Fuente) 스페인 건설협회 이사, 칼보(Olga Calvo) 개발부 부국장 등 정부 및 협회 관계자도 참석하여 인사말을 하였다.

에너지경제연구원 주최 신재생에너지 세미나

6.25(월)에는 에너지경제연구원의 제17기 에너지고위경영자 과정이 주최한 신재생에너지 세미나에 참석하여, 스페인의 재

생에너지 정책 현황과 한국 정부의 에너지 전환 계획 실행을 위한 스페인과의 협력 방안에 대해 발표하고, 30여 명의 참석자에게 관심과 협조를 당부하였다. 양국 간 신재생에너지 협력을 위해서는 스페인 정부와 기업들의 협조도 중요하지만, 한국 정부와 기업들이 맞장구를 쳐 주어야 할 것이다. 이러한 의미에서 세미나는 한국의 에너지 기업과 관련 기관들에게 스페인과의 협력 필요성을 인식시킨 좋은 기회였다고 생각한다. 앞에서 소개한 바 있는 이베리아윤활유기유회사(ILBOC)의 로메로 대표도 참석하여 양국 간 에너지 합작사업의 성공사례를 소개했다.

6월에는 또한 스페인 기본훈련기 사업 참가 문제로 한국항공우주산업(KAI)과 방위사업청 항공기사업부도 출장을 오는 등 바쁜 한 달을 보냈다.

6월 마지막 금요일(6.29)에는 대사관, 문화원, KOTRA 직원들을 관저에 초대하여 저녁을 함께하였다. 직원들이 부부로 모두 모이니 50명이나 되었다. 생각해보니 부임 후 지난 5개월간 정말 많은 일이 있었다. 모든 일을 잘 진행하고 성공적으로 스페인에 안착할 수 있어서 기뻤다. 모두 직원들이 물심양면으로 필자를 도와준 덕분이었다. 아마 새 대사가 부임하여 적응하느라 스트레스도 많았을 것이다. 고마움의 표시를 할 필요가 있을 것 같아, 아내의 제안으로 저녁 초대를 하게 된 것이다. 물론 음식 준비하느라 아내와 이정희 요리사, 관저 살림꾼 이사벨의 고생이 많았다. 마침 러시아 월드컵에서 한국이 세계 1위 독일을 이겼다는 기쁜 소식도 들려 온다. 저 멀리 붉게 물드는 석양을 보면서 편안한 마음으로 와인을 마시며 2018년 상반기를 정리하였다.

관저에서 직원들과 함께한 저녁

España en mi vida

23. 신정부 인사들과 첫 대면

조셉 보렐 외교장관
2019년 10월 서울

6월 초에 페드로 산체스 총리의 사회당 정부가 들어선 이후 정부조직 개편과 장차관 등 고위직 인사가 신속히 진행되었다. 한국과 달리 법률 개정이나 인사청문회가 필요 없이 곧바로 신정부가 업무를 시작할 수 있었지만, 산체스 총리가 평시에 집권 시 계획을 준비했던 것 같다고 언론은 보도하였다. 필자의 가장 큰 관심의 대상은 당연히 외교부장관인데, 보렐(Josep Borrell) 전 유럽의회 의장이 임명되었다. 보렐 장관은 하원의원, 건설교통부장관, 사회당 당수를 역임한 후, 2004년에는 유럽의회에 진출하여 의장에 선출된 거물 정치인이었다. 당시 71세였는데, 46세의 젊은 산체스 총리가 아버지뻘 되는 노련한 정치인을 외교부장관에 임명한 것이다. 보렐 장관은 1년 후에 유럽연합(EU) 외교안보고위대표 겸 부집행위원장으로 임명되어 국제무대의 주역으로 일하고 있다.

7월에 들어서니 멘데스(Xiana Méndez) 신임 통상차관이 7.10(화)에 만나자고 연락해 왔다. 사실 정부 교체 이전에 면담을 요청하였는데, 차관 교체로 지연되다가, 신임 차관과 만나게 된 것이다. 정부 교체에도 잊지 않고 연락을 해준 아파리치(Maria Aparici) 부국장이 고마웠다. 멘데스 차관은 경제부 공무원으로 주에콰도르대사관 경제참사관에서 곧장 통상차관으로 파격 승진한 41세의 젊은 여성이었다. 한국을 좋아하고 성격이 활달하여 필자와 재임 기간 내내 긴밀한 관계를 유지하였다. 이 날 면담에는 여름 휴가차 귀국한 에스테베스(Antonio Estébez) 주한대사관 경제참사관도 함께하여 인사를 나누었다. 양국 현안에 대해 여러 이야기를 나누었고, 특히 11월에 예정된 제6차 한-스페인 경제공동위 개최 문제를 중점적으로 논의하였다.

시아나 멘데스 통상차관 면담

7.13(금)에는 그린스판(Rebeca Grynspan) 이베로아메리카 사무총장이 관저에서 주최한 행사에서 델 라 이글레시아(Juan Pablo de La Iglesia) 신임 이베로아메리카 및 국제협력 차관과 인사를 나누었다. 그린스판 사무총장은 지난 6월 면담 이후 자신이 주최하는 행사에 지속적으로 필자를 초청하였는데, 중남미와 관련된 외교관, 정부 인사, 학자들과 교류할 수 있는 유익한 기회가 되었다. 그리고, 참석자들 중 필자가 유일한 비중남미 국가 대사였던 경우가 많았기 때문에, 그린스판 사무총장이 항상 손님들에게 필자를 소개시켜 주는 등 특별 대우를 받았다.

이날도 사무총장이 필자를 델 라 이글레시아 차관에게 직접 데려가 소개했는데, 필자가 "중남미를 미국의 관점에서 보는 경향을 벗어나, 스페인의 관점에서 이해할 필요가 있을 것 같다."는 의견을 이야기하자, 델 라 이글레시아 차관은 공감하면서 "스페인과 중남미는 모든 면에서 하나이고, 서로를 형제라고 생각한다."라고 대답했던 기억이 난다. 현실은 많이 다르겠지만 스페인이 추구하는 이베로아메리카 공동체 정신을 설명했던 것으로 생각한다. 그리고 스페인은 중남미를 지칭하는 보편화 된 용어인 "라틴아메리카"를 사용하지 않고, "이베로아메리카" 용어를 고수하고 있다. 얼마 되지 않는 프랑스 식민지까지 포함하는 라틴아메리카는 수용할 수 없다는 것일까?

이 모임에서 필자는 산체스 총리의 외교비서관으로 임명된 레돈도(Victorio Redondo Baldrich)와도 인사하였다. 레돈도 비서관은 한국이 스페인의 대아시아 정책에서 최우선 국가 중 하나이고, 산체스 총리도 많은 관심이 있다고 설명하면서, 언제 한번 별도로 만나 이야기를 나누어 보자고 제의했다.

양지가 있으면 음지도 있는 법, 이전 정부에서 주요 직책에 있던 몇몇 지인들은 운이 좋지 않았다. 필자의 카운터파트인 센다고르타 국장은 주일본대사로 내정된 상태였으나, 정부가 바뀌면서 나가지 못하고 미국 연수를 떠나게 된다. 주한대사관 경제참사관을 지내고 경제부의 통상정책국장으로 있으면서 필자를 많이 도와주었던 가르시아 국장은 통상투자청(ICEX)의 교육국장으로 자리를 옮긴다.

이밖에도 7월에는 중요한 행사가 많았다. 먼저 7.7(토)에는 시내 그란 비아(Gran Vía)의 루스 필립스(Luz Philips) 극장에서 K-Pop 페스티벌을 개최하였다. 많은 스페인 젊은이들이 줄을 서서 입장을 기다리고 있었고, 1,000여 개의 좌석이 꽉 찼다. 이번 행사는 한국에서 서은지 외교부 심의관과 KBS의 담당팀이 출장을 와서 행사를 촬영하는 등 많은 관심을 보였다. 그리고, 아르헨티나의 유명 한류 유튜버인 황진이 씨가 사회를 보는 등 행사가 매우 다채로웠다.

그란 비아 루스 필립스 극장에서 개최된 K-Pop 페스티벌

7.16(월)에는 서-한 상공회의소에서 주최한 필자 초청 오찬 간담회에 참석하였다. 글로벌 종합에너지 기업이자 서-한 상공회의소의 주축 회원인 렙솔(Repsol)이 주관한 이 자리는 필자의 부임 환영과 함께 향후 중점 업무계획을 듣기 위해 마련되었다. 고급스러운 타원형 회의실에서 개최된 간담회에는 회원 기업들은 물론 외교부와 경제부 인사도 참석하였다. 필자 옆자리에 앉은 이마스(Josu Jon Imaz) 사장은 SK 루브리컨츠와의 윤활기유 생산공장 설립과 기아자동차와의 카쉐어링 합작 투자 현황을 설명하면서, 한국 기업들과 사업 케미스트리가 잘 맞는다고 만족을 표명하였다. 2012년 설립된 상공회의소는 그 당시 활동이 부진하다는 평가가 많았는데, 활성화를 위한 대책이 필요해 보였다.

서-한 상공회의소 초청 오찬 간담회 연설

7.17(화)-19(목)에는 런던에서 개최된 유럽지역 공관장회의에 참석하여 오랜만에 강경화 장관님과 동료 대사들을 만나고, 대유럽 외교 방안을 협의하는 기회를 가졌다.

España en mi vida

24. 8월의 마드리드와
세스페데스 신부의 고향 마을

8월의 마드리드는 텅 비어 있다. 이미 7월 말이 되면 많은 사람이 휴가를 가고, 사무실에는 일부만 나와 전화만 받는다. 근무 시간도 점심시간 없이 2-3시에 마치는 것으로 조정된다. 7.11(수) 오후 3시에 산업기술개발원(CDTI)을 방문하여 페레스(Marin Perez) 원장을 만났는데 직원들은 모두 퇴근한 상태였다. 시내에는 주로 외국 관광객들만 있다. 스페인 여름의 강렬한 태양을 경험하면 왜 2-4시에 시에스타(잠깐의 낮잠 휴식)가 필요한지 알 수 있다. 해가 지는 9시가 되어야 사람들이 거리로 나온다.

휴가의 계절에 맞게 문화원은 한여름의 콘서트(Concierto por la tarde en verano)를 7.21(토)에 왕립 산 페르난도 예술원(Real Academia de Bellas Artes de San Fernando)에서 개최하였다. 이 예술원은 18세기 중반에 카를로스 3세가 화가 교육기관으로 설립하였는데, 피카소, 달리, 보테로(콜롬비아)가 여기서 공부하였고, 고야는 원장을 지냈다. 지금은 미술관으로 프라도 미술관에 못지않은 작품들을 소장하고 있다. 바이올리니스트 김수진과 피아니스트 김윤지가 바이올린 소나타를 협연하였다.

　조금 이른 시간인 12시인데도 200개의 객석이 꽉 찼고, 주로 예술원 회원들인 관객들의 반응은 매우 좋았다. 사회자가 먼저 연주자와 연주곡을 설명한 후, 한국 대사가 참석하였다면서 필자를 소개하였다. 이날 연주회 결과가 너무 좋아, 문화원과 예술원은 한국 클래식 연주회를 매년 봄, 가을 2회 개최하기로 합의하였다. 예술원이 공연장과 홍보를 무료로 제공하는 좋은 조건을 제시한 것은 그만큼 한국 클래식 음악의 수준이 높았기 때문이었다. 이 음악회는 그해 가을, 그리고 2019년 봄, 가을에 계속되어, 필자는 매번 음악회 시작 전에 한국대사로 소개받는 영광을 누렸다. 2020년에는 백건우 선생을 초청하기로 했는데 코로나19로 취소되어 아쉽게 생각한다.

산페르난도 예술원에서 개최된 한여름의 콘서트

8월 초에 시원한 북부지방으로 휴가를 다녀온 후 8.9(목)에는 마드리드에서 남쪽으로 130km 거리에 있는 카스티야 라 만차 (Castilla-La Mancha)주의 비야누에바 데 알카르데테(Villanueva de Alcardete)를 방문했다. 인구 5천 명의 조그만 시골인 이 마을은 1593년에 한국 땅을 밟은 최초의 유럽인인 그레고리오 데 세스페데스(Gregorio de Céspedes) 신부의 고향이다. 예수회 선교사였던 세스페데스 신부는 임진왜란 도중인 1593.12.27에 왜군과 함께 진해 웅천에 도착하여 1년 가량 머물렀다. 세스페데스 신부가 왜군의 종군 신부로 왔는지, 아니면 선교를 위해 일부 왜군 가톨릭 신자들의 보호하에 비밀리에 들어왔는지에 대해서는 아직도 논란이 많다. 그러나, 그가 작성한 4통의 서한 보고서(1601년 출판된 예수회 선교사의 역사집에 수록)를 보면, 왜군의 야만적 행위와

세스페데스 문화센터와 기념 조각상, 마리아 돌로레스 베르두게스 시장과 함께

약탈을 비난하였고, 일본에 잡혀 온 조선인 포로들의 고통을 덜어주기 위해 노력한 것은 확실하다. 그가 임진왜란의 참상과 조선을 유럽에 처음 알렸던 것은 역사적 의의가 있다.

이러한 사실은 한국외국어대학교 총장을 지낸 박철 교수의 연구로 알려지게 되었다. 또한, 스페인 EFE 통신사의 서울 특파원을 지낸 카스티요(Santiago Castillo)와의 공동 노력으로, 1991년에 비야누에바 데 알카르데테에 세스페데스 문화센터와 기념 조각상이 설치되었다. 1993년에는 진해 풍호공원에 같은 기념 조각상이 설치되었고, 진해가 창원으로 통합된 이후인 2015년에는 장소를 확장하여 스페인식 정원으로 세스페데스 공원을 조성하였다. 양국의 도시들은 자매결연을 맺고 교류를 계속하고 있다.

마을에 도착하니 베르두게스(Maria Dolores Verduguez) 시장이 반갑게 맞아 주며 시청에 보관된 진해시와의 교류 사진과 기념품들을 보여주었다. 처음에는 교류가 활발하였으나, 최근에는 발길이 뜸하다고 말한다. 그러고 보니, 대사관에서도 그렇게 자주 온 것 같지는 않았다. 살짝 미안한 마음이 들면서, 세스페데스 문화센터로 발길을 돌렸다. 센터 앞에는 세스페데스 신부의 조각상이 있었고, 안으로 들어가자 도서관에 세스페데스 신부에 대한 여러 책자와 한국 소개 책자, 태극기 등이 전시되어 있었다. 마을로 들어가니 거리 이름을 한국, 서울과 같이 한국식으로 지어 놓았다. 스페인의 작은 마을이 이렇게 한국과 깊은 관계를 맺고 있었다. 이 마을과 좀 더 가까이 지내야겠다는 생각에 전북국제교류센터 전통 무용단의 공연을 10월에 세스페데스 문화센터에서 개최하였다. 2015년 예멘 내전으로 청해부대의 왕건함에 사무소를 차리고 근무한 것으로 잘 알려진 이영호 대사가 센터장이었는데, 고맙게도 공연을 흔쾌히 수락해 주었다. 2020년에는 수교 70주년 기념행사로 이곳에서 세스페데스 신부에 대한 학술회의를 계획했는데, 코로나19 사태로 취소되어 아쉽게 생각한다.

비야누에바 데 알카르데테 마을은 포도주 생산지이고(Cueva라는 스파클링 와인이 유명), 부근이 소설 돈키호테의 무대여서 엘 토보소(El Toboso, 돈키호테가 사랑한 둘시네아 공주가 산 마을), 캄포 데 크립타나(Campo de Criptana, 돈키호테가 괴물로 착각하고 돌진한 풍차 마을), 푸에르토 라피세(Puerto Lápice, 돈키호테가 성으로 착각하고 머문 여인숙 마을)를 탐방해볼 만하다. 포도 수확기인 9월에 방문해 보기를 추천한다.

8.15(수)에는 문화원에서 개최된 광복절 행사에서 드라마 〈내 이름은 김삼순〉에서 삼순이 아버지 역할로 잘 알려진 맹봉학 배

우를 만났다. 몇 년 전 부인과 함께 신혼여행으로 걸었던 산티아고 순례길을 잊지 못해 이번 여름에 다시 부인과 순례길을 걷고 있다고 한다. 힘든 여정이긴 하지만 순례길을 통해 부부애가 더 깊어졌다고 하니, 정말 특별한 인연인 것은 틀림이 없는 것 같다. 이렇게 스페인의 첫 여름은 지나가고 있었다.

광복절 기념식에서 만난 배우 맹봉학

España en mi vida

25. 다시 활기를 찾은 마드리드

긴 여름휴가 시즌이 끝나고 마드리드는 다시 활기를 찾았다. 만나는 사람들의 모습도 생기가 넘쳤다. 정무, 경제, 문화 등 모든 분야에서 활동이 재개되었다. 9.10(월)에는 산체스 총리 정부 출범 후 새로 임명된 외교부의 살로몬(Ana María Sálomon) 국장을 만났다. 그런데, 직책이 이전의 북미·아태 국장에서 북미·아태·동유럽 국장으로 바뀌었다. 이전 업무에서 동유럽이 추가된 것이다. 스페인 외교부의 지역 담당국은 유럽, 북아프리카·중동, 아프리카, 중남미, 북미·아태로 나누었는데, 유럽국에서 동유럽을 떼어 북미·아태국에 붙인 것이다. 한마디로 관련이 없는 3개 지역을 합쳐 놓은 것인데, 독자적인 아태국을 기대했던 필자는 실망이 컸다.

살로몬 국장은 주사이프러스 대사, 주이탈리아 공사를 지낸 여성 외교관으로 선이 굵고 입장표명이 명확하였다. 이후 2020년 12월 필자의 이임 시까지 카운터파트로서 펠리페 6세의 국빈 방한 등 많은 일을 함께하였다. 싱가포르 근무를 마치고 부국장으로 온 멘데스(Pilar Méndez)와 한국에서 공부했던 이글레시아(Manuel de Iglesia) 담당관도 함께 배석하여 인사를 나누었다. 이날 면담에서는 9월 말 유엔총회 계기에 양국 정상회담 개최 문제를 논의하였고, 추후 개최에 합의가 되었으나, 예기치 못한 산체스 총리의 사정으로 이루어지지 못해 아쉬웠다. 출범 100일을 넘긴 산체스 정부가 스캔들로 2명의 장관이 사퇴하였고, 총리 자신의 박사 학위 논문 표절과 또 다른 장관의 스캔들 의혹이 제기되어, 정권이 상당히 불안한 상황이었다.

8.30(목)에는 아시아나항공의 인천-바르셀로나 직항 취항식에 참석하였다. 이 행사는 한국에서 첫 승객들을 태운 항공기가 바르셀로나 엘 프랏(El Prat) 공항에 도착하는 시간에 맞추어 개최되었다. 가르시아(Montserrat Garcia Llovera) 바르셀로나 중앙정부 대표, 칼벳(Damia Calvet Valera) 카탈루냐주 지속개발장관, 갈빈(Isidre Gavin Vallas) 카탈루냐주 인프라 및 교통 사무총장, 나바로 아시아교류재단 원장이 참석하여 축하해 주었다. 이제 스페인이 관광 분야에서 확실히 한국의 존재를 인식하고 있었다. 이로써 양국 간 직항은 마드리드 주 4회(대한항공) 및 바르셀로나 주 8회(대한항공, 아시아나 각각 주 4회)로 확대되었다.

인천-바르셀로나 아시아나 항공 취항식

9.12(수)에 한국 진출기업들과의 기업지원협의회, 9.19(수)에 마드리드 상공회의소 주최 화학 분야 투자유치설명회, 9.20(목)에 수출투자클럽 주최 한국경제설명회를 개최하였다. 9.27(목)에는 다시 바르셀로나로 가서 아시아교류재단(Casa Asia)과 바르셀로나 경제개발기관(Barcelona Activa) 주최 비즈니스 포럼을 개최하였다. 카탈루냐는 양국 교역의 30%를 차지하는 중요한

바르셀로나 기업인들과의 비즈니스 포럼

지역이다. 또한, 당시에는 주바르셀로나 총영사관 개설이 최종 결정되어 최준호 부총영사가 선발대로 파견되어 사무실 물색 등 준비를 하고 있었다.

바르셀로나를 경제적 및 도시재생의 관점에서 볼 때, "22@ 지구"를 빠뜨릴 수가 없다. 도시 북동부 해안에 위치한 이 지역은 과거 방직공장들이 밀집한 산업단지였으나, 제조업의 쇠퇴로 황폐해졌다. 바르셀로나는 이 지역을 1990년대부터 지식집약형 첨단산업 클러스터로 변모시켜, 현재 미디어, ICT, 바이오제약, 디자인, 에너지 분야에서 4,500여 개의 기업이 입주하여 5만 명 이상의 고용을 창출하고 있다. 이 지역의 랜드마크 건물은 길고 뾰족한 대포알 모양의 아그바르 타워(Agbar Tower)이고, Barcelona Activa도 이 지역에 위치하고 있다. 한국에서 출장 온

바르셀로나 경제개발기관과의 간담회

방문단들이 빠짐없이 견학을 오는 곳인데, 필자가 로카(Josep Roca) 소장에게 한국 사람들이 너무 자주 오는 것 같다고 말하자, 자기는 전혀 불편이 없다면서 더 많은 방문을 기대한다고 답변하였다.

9.26(수)에는 제2차 스페인 산업연결 4.0 콩그레스에 참석하였다. 스페인 정부는 4차산업혁명에 대비하기 위해 산업의 디지털화와 산업 4.0 정책을 추진하고 있었는데, 콩그레스는 이를 진흥시키기 위한 행사였다. 내년 2019년에는 콩그레스를 국제행사로 확대하기로 결정하고, 한국을 주빈국으로 초청한 상태여서, 필자가 직접 확인해 보려고 참석한 것이었다. 펠리페 6세 국왕, 관계 장관들, 관련 기업들을 포함하여, 천여 명이 참석하고, 분야별 토론, 전시회까지 개최하는 큰 행사인 것을 확인하고, 한국의 주빈국 참가를 꼭 실현시켜야 하겠다고 마음먹었다. 무엇보다도 양국 간 협력의 범위를 4차산업혁명 분야로 확대시킬 수 있다는 판단이 들었다. 이날 행사에서 블랑코(Raul Blanco) 산업차관과 인사를 했는데, 블랑코 차관은 내년 행사에 한국이 참가해 주기를 간곡히 요청하였고, 필자도 최선을 다하겠다고 답변하였다.

9.18(화)에는 왕립 엘카노연구소를 방문하여, 파월(Charles Powell) 원장을 만났다. 엘카노연구소는 2001년에 설립된 국제문제 think tank로 민간 재단이긴 하지만 국왕이 명예회장을 맡고, 외교, 국방, 경제, 교육, 문화 장관이 이사회에 참가하는 등 정부의 후원을 받고 있다. 한국에 대해서는 한반도 문제에 대한 연구와 세미나 개최를 주로 하고 있다. 특히 유럽 각국의 한반도 문제 연구소들과 "한반도의 평화와 안정을 위한 유럽의 역할"에 대한 대화를 정례적으로 개최하는데, 한국과 북한 인사들을 초청하기도 한다. 파월 원장과 에스테반(Mario Esteban) 연구원은 북한도 몇 차례 방문한 경험이 있고, 당시 남북 간 화해 분위기로 인해 자신들의 역할에 대해 많이 고무되어 있었다.

9.15(토)에는 한글학교를 방문하였는데, 이인숙 교장과 선생님들이 어려운 환경에서도 아이들을 가르치느라 고생이 많았다. 그냥 가기도 그렇고 해서, 피자를 시켜주었는데 아이들이 무척 좋아했던 기억이 난다. 한국에서 국회, 정부, 지자체의 방문이 계속되었다.

España en mi vida

26. 한국과 스페인의
국경일 이야기

　10월에 들어서자 강렬했던 태양도 한풀 꺾이고 날씨도 한층 선선해졌다. 10월이 되면 대부분 해외공관에서 '개천절' 국경일 행사를 개최한다. 사실 대사들에게 다른 나라들의 국경일 행사에 참석하는 것은 숙제나 마찬가지이다. 스페인처럼 외국공관이 120개가 넘는 곳은 1주일에 3번 정도의 행사 초대가 있다. 내가 가지 않으면 상대도 내 행사에 오지 않으니 얼굴을 보이지 않을 수가 없다. 그런데 행사의 내용은 대개 비슷해 별 재미가 없다.

국경일(10.3) 행사에서 손님들과 인사하는 필자 부부

이번 개천절 행사는 필자가 스페인에서 개최하는 첫 행사라서 색다른 점을 넣고 싶었다. 한 가지는 우리의 전통공연을 하는 것이고, 또 하나는 한식 페스티벌을 개최하는 것이었다. 이종률 문화원장과 상의하여, 이 시기에 맞추어 전북국제교류센터 공연팀을 초청하고, 행사가 개최되는 인터컨티넨탈 호텔에 한국 인터컨티넨탈 호텔 셰프를 초청하여 한식 페스티벌을 계획하였다. 행사는 예상했던 인원 300명보다 100명이 더 참석하여 약간 혼잡했던 점을 빼고는 잘 진행되었다. 외교단과 정부 인사들은 큰 차이가 없었는데, 기업인, 학계, 문화계 인사들이 많이 참석하여 스페인에서 한국의 저변이 넓다는 것을 실감했다. 필자가 입은 한복도 많은 사람의 호평을 받았다.

10.12은 스페인의 국경일이다. 이날은 콜럼버스가 1492년 신대륙에 도착한 날이다. 아메리카 대륙에는 오랜 기간 사람들이 문명을 이루고 살고 있었기 때문에 '발견'이라는 말이 적합하지 않다는 주장이 많다. 그래서 필자도 '도착'이라는 말을 사용한다. 사실 콜럼버스가 도착한 곳은 대륙이 아니라 바하마제도의 한 섬이었다. 스페인 정부는 1918년에 10.12을 '혈연의 날(Día de la Raza)'로 지정하였고, 나중에 프랑코 정권은 '히스패닉 세계의 날(Día de la Hispanidad)'로 이름을 변경하였다. 히스파니다드는 스페인이 맹주가 되는 스페인과 과거 중남미 식민지 간의

공동체라는 의미로 스페인의 비현실적인 우월감을 나타낸다는 비판을 받았다. 민주화 이후 1987년부터는 별도의 이름 없이 국경일(fiesta nacional)로 기념하고 있다.

스페인 국경일(10.12) 퍼레이드 신고를 받는 펠리페 6세 국왕

국경일 행사는 베르나베우 스타디움 앞 광장에서 개최되는 퍼레이드와 왕궁에서 개최되는 리셉션으로 구성된다. 외교단은 아침 일찍 외교부에 모여 단체로 버스를 타고 행사장에 도착한다. 외교단 자리는 퍼레이드를 주관하는 국왕과 3부 요인이 착석하는 단상의 길 건너 맞은 편에 위치하여, 국왕의 움직임을 보기가 좋았다. 기마대, 육해공군, 경찰, 소방대, 구조대가 각자의 전통에 따라 다양한 복장과 장비를 갖추고 행진하는 모습이 인

상적이었다. 주위에는 엄청난 인파가 운집하여 환호했다. 이 행사를 보면 국왕은 실권은 없지만, 권위와 상징성은 대단했다. 크고 건장한 체구에 군복을 입은 국왕은 절도있는 경례와 행동으로 군통수권자로서 손색이 없었다. 펠리페 6세는 스페인의 육해공 사관학교에서 1년씩 교육을 받았다.

12시경에 퍼레이드가 끝나고 이어 왕궁으로 가서 리셉션에 참석하였다. 리셉션에는 외교단을 포함하여 국내외 인사 3천여 명이 참석한다고 한다. 기다리다가 순서가 되어 국왕 내외와 악수를 하고 행사장에 들어갔다. 국왕 내외는 참석한 사람 모두와 악수를 해야 하는데 무척 힘들겠다는 생각이 들었다.

류판(Lyu Fan) 중국대사가 있길래, 어떻게 일찍 도착했냐고 물어보니, 퍼레이드는 참석하지 않고 왕궁에 바로 왔다고 한다. 2번이나 봐서 더 볼 필요가 없다고 하면서…. 사람들이 너무 많아 이야기하는 것이 쉽지 않았지만, 안면이 있는 몇몇 스페인 인사들과 인사를 나누고, 지나가는 서버들을 놓치지 않고 불러 세워 간단한 요기를 하고 왕궁을 떠났다. 6시간 만에 집으로 돌아왔다. 아내는 힘들어서 내년에는 가지 않겠다고 말했다.

10.9(화)에는 마드리드 박람회장(Ifema)에서 개최된 2018년 세계의약품전시회(CPhi Worldwide)를 방문하여, 참가한 30여 개의 한국 기업들을 격려하였다. CPhi Worldwide는 세계 최대의 의약품 전시회로 마드리드, 바르셀로나, 프랑크푸르트에서 매년

교대로 개최된다. 한국 기업들은 세계 유수의 제약 기업들이 점유하고 있는 유럽 시장 진출이 쉽지 않지만, 계속 노력하겠다고 하면서, 중남미 바이어를 발굴하는 것도 전시회 참가의 주요 목적이라고 한다.

10.19(금)에는 이베로아메리카사무국(SEGIB)과 지속가능관광을 주제로 포럼을 개최하였다. 앞서도 언급한 바 있지만, 스페인을 통한 중남미와의 협력강화가 필자의 중점 추진과제였고, 이번 포럼은 그 일환의 하나였다. 황경태 중남미 심의관이 포럼을 주재하였고, SEGIB의 오르티스(Ortiz) 국제협력국장, UNWTO의 황해국 아태부국장, 스페인 외교부의 로메로(Diego Romero) 이베로아메리카 대사, 통상산업관광부 관계자, 페루 관광차관,

한-이베로아메리카사무국 지속가능관광 포럼

한국·코스타리카·칠레 관광 관계자들이 발표와 토론을 하였다. 타글레(Jorge Tagle) 칠레대사 등 스페인 주재 중남미 외교단도 참석하여 성황리에 개최되었다. 지속가능관광은 한 달 후 개최되는 과테말라 이베로아메리카 정상회의의 주제였기 때문에 참석자들의 관심이 매우 높았다.

10.24(수)에는 오래 기다렸던 한-스페인 워킹홀리데이 협정이 발효되었다. 직항 확대에 이어 양국 간 인적 교류 활성화의 중요한 제도적 장치가 마련된 것이다.

España en mi vida

27. 카나리아 제도 이야기

10.10(수)-11(목)에는 카나리아 제도의 라스팔마스로 출장을 갔다. 우리 영사관에서 매년 개최하는 K-Fish 행사에 참석하고, 교민들을 만나기 위해서였다. 카나리아 제도는 스페인 본토에서 1,050km, 아프리카 서안(모로코)에서 115km 떨어진 대서양에 7개 섬으로 구성된 자치주이다. 본토로부터 멀리 떨어져 있고, 아프리카에 가깝다 보니, 종종 이곳이 스페인 영토인 것을 모르는 사람들이 많다. 7개의 섬 중에 그란카나리아와 테네리페가 가장 큰데, 라스팔마스와 산타크루스가 각각 두 섬의 도청 소재지이다. 아열대 기후와 경치 좋은 해변으로 연간 1,300만 이상의 해외관광객이 방문하는 스페인 제3의 해외관광객 유치 자치주이다.

라스팔마스는 1960-1970년대 우리 대서양 원양어업의 전진기지였고, 전성기였던 1970년대 중반에는 210척의 선박과 만여 명의 한국인이 거주하였다. 지금은 원양어업에 종사하는 사람은 아무도 없고, 700여 명의 교민이 남아 자영업을 하면서 살고 있다.

10.10(수)에 공항에 도착하자마자 곽태열 총영사가 먼저 필자를 한인 선원 위령탑 및 납골당으로 안내했다. 이횡권 한인회장과 한인회 간부들이 필자를 기다리고 있었다.

그 당시 5천여 명의 선원들이 머나먼 대서양 한복판에서 조업하였는데, 불행히도 사망 후 고국으로 돌아가지 못하고 이곳저곳에 묻힌 사람들이 많았다. 1987년에 한인회에서 선원들의 유해를 한곳에 모아 묘지와 위령탑을 조성하였고, 2002년에는 납골당을 준공하여 오늘에 이르렀다. 그동안 국내에 연고자가 있는 유해는 한국으로 돌아갔고, 지금은 101기의 유해가 안치되어 있다. 고국으로 돌아가지 못하고 이역만리에 묻힌 분들을 선원 생활을 같이했던 자신들이 돌보지 않으면 누가 하겠느냐고 하면서, 이곳을 잘 관리하는 것이 자신들의 마지막 사명이라고 설명했다. 위령탑에 묵념한 후 납골당에 꽃 한 송이를 꽂아 드리면서 한분 한분의 명복을 빌었다.

그리고 보니 이분들의 생각과 행동이 남달랐다. 고국에 대한 충성심이 강하고 삶에 대한 의지도 대단한 것 같았다. 라스팔마스 한인들은 2세 교육을 잘하여, 자식들이 모두 스페인 본토는 물론 한국과 외국에서 잘 정착하였다고 자랑이 대단했다. 이횡권 회장이 납골당 관리를 위해 수고한 한인들에게 대사 표창을 건의하였다. 좋은 생각인 것 같아 잊지 않고 있다가 다음 해에 3.1운동과 임시정부수립 100주년을 맞아, 스페인의 모든 지역 한인회를 대상으로 대사 표창을 시행하였다.

라스팔마스 한인선원 위령탑과 납골당

다음날 10.11.(목) 오전에 라스팔마스 해변에서 개최된 K-Fish 행사에 참석하였다. 라스팔마스 영사관에는 카나리아 제도와의 해양수산협력과 서아프리카에서 조업하는 우리 어선 지원을 위해 해양수산관이 일하고 있는데, 라스팔마스를 방문하는 관광객들을 대상으로 우리 수산식품을 홍보하기 위해 매년 개최하는 행사이다. 케베도(Pedro Quevedo) 하원의원, 로바이나(Rafael

Robaina) 라스팔마스대 총장, 곽태열 총영사, 이횡권 한인회장과 함께 테이프 커팅을 하고 TV 인터뷰를 했다. 관광지라서 그런지 외국인들이 줄을 서서 기다리고 있었다. 모두 김·어묵·미역 튀김이 맛있었다고 하면서 많이들 사 간다.

K-Fish 행사 테이프 커팅

K-Fish 행사에 앞서 9월 초에는 문화원에서 예능 프로그램 〈윤식당 2〉의 촬영지인 테네리페섬의 가라치코에서 한국문화주간 행사를 개최하였다. 1주일간 전통무용·국악·태권도·K-Pop 공연과 서예 전시회·영화제 등 다양한 행사를 통해 한국을 알렸다. 우연히 맺어진 인연이 끈끈한 우정으로 발전한 것이다.

가라치코 한국문화주간 무용공연

현재 카나리아 제도는 관광 외에도 아프리카, 중남미, 유럽을 연결하는 선박과 해양플랫폼의 물류기지로 발전하고 있고, 해양자원을 이용한 화장품 개발, 수산양식 등 산업의 다양화를 추진하고 있어, 한국과 협력의 여지가 많을 것으로 생각한다. 라스팔마스대학은 한국해양수산개발원과 한-스페인 해양수산협력센터를 개설하였고, 세종학당도 운영 중이다.

카나리아 제도를 이야기할 때 빼놓을 수 없는 것이 콜럼버스의 신대륙 항해이다. 1492년 콜럼버스는 스페인을 떠나 라스팔마스에서 선박을 정비하고 식량과 물을 보충한 후 편서풍을 이용하여 아메리카로 향했다. 이후 3번의 추가 항해 시에도 그랬다. 그 당시 콜럼버스는 라스팔마스 총독 관저에서 숙식했다고 하는데 지금도 관저가 남아 있다. 이후 카나리아 제도는 스페인 정복자, 무역상, 선교사들이 아메리카를 오가는 항해의 기항지로 번성하였고, 이곳 주민들이 중남미(특히 베네수엘라)에 많이 이주하여, 후손들 간에 지금도 인적 교류가 많다고 한다. 케베도 하원의원도 이들의 후손으로 베네수엘라에서 스페인으로 이주한 사람이라고 한다.

2020년 양국 수교 70주년을 맞아 1970년대 라스팔마스 원양어업의 발자취를 짚어보는 행사를 계획하였는데, 코로나19로 취소되어 무척 아쉬웠다.

España en mi vida

28. 대사배 태권도 대회와
돈키호테배 태권도 대회

　세계 어디에서나 태권도는 한국과 그 나라를 연결시켜주는 좋은 매개이다. 스페인의 경우는 1960년대부터 태권도 사범들이 진출하여, 1980년대에는 350여 명이 활동하면서, 이민 1세대의 주류를 이루었다. 이들은 스페인 전국에서 도장을 운영하면서 태권도 보급에 기여하였고, 김영기 현 한인총연합회장은 스페인 국가대표팀 감독을 오래 역임하였다. 지금은 세월이 흘러 한국인 사범들이 많이 줄어들었는데, 아직도 스페인 17개 자치주 가운데 6개 자치주에서 태권도 협회장을 맡고 있다. 현재 스페인에서는 3천여 개의 도장에서 43,760명이 수련하고 있으며, 올림픽에서도 지금까지 총 6개의 메달을 획득하는 등 태권도 강국으로 발전하였다. 이번 도쿄 올림픽에서도 은메달 1개를 획득하였다.

　스페인에서 대사배 태권도대회는 2012년부터 스페인 국민들을 대상으로 한 공공외교의 일환으로 마드리드주 태권도협회와 공동으로 개최해 왔다. 2018년에는 11.3(토)에 알칼라 데 에나레스(Alcala de Henares)에서 개최하였다.

마드리드에서 30분 거리에 있는 이 도시는 세르반테스의 생가와 1499년에 설립된 대학이 있어 도시 전체가 유네스코 세계유산으로 지정되었다. 제약·물류·자동차·항공 등 산업도 발달하여 2019년 6월에는 필자가 한국경제·투자 유치 설명회를 개최하였다.

이날 대회는 카스테야노스(Jesús Castellanos) 스페인태권도협회장과 마로뇨(Santiago Maroño) 마드리드태권도협회장, 김영기 한인회장(카스티야 라 만차 태권도협회장)이 주빈으로 참석하였고, 어린이부터 성인까지 많은 태권도 수련자들이 실력을 뽐내었다. 개막식 행사에서는 4명의 수련자가 태권도복과 플라멩코 의상

돈키호테배 태권도대회

을 입고 태권도와 플라멩코 춤을 보여준 것이 인상적이었다. 그리고 어벤져스들이 어린이들과 함께 어울리는 프로그램도 흥미가 있었다. '이제는 태권도도 이렇게 변화를 하는구나.' 생각이 들었다. 몇몇 어린이부 우승자에게 메달을 수여했는데 총총한 눈으로 필자를 바라보던 아이가 기억에 많이 남는다.

11.24(토)에는 마드리드 남쪽의 시우다드 레알(Ciudad Real)에서 개최된 돈키호테배 태권도대회에 참석했다. 이 대회는 김영기 한인총연합회장(카스티야 라 만차 태권도협회장)이 2017년부터 개최한 행사로 스페인은 물론 해외에서도 참가하는 규모가 큰 대회이다. 김영기 회장의 인적 네트워크가 대단한 것 같다. 실력, 인품, 공로 측면에서 손색이 없었으나, 과거에 스페인태권도협회장 선거에서 실패한 적이 있다. 언젠가는 회장에 당선될 날이 꼭 오기를 기대한다. 김영기 회장은 시우다드 레알에서 오랜 기간을 살아온 터줏대감이자 유지로 시청의 협조도 대단했다. 대회 이름을 스페인을 상징하는 '돈키호테'라고 붙인 것도 흥미롭고, 스페인 사람들에게 자연스럽게 태권도에 대한 관심을 유발할 것 같았다. 돈키호테 트로피가 잘 만들어졌는데 필자도 하나를 받았다. 아주 귀중한 선물이라 한국에 가져와 잘 보관하고 있다.

돈키호테 트로피를 받은 필자

한편, 한인 태권도협회는 1980년대부터 대사배 태권도라는 대회를 개최해 왔는데, 2012년에 공공외교를 위한 새로운 대회가 만들어져 다소 혼란이 있었다고 한다. 그래서 필자는 2019년부터는 마드리드주에서만 개최되어온 대회를 17개 자치주가 모두 교대로 개최하도록 결정하였다. 이렇게 함으로써, 한국인들이 협회장으로 있는 6개 자치주에서도 대사배 태권도 대회를 개최할 수 있고, 전국적으로 균형된 태권도 보급에도 기여할 수 있을 것으로 판단하였다.

그리하여 2019년에는 또 한 분의 태권도 원로인 김영구 사범이 협회장으로 있는 엑스트레마두라(Extremadura)주에서 대사배 태권도 대회를 개최하였다. 김영구 회장 역시 스페인에서 유명한 태권도 사범으로서 카세레스(Cáceres)시의 터줏대감이자 유지이다. 2015년에 새로 건설된 카세레스시 체육관을 '김영구 체육단지'로 명명했을 정도이다. 처음에 정착했을 때 고생을 많이 했다고 한다. 초창기에는 체육관이 없어서 카세레스시 투우장에서 태권도 시범을 했다면서, 그때는 인기가 대단했다고 필자에게 회고했다.

태권도 이야기를 하다 보니, 10.28(일)에 아틀레티코 마드리드(Atlético Madrid) 축구단의 초청으로 레알 소시에다드(Real Sociedad)와의 경기를 보기 위해 완다 메트로폴리타나(Wanda Metropolitana) 스타디움을 방문했던 기억이 난다. 레알 마드리드가 워낙 유명하다 보니 아틀레티고 마드리드는 상대적으로 덜 알려졌지만, 이 팀은 스페인 라리가를 11번, UEFA 유로파리그를 3번이나 우승한 강력한 팀이다. 플레이가 화려하지는 않지만 쉽게 지지 않고 극장골을 많이 넣어 끈기가 강한 것이 특징이다. 레알 마드리드와는 마드리드 더비로 잘 알려진 라이벌이다.

스타디움에 도착하자 세레소(Enrique Cerezo) 회장이 와서 인사를 나누고 함께 사진을 찍었다. 그런데 전반전이 끝나자 구단 직원이 필자를 어떤 방으로 안내를 해서 들어가니, 세레소 회장이 기다리고 있었다. 그리고 필자의 이름과 등번호 1번을 새긴 유니폼을 꺼내어 주었다. 깜짝 선물이 너무 인상적이었고 기분이 좋았다. 이후부터는 레알 마드리드보다 아틀레티코 마드리드에 더 응원이 갔다. 펠리페 6세 국왕도 이 구단의 명예회장이라고 한다. 그리고, 2019년 가을에 어느 국가의 국경일 행사에서 세레소 회장을 만났다. 가서 인사를 하고 2018년 초청과 환대에 감사했다는 말을 하고 헤어졌다. 그런데 얼마 지나지 않아 세레소 회장에게서 또다시 초청이 왔다. 역시 그릇이 크고 세심한 사람이었다.

필자에게 유니폼을 증정하는 엔리케 세레소 아틀레티코 마드리드 회장

España en mi vida

29. 2018년 가을의 이모저모

2018년도 벌써 11월 말에 접어들었다. 주말에 나들이한 마드리드 시내의 레티로 공원과 남쪽 아란후에스(Aranjuez) 궁전에는 낙엽이 쌓이고 예쁘게 단풍도 들었다. 가을에 있었던 중요한 일들은 대개 앞 편에서 소개하였으나, 그래도 기억에 남는 몇 가지 일들이 더 있어 적어보고자 한다.

아란후에스 궁전의 가을

먼저 10.10(수)에는 플랜트 전문 건설기업 테크니카스 레우니다스(Técnicas Reunidas)를 방문하였다. 앞에서도 언급한 적이 있지만, 스페인은 해외수주액 세계 2위의 건설강국으로 한국 기업들과 17개국에서 56건의 프로젝트(129억 불)를 공동으로 수행하였다. 그중에서도 Técnicas Reunidas는 한국 기업들과 가장 활발히 제3국 공동진출을 한 기업이다. 도착하니 발렌시아(Manuel Valencia) 부사장, 세바스티안(Jose Pedro Sebastian) 사무총장, 파라디나스(Miguel Paradinas) 전무, 몰리네로(Carlos Molinero) 이사가 필자, 이창원 서기관, 류재원 KOTRA 관장을 반갑게 맞았다. 발렌시아 부사장과 세바스티안 사무총장은 주중국 대사를 역임한 외교관 출신이라 친밀감을 느꼈다.

발렌시아 부사장은 Técnicas Reunidas가 1981년 대림산업과의 인도네시아 정유공장을 시작으로 터키, 쿠웨이트 등 많은 나라에서 프로젝트를 공동 수행하였고, 현재는 바레인, 오만에서 정유공장 프로젝트를 진행하고 있다고 설명했다. 그리고 한국 파트너 기업들의 기술진이 마드리드에 파견되어 함께 엔지니어링 작업을 하고 있다고 한다. 필자가 이렇게 오랫동안 한국 기업들과 함께 일할 수 있었던 이유가 무엇인지 질문하자, 발렌시아 부사장의 대답이 인상적이어서 여기에 소개한다. "한 개의 프로젝트가 준비에서 이행을 거쳐 완료까지 7-8년이 소요되기 때문에 파트너 기업과의 조화가 매우 중요하다. Técnicas Reunidas는 한국 기업들과 각자의 장점을 살리는 방식의 협업 노하우를 구축해 왔고, 다른 나라 기업들보다 훨씬 더 케미스트리가 맞았기 때문에 모든 프로젝트를 성공적으로 마칠 수 있었다."

테크니카스 레우니다스를 방문한 필자, 발렌시아 부사장과 세바스티안 사무총장

10.31(수)에는 이임하는 온혼(Omer Onhon) 터키대사를 위해 관저에서 송별 만찬을 개최하였다. 흔히들 터키는 형제국으로 부를 만큼 우리와 가까운 나라인데, 마드리드에서는 대사관저가 골목 하나를 사이에 둔 이웃이었다. 온혼 대사 부부는 필자의 부임 이후 필자 부부를 자주 초대하여 동료 대사들을 소개하는 등 많은 배려를 하였기 때문에 이임한다고 하니 매우 섭섭하였다.

한국을 매우 좋아해서 친하게 된 타글레(Jorge Tagle) 칠레대사, 셰르바(Anatoliy Scherba) 우크라이나 대사, 블라스코(Jaroslav Blasko) 슬로바키아 대사 부부를 함께 초청하여, 석별의 정을 나누었다. 특히 셰르바 우크라이나 대사는 부부가 외교관인데, 딸이 열렬한 K-Pop 팬이어서 BTS 파리 공연을 온 가족이 표를 사서 보러 갈 정도였다. 그러니, 이런 모임에서는 필자가 BTS 이야기를 할 필요가 없다. 이 부부가 알아서 잘 설명해 주기 때문이다.

10.8(월)에는 새로 주한 대사로 부임하는 모로(Juan Ignacio Morro) 대사를 관저 오찬에 초청하였다. 당시 외교부 유엔·인권국장으로 일했기 때문에 몇 차례 업무적으로 만난 적이 있었다. 자신의 첫 근무지가 한국이었는데, 1996년에 후안 카를로스 1세 국왕이 방한하였다면서, 펠리페 6세 국왕의 방한 실현을 위한 강한 의지를 보여 기분이 좋았다. 이후 필자의 이임 시까지 긴밀히 소통하며 양국관계 발전을 위해 함께 노력하였다.

11.21(수)에는 한-스페인 취업박람회를 개최하였다. 이 행사는 스페인 내 한국 유학생, 교포 자녀들에게 취업의 기회를 제공하기 위해 KOTRA가 주관하고 대사관이 후원하였는데, 생각보다 많은 20개의 한국 및 스페인 기업들이 참여해주어 너무 고마웠다. 참여 기업들에 감사의 인사를 하자, 자신들도 필요한 인력을

찾을 수 있었던 좋은 기회였다고 했다. 이날 참가한 전체 구직 후보자가 70여 명이니 한 기업당 평균 3-4명이 지원한 셈이다. 이날 행사는 삼성전자, 현대자동차 등 기업 관계자들의 기업 브리핑과 함께, 대사관 자문 변호사인 이윤교 변호사의 스페인 취업 및 노동법률 자문, 신혜민 영사의 한-스페인 워킹홀리데이 프로그램 소개 등으로 다채롭게 진행되었다.

한-스페인 취업박람회장

España en mi vida

30. 스페인 헌법 이야기

12월 6일은 스페인의 제헌절이다. 스페인은 1975년 프랑코의 사망 이후에 민주화 과정을 착실히 진행하여 모든 정치 세력들의 광범위한 합의를 바탕으로 새로운 민주헌법을 제정하였고, 1978.12.6 국민투표에서 88.5%의 찬성으로 채택되었다. 당시 스페인 의회는 프랑코가 임명했던 의원들이 여전히 지배하고 있었고, 공산당 합법화 등 민감한 문제에 대해 정파 간 대립이 심각하였으나, 후안 카를로스 1세 국왕과 수아레스(Adolfo Suárez) 총리 등 정치인들이 정파의 이익이 아닌 진정한 국익을 위한 마음을 가지고 이러한 난제들을 극복하였다. 스페인의 정치적 리더십이 빛났던 시기였다. 후안 카를로스 1세 국왕은 1981.2.23 하원에서 개최된 칼보-소텔로(Calvo-Sotelo) 신임 총리 취임식에서 발생한 쿠데타를 단호히 거부함으로써 다시 한 번 민주화를 지켜내었다.

2018년은 이러한 헌법이 제정된 지 40주년이 되는 해였다. 곳곳에서 많은 행사들이 개최되었다. 외교 분야에서도 펠리페

6세가 주재한 '민주주의 외교 40주년' 기념식과 전시회가 아메리카 문화원(Casa America)에서 개최되었다. 12.6(목)에 하원에서 개최된 헌법 40주년 기념식에서 펠리페 6세는 후안 카를로스 1세 전 국왕과 정부 각료, 의원들이 참석한 가운데 헌법을 '화합을 위한 영원한 명령(un mandato permanente de concordia)'이라고 천명하였다.

하원에서 개최된 스페인 헌법 40주년 기념식(출처 : 위키미디어 공용)

언론에서는 연일 1978년 헌법의 성과와 한계, 그리고 전망에 대해 평가하였다.

새로운 민주헌법하에서 스페인은 지난 40년간 정치·경제·사회·대외관계 등 모든 면에서 번영을 이룩하였다. 정치적으로는 민주주의가 확립되어 사회 전반에 뿌리를 내렸다. 17개의 자치주가 만들어졌고, 주민들에게 광범위한 자치권을 부여하여 지방분권주의가 실현되었다. 광범위한 자치권에 기반하여 국가 통합을 추구한 것이다.

경제적으로는 1인당 GDP가 1978년 4,000불에서 2017년 28,500불로 7배가 증가하였고, 관광, 교통, 인프라, 에너지, 통신, 금융 등 다양한 분야에서 괄목할만한 발전이 이루어졌으며, 시민적 권리도 비약적으로 확대되었다.

대외적으로는 유럽연합(EU) 가입을 통해 유럽의 민주주의 체제에 복귀하였으며, 이베로아메리카 정상회의를 출범시켜 과거 식민국가들과 공정하고 평등한 공동체를 형성하였고, 국제무대에서 평화·인권·개발에 기여하는 역할과 존재감을 확대하였다.

한편, 1978년 헌법이 더이상 변화된 상황을 반영하지 못하고 국가 발전을 막고 있다는 의견도 많이 대두되고 있다. 먼저 기성 정치권에 대한 반감으로 2015년 이후에는 기존의 양당체제가 무너지고 4당 체제로 전환되었다. 따라서 한 정당의 단독 집권이 어려워졌으나, 당리당략으로 연립정부를 구성하지 못해 정치 불안이 계속되고, 의회 과반수를 확보하지 못한 소수정권으로 계속 이어지고 있다.

온정주의와 연고 중시 문화(amiguismo)가 확산되어 많은 부패가 발생하고 있는 것도 문제이다. 흔히들 스페인 사회는 정당-정부-기업-사회 각계가 하나로 연결된 체인과 같다는 말을 들었던 적이 있다. 정권이 바뀌면 사회 모든 분야의 주류가 바뀐다는 말이다.

외교부가 주최한 민주외교 40년 전시회

정부의 행정 효율성도 비판의 대상이다. 2019년 세계경제포럼(WEF) 국가경쟁력 지수를 보면 스페인은 모든 분야에서 세계 14위의 경제대국에 걸맞은 순위를 가지고 있으나, 유독 정부의 규제 부담과 장기비전 부문에서는 100위 밖에 랭크되어 있다. 그러나 최대 문제는 "카탈루냐 분리독립 운동으로 야기된 국가 통합 문제를 어떻게 해결하느냐?"인 것 같다. 카탈루냐 분리독립 운동이 스페인의 헌법과 통치 구조에 근본적인 도전을 하고 있기 때문이다.

이러한 상황에서 개헌 논의도 계속되었고, 2018년 9월 사회연구센터(CIS) 여론조사에서는 스페인 국민의 69.6%가 개헌 필요성에 공감하였다. 그러나 2019년 극우 정당(VOX)의 출현으로 5당 체제로 더욱 파편화된 정치권이 개헌 논의를 계속할지는 미지수이다. 한국도 1987년에 제정된 민주헌법이 더 변화된 상황을 반영하지 못하고 있다는 의견이 많으나, 개헌 추진은 번번이 무산되었다. 스페인의 개헌 문제는 우리에게도 시사하는 바가 크다.

España en mi vida

31. 2018년 유럽연합(EU)을 강타한
난민 문제와 스페인

유럽연합(EU)의 난민문제는 브렉시트와 함께 2018년 최대 이슈였고, 스페인의 국내정치에도 많은 영향을 주었다. 먼저 브렉시트와 관련해서 스페인 정부는 영국에서 빠져나오는 해외투자를 자국으로 유치하는 데 많은 관심이 있었다.

그리고 유럽연합(EU) 국경 밖에서 안으로 이주하려는 불법 이민에 대한 대응 문제는 항상 EU의 통합을 저해하는 요인이었다. 1992년 유고 내전과 1998년 코소보 전쟁으로 인해 110만 명의 난민을 수용했던 EU는 2012년에 시작된 시리아 내전으로 2015년 한해에만 182만 명에 달하는 최악의 난민 사태를 겪는다. 이러한 과정에서 체코와 헝가리는 EU의 난민 강제할당 결정에 반대하였고, 헝가리는 국경에 철책을 설치하여 난민의 유입을 차단하였다. 독일의 독일대안당(AfD)과 오스트리아의 자유당 등 난민 유입에 반대하는 국수주의 극우 정당도 생겨났다.

2016년에 터키와의 합의로 어느 정도 진정 국면에 접어들었던 난민 문제는, 2018년에 들어 이탈리아에서 극좌파 오성운동과 극우파 리그당의 연립정권이 들어서면서 또다시 EU의 뜨거운 감자로 부상한다. 내무장관을 맡은 살비니(Matteo Salvini) 리그당 당수가 난민 구조선의 이탈리아 항구 입항을 거부함으로써 아프리카 난민들이 지중해에서 표류하는 뉴스가 연일 보도되고 있었다. 이러한 안타까운 소식이 전해지자 6월에 새로이 집권한 페드로 산체스 총리의 스페인 사회당 정부는 9월에 이탈리아 정부가 입항을 거부한 난민 629명이 탑승한 아쿠아리우스(Aquarius)호의 발렌시아 항구 입항을 허가하는 등 인도주의적 조치를 취했다.

지중해에서 표류하는 아프리카 난민들(출처 : Activa Open Arms)

그러나, 산체스 총리의 인도주의적 정책은 국제적으로 환영을 받았지만, 국내적으로는 국민들의 지지를 많이 받지 못했다. 풍선효과로 인해 스페인으로 들어오는 아프리카 불법 이민자들이 증가하였다. 유럽국경관리청(Frontex) 통계에 의하면 이탈리아가 있는 지중해 중부로의 불법 이민자는 2017년 118,000명에서 2018년 23,000명으로 크게 줄었고, 스페인이 있는 지중해 서부로의 불법 이민자는 2017년 23,000명에서 2018년 57,000명으로 증가하였다.

불법 이민자 유입이 집중되는 안달루시아는 시설과 예산 부족 등으로 난민 수용에 어려움을 겪었고 주민들의 불만은 커갔다. 2018년 12월 지방선거에서 지난 36년간 안달루시아에서 정치적 아성을 구축해 왔던 사회당이 패배한 것도 불법 이민자 유입 증가가 주요 원인이었다. 반면에 불법 이민 문제에 강경 입장을 외쳤던 신생 극우 정당 복스(VOX)가 12석을 확보하여 처음으로 주의회에 입성하였다. VOX는 2019년 11월 총선에서도 52석의 하원 의석을 확보하는 등 세력이 급성장하게 된다.

EU는 불법 이민 문제 해결의 일환으로 난민들이 첫 번째로 도착한 국가에서 난민 신청을 하도록 규정한 더블린협정 개정을 검토하고 있지만, EU의 국경을 구성하는 국가들과 그렇지 않은 국가들의 견해차로 여전히 합의를 보지 못하고 있다.

España en mi vida

32. 2018년 부임
첫해를 마무리하며

12월이 되었다. 돌이켜 보면 부임 첫해에는 확대 추세에 있는 양국 협력과 교류에 힘입어 2020년 수교 70주년을 향한 첫발을 잘 디딘 것으로 생각한다. 2018년에는 일본-스페인 수교 150주년을 맞아 아베 일본 총리가 10.16-17간 스페인을 공식 방문하였고, 중국-스페인 수교 45주년을 맞아 시진핑 중국 주석이 11.27-29간 스페인을 국빈 방문하였다. 특히 시진핑 주석의 방문은 스페인 방송들이 매시간 주요 뉴스로 내보내는 등 언론들이 크게 보도하였다. 그만큼 중국과의 경제, 무역, 투자 확대에 대한 스페인의 기대가 크기 때문이었다. 시진핑 주석의 방문에 맞추어 스페인의 대표 식품인 하몽(Jamón)의 중국 수출이 허용되었다. 사람들은 14억 인구의 중국이 하몽을 맛보면 하몽 가격이 크게 오를 것이라고 농담도 했다. 하몽을 너무 좋아하는 필자에게는 반갑지 않은 농담이었다. 다행히 필자가 2년 후 스페인을 떠날 때까지 하몽 가격이 오르지는 않았다. 중국 대사와 일본 대사에 대한 부러움도 있었지만, 한국도 2020년이 수교 70주년이기 때문에 양국 간 정상교류가 실현될 것으로 생각하고 계속 노력하기로 다짐했다.

지난 1년간의 업무를 평가해 보니 아직 해결되지 않은 중요한 일이 하나 있었다. 스페인 정부가 2019년 '스페인 산업연결 4.0 국제회의'에 한국을 주빈국으로 초청하였는데, 아직 관계부처의 확답을 받지 못한 것이었다. 마침 12월 초 재외공관장회의 참석을 위해 귀국할 기회가 있어, 유영민 과기정통부 장관에게 면담 신청을 하였는데, 흔쾌히 수락해 주셨다. 필자가 한국을 간다고 하니까 블랑코(Diaz Blanco) 산업차관이 유영민 장관에게 전달해 달라면서 마로토(Reyes Maroto) 산업통상관광장관의 서한을 보내 주었다.

12.10(월)-14(금)간의 공관장 회의를 마치고, 며칠의 휴가를 얻어 12.17(월)에 과천의 과기정통부를 방문하였다. 송경희 국제협력관을 먼저 만나 인사를 나누고, 장관실로 올라갔다. 유영민 장관은 지난 2월에 바르셀로나 MWC에서 만났던 것을 기억하셨는지 필자를 따뜻하게 맞아 주셨다. 마로토 장관의 서한을 전달하고 국제회의 주빈국 참가의 의의와 중요성을 설명하면서, 한국의 참가와 유영민 장관의 방문을 간곡히 건의했다. 유영민 장관은 흔쾌히 필자의 건의를 수락하시면서, 내년 2월 MWC에도 참석할 가능성이 있으니 그때 다시 바르셀로나에서 보자고 말씀하

셨다. 오랜 숙제를 해결하니 기분이 좋아 스페인에 돌아가서 직원들에게 자랑해야겠다고 생각하며 과기정통부를 나섰다.

호세 루이스 아발로스 개발부 장관과 항공운수협정 전면 개정안에 서명하는 필자

마드리드에 돌아온 지 이틀 후인 12.20(목)에는 개발부(Ministerio de Fomento)에서 한-스페인 항공운수협정 전면개정안에 서명하였다. 양국 간 항공운수협정은 1989년에 체결(1991년 발효)되었으나, 이번 개정안을 통해 항공안전 규정이 강화되고, 취항 가능한 항공사의 범위가 확대되어, 승객의 편익이 제고되는 효과를 거둘 것으로 예상되었다. 조약의 서명은 외교장관 또는 전권위임장을 받은 정부 대표가 하는데, 특명전권대사도 주재국과의 조약은 전권위임장 없이 서명할 수 있다.

스페인 측 서명권자는 아발로스(José Luis Ábalos) 개발부 장관이었고, 라요(Maria Jose Rallo) 교통차관보가 배석하였다. 개발부라는 명칭이 다소 생소하게 느껴지는데, 건설, 인프라, 교통을 담당하는 부처이다. 아발로스 장관은 사회당의 사무총장으로 지난 6월 산체스 총리의 사회당 정부 집권 시 개발부 장관으로 임명되었다. 사회당의 실세로 사무총장과 장관을 겸직하다 보니 무척 바쁜 것 같았다. 사실 조약 서명식은 다분히 의전적인 행사이기 때문에 별달리 이야기할 것은 없으나, 정부를 대표하는 상징성이 있기에 긴장된 마음으로 서명을 했다. 조약문 마지막 장에만 서명하는 것이 아니고, 모든 장에 일일이 이니셜(약식서명)을 하므로 꽤 시간이 걸렸다.

이날 만난 아발로스 장관은 비교적 말수가 적고 침착한 사람이었던 것으로 기억난다. 아발로스 장관이 한-스페인 관계에 대해 얼마나 알고 있는지는 모르겠지만, 최근 확대 추세에 있는 양국관계를 알릴 수 있는 좋은 기회라고 생각하여, 조약 서명전 환담 기회에 상세히 설명을 했다. 2017년에 스페인을 방문한 한국인이 45만 명에 달하고, 양국 간 직항이 주 12회로 확대되었으며, 이런 측면에서 이번 항공운수협정 개정안 체결은 큰 의미가 있다고 생각한다. 아발로스 장관의 또 다른 업무 분야인 건설·인프라 분야에서도 양국 기업들이 제3국에서 56건의 프로젝트를 공동으로 수행하였다. 필자의 설명에 아발로스 장관은 한국과의 협력이 매우 중요하다는 점을 인식하게 되었다고 말하면서, 앞으로 많은 관심을 두겠다고 답변하였다.

12.30(일) 밤에는 평창올림픽 남자 피겨스케이팅 동메달리스트인 페르난데스(Javier Fernandez) 선수가 주최한 아이스쇼를 보았고, 초청 출연한 김연아 선수를 만났다. 12.31(월) 퇴근길에 운전수인 헤수스(Jesús)가 스페인 사람들은 새해를 알리는 12번의 종소리에 맞추어 12알의 포도를 먹는 전통이 있다고 말하면서, 슈퍼마켓에서 포도를 사라고 이야기를 한다. 슈퍼마켓에 가보니 정말로 많은 사람이 포도를 사고 있었다. 자세히 보니 씨앗을 깐 포도 12알을 시계 모양으로 포장하여 파는 것이 있어 사서

마드리드 아이스쇼에 참가한 김연아 선수

집으로 갔다. 12시가 다 되어 TV 중계를 보니 솔 광장(Puerta del Sol)에 수많은 인파가 집결해 있었고, 진행자들이 있는 방송국에는 샴페인과 포도가 보였다. 이윽고 광장의 마드리드 주정부 청사에 있는 시계탑에서 12번의 종이 울렸다. 종이 빠른 속도로 울려 12개를 같은 속도로 먹기가 쉽지 않았다. 관저 동네 곳곳에서도 폭죽이 터졌다. 2019년이 시작되었다.

Feliz 2019!(Happy 2019!)

포도를 먹는 방송 진행자들, 뒤로 12번의 새해 타종을 하는 시계가 보인다

전홍조 대사의
스페인 일기

ESPAÑA EN MI VIDA

전홍조 대사의 스페인 일기

2019년

España en mi vida

33. 국왕 주최 외교단 신년하례식과 한복 외교

    2019년이 시작되었다. 조용했던 연말연시 연휴가 끝나고 1월 중순이 되자 한국에서 많은 인사들이 스페인을 방문하였다. 그 중 최고위급이 김현미 국토교통부 장관이었다. 김현미 장관은 폴란드 바르샤바에 소재한 국제철도협력기구(OSJD)를 방문하여 남북철도 협력문제를 협의하고, 1.15.(화) 오후 스페인 마드리드에 도착하였다. 도착 후 먼저 스페인철도관리청(Adif)를 방문하여, 세계 2위의 3,410km 망을 가진 스페인 고속철 운영 현황과 해외 진출 현황을 설명 듣고, 아토차(Atocha) 역을 둘러보았다.

1.16(수)에는 개발부를 방문하여 아발로스(José Luis Ábalos) 장관과 회담을 가졌다. 필자가 개발부에 도착하니 모로(Juan Ignacio Morro) 주한대사가 기다리고 있었다. 한 달 전 재외공관 장회의 참석을 위해 귀국했을 때 만났는데, 다시 마드리드에서 재회하니 반가웠다. 휴가차 귀국하였는데 오늘 장관 회담이 있어 왔다고 한다. 양국 장관 회담은 다양한 현안에 대해 많은 의견들이 오가면서 잘 진행되었다. 특히 필자가 지난 12.20(목) 한-스페인 항공협정전면개정안 서명식에서 아발로스 장관에게 양국 간 항공 및 건설 협력, 인적교류 현황에 대해 설명했던 덕분인지, 아발로스 장관이 현안을 잘 이해하고 있어 기분이 좋았다. 아발로스 장관은 또한 회담에서 김현미 장관에게 여러 번 필자의 외교 활동을 언급하며 필자를 배려해 주었다.

호세 루이스 아발로스 개발부 장관을 만난 김현미 국토교통부 장관

이날 회담의 가장 중요한 성과는 건설 분야에서 제3국 공동진출을 철도, 공항, 스마트시티 분야로 확대하고, 재원 지원을 위해 한국의 해외인프라·도시개발 지원공사(KIND)와 스페인의 금융공사(ICO) 간 협력을 강화하기로 합의한 것이다. 양 기관은 이날 별도로 협력 양해각서도 체결하였다. 이날 오후에는 해외건설협회와 스페인건설협회(SEOPAN)가 '한-스페인 건설 네트워킹 비즈니스 포럼'을 개최하였다. 필자가 작년 6월 '한-스페인 건설협력포럼' 등 여러 행사를 개최하여 참석한 기업 대표들도 잘 알고 있고 해서, 김현미 장관에게 일일이 인사를 시켰다. 시간을 내어 왔는데 정작 장관과 인사를 나누지 못하면, 실망이 크지 않을까 생각해서였다. 이날 행사는 특히 김현미 장관이 스페인건설협회와 기업들에게 감사패를 전달함으로써 분위기가 아주 좋았다. 2019년에도 새해 출발이 좋은 것 같다.

1.22(화)에는 펠리페 6세 국왕 내외가 왕궁에서 주최하는 외교단 신년하례식에 참석하였다. 모든 나라가 외교단에게 매년 국가원수를 만날 기회를 주는 것은 아니다. 스페인은 이런 면에서 특별한 나라인 것 같다. 그러나, 스페인에 상주하는 대사관과 국제기구가 140여 개에 달하고, 겸임 대사들을 포함하면 200여 명이 되기 때문에 경쟁이 치열하다. 왕궁으로 출발하기 전에 두 가지 목표를 정했다. 하나는 국왕에게 한국 방문 여부와 시기를

물어보는 것이고, 또 다른 것은 산체스 총리와 인사를 하고, 시간이 가능하면 양국 정상회담에 대한 의향을 물어보는 것이었다. 왕궁에 도착하여 주어진 비표 순서에 따라 리셉션 방으로 입장한다. 비표 순서는 대사들의 신임장 제정순서이다. 필자는 부임한 지 1년밖에 되지 않았기 때문에 순서가 뒤쪽이다. 리셉션 방에서 국왕 내외와 악수를 하고, 행사장인 왕관의 방(Sala de Trono)에 들어가 순서대로 선다. 여기에서도 필자는 뒷줄에 서서 국왕이 보이지 않았다. 류판(Lyu Fan) 중국대사는 부임한 지가 4년이 되어서 오늘 맨 앞줄에 서게 되었다고 말한다.

대사들의 입장이 끝나면, 국왕 내외가 총리, 외교장관 등과 함께 들어 온다. 먼저 외교단장인 교황청 대사가 국왕 내외에게 새해 축하 인사를 한다. 다음에 국왕이 지난해 스페인의 외교성과와 금년도 목표에 대해 연설을 한다. 물론 연설은 스페인어로 하고 통역은 없다. 아시아에 대한 언급에서 작년 일본 아베 총리와 중국 시진핑 주석의 방문이 언급된다. 한국에 대한 언급이 없음에 아쉬움이 남지만 어쩔 수 없는 일이다.

연설이 끝나면 다시 옆방으로 옮겨 칵테일과 함께 이야기를 나눈다. 국왕 내외는 약 1시간 정도 머물면서 대화를 나누었다. 여러 명의 대사가 국왕 내외를 둘러싸고 이야기를 하려고 경쟁을 한다. 뒤에 서서 필자의 차례를 기다렸는데 좀처럼 대사들이 물러나지를 않는다. 할 수 없이 앞으로 나아가 겨우 국왕 앞에 섰다. 옆 사람들의 대화를 듣고 있다가, 기회가 와서 재빨리 국왕에게 인사를 하고, 한국 방문 계획을 물었다. 작년 신임장 제정 시 필자에게 한 약속을 기억했는지 국왕은 웃으면서 지금 검토 중이니 조금만 기다려 달라고 이야기했다.

다음에 산체스 총리에게 눈을 돌렸는데, 여기도 대사들이 긴 줄을 서서 기다리고 있었다. 국왕과 다른 점은 일대일로 대화를 하는 것이었다. 총리와 처음으로 인사를 했다. 그리고 지난해 유엔에서의 양국 정상회담이 산체스 총리의 사정으로 성사되지 못해 아쉬움을 표명했다. 산체스 총리는 한국이 스페인의 대아시아 외교에서 중요한 협력대상국이라고 말하면서, 금년에 양국 정상회담 가능성을 검토하겠다고 답변했다.

페드로 산체스 총리와 환담하는 필자

이날 행사에서는 필자 내외가 입은 한복이 많은 사람의 주목을 받았다. 작년 개천절 행사에 이어 두 번째로 입었다. 동료 대사들이 필자 한복의 선과 연한 푸른색이 고상하고 예쁘다고 칭찬을 했다. 며칠 후 패션 잡지인 코라손(Corazón: 영어로 heart라는 뜻)이 발행한 1월호를 보니, 신년하례식 참석자들의 의상을 소개하였는데, 필자 내외가 국왕 내외와 인사하는 사진이 맨 앞에 나왔다. 주위에서 유명인이 되었다고 축하 인사도 많이 했다. 한국에서 꽤 많은 돈을 주고 맞추었는데 효과가 나타났다. 이후에도 필자는 가끔 중요 행사에 한복을 입고, 한복 외교를 했다.

펠리페 6세 국왕 내외와 인사하는 필자 내외, 패션 잡지 코라손 1월호

España en mi vida

34. 주바르셀로나 총영사관 개관과
한-스페인 포럼 개최

2018년 9월 박원순 서울시장의 방문 이후 다시 바르셀로나에 출장을 갔다. 한국과의 경제·문화·인적 교류가 긴밀해져 여러 차례 출장을 갔지만, 이번 출장은 특히 의미가 컸다. 숙원이었던 주바르셀로나 총영사관이 1.25(금)에 공식 개관되고, 이에 맞추어 '제12차 한-스페인 포럼'도 1.24(목)-25(금)간 개최되기 때문이다.

주바르셀로나 총영사관은 2016년에 스페인 동포 9,200명의 서명으로 국회에 청원서가 제출되고, 2018년 1월에 정부의 최종 결정이 난 이후, 1년간의 준비를 거쳐 마침내 업무를 시작하게 된 것이다. 총영사관 개설에 가장 중요한 역할을 한 분은 박천욱 카탈루냐 한인회장이다. 이분은 서명 운동을 주도하였을 뿐만 아니라, 직접 한국에 가서 국회를 설득하였다. 허태완 총영사와 최준호 부총영사도 고생을 많이 하였다. 최준호 부총영사는 선발대로 단신 부임하여 총영사관 건물을 물색하고, 사무 장비를 설치하며, 현지행정원을 채용하는 등 준비를 했다. 허태완 총영사는 비서도 없이 개관을 준비하면서 업무를 시작해야 하는 어려움을 겪었다. 대사관도 지난 1년간 총영사관의 영사업무

매뉴얼과 시스템을 지원하고, 배영기 경찰영사가 사건·사고 업무를 도왔다.

총영사관의 개설로 바르셀로나를 방문하는 연 27만 명의 우리 국민에 대한 효율적인 영사 서비스가 가능하게 되었고, 양국 무역의 30%를 차지하는 카탈루냐 자치주와의 경제, 문화 교류도 더욱 활성화될 것으로 기대되었다. 바르셀로나 교민, 한국 방문객, 카탈루냐 주정부 등 모두가 축하하고 좋아했지만, 사실 가장 기뻤던 사람은 필자였을 것이다. 먼저 필자의 주요 현안 하나가 해결되었다. 총영사관 개설을 위한 한국 본부와 스페인 정부의

주바르셀로나 총영사관 개관 축하 리셉션, 허태완 총영사와 모로 주한 스페인대사

행정절차를 처리하는 데 시간이 많이 걸렸기 때문이다. 두 번째는 총영사관의 개설로 대사관의 사건·사고 처리가 절반으로 줄어, 직원들의 과도한 업무 부담이 경감되었기 때문이었다. 2018년에 우리 대사관에서 접수한 사건·사고가 1,400여 건이었는데, 이중 절반이 바르셀로나에서 발생했다. 사실 우리 대사관은 대사와 차석을 제외한 모든 직원들이 일과 후에 교대로 당직 전화를 받고 있어, 고생이 이만저만이 아니었다.

'2019년 마드리드국제관광박람회(Fitur)' 개막식 참석과 한국관 방문을 마치고, 1.23(수) 저녁에 아토차역에서 바르셀로나행 고속열차(AVE)를 탔다. Fitur는 내년에 한국이 주빈국으로 참여하기 때문에 개막식 진행과 국왕 내외의 동선을 이창원 서기관과 꼼꼼하게 확인하였다. 이 때문에 이날 저녁에 개최된 한-스페인 포럼의 환영 만찬에는 참석하지 못하고, 다음 날 아침 개막식에 참석했다. 한-스페인 포럼은 양국의 정부 및 각계 인사들이 참석하여 협력 방안을 논의하는 대화 채널로 2003년에 발족하여 이번이 12차 회의가 된다. 한국의 국제교류재단(Korea Foundation)과 스페인의 아시아교류재단(Casa Asia)이 주관기관이고, 한국의 경우는 한국외국어대학이 시행기관으로 역할을 하고 있다.

행사장에 도착하여 이시형 KF 이사장, 정기홍 유럽국장, 김성한 고려대 교수(전 외교부 차관), 박철 전 한국외대 총장, 김원호 한국외대 국제대학원장, 조성렬 국가안보전략연구원 연구위원 등 많은 한국 측 참석자들과 반갑게 인사를 나누었다. 스페인 측에서는 나바로 아시아교류원장, 살로몬 외교부 북미아태국장, 모로 주한대사, 리에라(Inmaculada Riera) 스페인상공회의소 사무총장 등이 참석하였다. 총참석자는 100여 명이나 되었다. 이번 회의에서는 '공동의 길 구축을 향해(Construyendo un camino común)'를 주제로 전략적 협력을 위한 대화, 재생에너지와 녹색경제, 교육과 문화 협력, 도시 협력에 대해 활발하고 유용한 토론을 가졌다.

한-스페인 포럼 개막식에서 인사말을 하는 이시형 KF 이사장

포럼은 공식 주제 발표 및 토론 외에도 다양한 프로그램으로 구성되었는데, 특히 바르셀로나 시청을 방문하여 양국 도시 간 협력에 대한 토론을 가진 것이 기억난다. 여기에서 필자와 모로 대사는 양국관계 현황과 향후 발전 방안을 발표하였다. 바르셀로나 시청은 건물 자체가 1369년에 지어졌고 갖가지 예술품들이 소장된 문화재이다. 그런데, 시청 관계자가 특별한 손님에게만 보여준다면서 우리를 옥상으로 데리고 갔다. 성가족 성당, 콜럼버스 동상, 몬주익 언덕, 아그바르 타워(Agbar Tower) 등 명물들이 한눈에 들어왔다.

바르셀로나 시청을 방문한 한-스페인 포럼 참석자

1.25(금) 오전에 포럼을 모두 마치고 오후에는 총영사관 개관식에 참석했다. 시내의 그라시아 대로(Paseo de Gracia)에 위치한 총영사관은 인근에 지하철역이 있고, 유명한 가우디의 건축물인 카사 밀라(Casa Mila)에서 3분 거리에 있어, 민원인들의 접근성이 좋은 곳에 자리 잡았다. 자기가 찾은 곳이라고 최준호 부총영사의 자랑이 대단하다. 자랑할 만도 했다. 개관식은 사무실 공간 문제로 쿠니예라(Teresa Cunillera) 중앙정부 대표, 보쉬(Alfredo Bosch) 주정부 대외관계장관, 고메스(Luis Gomez) 바르셀로나시 대표, 모로 주한대사, 나바로 아시아교류원장, 정기홍 유럽국장, 박천욱 한인회장이 참석한 가운데, 현판 제막식만 간단히 했다. 대신 저녁에 시내 호텔에서 개최되는 개관 기념 리셉션에 많은 사람을 초청하여 본행사를 하기로 했다.

기념 리셉션은 카탈루냐주 각계 인사, 영사단, 우리 동포들이 대거 참석하여 성황리에 개최되었다. 특히 한-스페인 포럼에 참석했던 인사들도 함께 참석하여 개관의 기쁨을 함께 나누었다. 리셉션이 끝나고 한국 측 포럼 참석자들과 카탈루냐 전통 대파 요리인 칼솟(calcot) 식당에서 저녁 식사를 했다. 칼솟은 겨울에서 봄으로 넘어가는 시기에만 먹는 것으로 대개 양갈비 구이와 달팽이가 함께 나온다. 색다른 요리에 모두가 즐거워하며 지난 2일간 행사를 평가하며 우의를 다졌다.

España en mi vida

35. 공공외교
스페인 주요 재단과 포럼에서 한국을 알리다

21세기에 들어 공공외교(public diplomacy)의 중요성이 갈수록 높아지고 있다. 외국 정부를 상대로 한 전통적인 외교에서 외국 국민과의 직접 소통을 통해 우리와 공감대를 형성하고 상호 신뢰를 확보하는 방향으로 외교의 영역이 확대되고 있다. 문화외교는 공공외교의 중요한 부분이다. 그러나, 우리의 대내외 정책을 주재국 국민에게 설명하고 공감대를 확산하는 '정책 공공외교'도 큰 비중을 차지한다. 주재국 국민과 SNS를 통한 소통이 중요한데, 스페인외교관학교에서 실시한 마드리드 주재 외국공관들의 SNS 활동 분석 보고서에 의하면 한국대사관이 가장 활발한 공관 중 하나로 평가되었다. 주재국 언론 기고와 인터뷰도 열심히 하였다. 그리고 주재국의 각계 주요 인사들을 대상으로 한 강연 또는 발표도 효과적인데, 기회를 얻기가 쉽지 않은 것이 문제다.

지난 1년간 스페인의 여러 유명 재단과 포럼 행사에 참석하면서 한국을 알릴 기회를 모색하였다. 그러던 중 2018년 12월에 평소 친하게 지낸 외교아카데미(Academia de la Diplomacia)의 벨로(Santiago Velo de Antelo) 회장이 레알 마드리드(Real Madrid) 재단과 공동으로 2019.1.31(목)에 '스포츠와 외교'를 주제로 포럼을 개최한다며 필자에게 발표를 요청하였다. 2018년 평창동계올림픽을 계기로 남북관계가 개선된 사례를 발표하면 좋을 것 같다는 의견도 제시하였다. 레알 마드리드 구단의 유명세를 감안하면 더없이 좋은 기회여서 즉시 수락하였다.

레알 마드리드 재단 주최 "스포츠와 외교 포럼"에서 발표하는 필자

행사는 비야 마그나(Villa Magna) 호텔에서 개최되었다. 먼저 재단 관계자, 발표자들과 함께 사진을 찍고 행사장에 들어가니 200여 석의 자리가 꽉 차 있었다. 유명 언론인 비야(Irene Villa)가

사회를 맡았다. 그녀는 바스크 무장분리주의 단체 ETA의 폭탄 테러로 두 다리를 잃은 역경을 극복하고 유명 언론인이 되었다. 발표자로는 필자 외에 두란테스(Conrado Durántez) 올림픽아카데미 회장, 곤잘레스(Julio González) 레알 마드리드 재단 사무총장, 벨로(Santiago Velo) 외교아카데미 회장, 페랄레스(Teresa Perales) 장애인 수영선수가 참석했다. 페랄레스 선수는 2000-2020년간 6차례 패럴림픽에서 27개의 메달을 획득하였고, 정치인으로도 활동한 유명인이다. 스포츠가 국위선양과 세계평화에 기여한 여러 사례가 이야기되었다. 레알 마드리드 구단이 스페인의 훌륭한 친선대사라는 말도 나왔다.

필자는 발표자 중 유일하게 다양한 사진과 동영상을 담은 파워포인트로 발표하였고, 주제도 특별하여 청중들이 많은 관심을 보였다. 평창올림픽이 한반도 정세의 극적인 변화의 계기가 되었고, 이후에도 아시안게임 등 각종 국제대회 단일팀 구성, 전통 스포츠인 씨름의 유네스코 문화유산 공동 등재, 2032년 올림픽 공동유치 등 스포츠가 남북 간 화해와 교류에 기여하고 있다고 설명하였다. 특히 2032년 올림픽 공동유치는 사회를 맡은 비야가 먼저 소개하는 열정을 보여주었다. 마지막으로 2019.1.10에 독일에서 개최된 세계핸드볼 선수권대회 개막전 (독일대 남북단일팀)을 앞두고, 하스 독일 외교장관이 발표한 성명

문을 인용하면서 발표를 마쳤다.

"독일팀과 남북단일팀의 오늘 개막전은 우리 모두에게 희망의 상징이 될 것입니다. 저야 물론 독일팀을 응원하겠지만, 동시에 평화와 화해의 강력한 메시지를 전 세계에 보내고 있는 한국팀 때문에 매우 행복합니다."

이후 남북관계가 경색되어 이때의 흐름이 계속되지 못한 아쉬움이 많이 남지만, 스포츠가 또다시 남북 화해 분위기에 기여하는 날이 오기를 기대한다. 이날 발표 이후 평화와 협력 재단(Fundación de Paz y Cooperación) 등 여러 단체에서 발표 초청이 들어와서, 레알 마드리드 재단의 유명세를 실감하였다.

6.13(목)에는 Executive Forum에 초청되어, '한국 : 전쟁의 잿더미에서 국제사회의 주도국으로-한-스페인 관계의 현재와 미래'를 주제로 발표하였다. Executive Forum은 스페인 주요 인사들을 초청하여 관심 주제에 대한 발표를 듣고 질의응답을 하는 권위 있는 포럼이다. 필자는 지난 1년간 이 포럼에 꾸준하게 참석하여 스페인 인사들뿐만 아니라 주요 선진국 대사들의 발표를 들었다. 내심 부러움을 느끼면서 필자도 초청받기를 기대하고 있었는데 마침내 기회가 왔다. 필자의 발표를 후원할 스

페인 기업이 있을까 걱정했는데, 한국과 비즈니스가 많은 베르헤(Bergé) 그룹과 법무법인 GAP에서 후원을 했다.

Executive Forum 초청 간담회에서 발표하는 필자

한국에 대한 인식이 "최근 경제발전을 많이 한 나라" 정도로 한정된 스페인 사람들에게 우리의 정치·교육·과학기술 및 혁신·문화를 정확히 이해시키기 위해 많은 고심을 하면서 발표문과 파워포인트를 작성하였고, 예상 질문에 대한 답변도 꼼꼼히 준비하였다. 결과는 매우 좋았다. 참석자가 100명이 넘었고, 질문이 너무 많아 포럼을 마치고 개별 질의응답을 한 시간 더 가졌다. 변화된 한국의 위상을 새삼 실감하여 가슴이 뿌듯했다.

9.26(목)에는 시민의 디지털 권리 제고를 위해 설립된 헤르메스 재단에서 한국의 디지털 경제에 대해 발표를 했다. 이 재단은 스페인의 거대 금융그룹인 카익사(Caixa)가 설립하였는데, 어느 날 고늬(Enrique Goñi) 이사장이 사무실로 찾아와서 발표를 부탁하였다. 디지털 경제에 대해 지식이 많지 않아 고민했으나, 전자정부·세계 최초 5G 상용화 등 자료를 대략 모아 준비를 했다. 그런데 막상 발표장에 도착하니 35명의 참석자가 모두 정부·재계·문화계 고위인사들이라 깜짝 놀랐다. 사우라(Pedro Saura) 개발부 차관, 아브릴(Fernando Abril) 인드라(기술기업) CEO, 마르티(Ricardo Marti) 레이나소피아 미술관 이사회 의장, 미랏(Manuel Mirat) 프리사(미디어그룹) CEO가 필자에게 디지털은 물론 한-서 양국관계, 한반도 정세, 미·중 갈등에 대해 질문하였다. 한 인사는 한국의 바둑에 관한 질문도 하여 필자를 놀라게 했다. 많은 질문에 대답하느라 식사를 제대로 하지 못했지만, 기분은 무척 좋았다.

España en mi vida

36. 공공외교
스페인 젊은이들과 어울리다

2019년에는 스페인 젊은이들을 자주 만나 소통하려고 노력했다. 이들이 어느 누구보다도 한국을 좋아하고 양국을 연결하는 소중한 인적 자산이기 때문이다. 2.27(수)에는 오래 미루어 두었던 바르셀로나 자치대를 방문하여, 아르보이스(Margarita Arboix) 총장을 면담하고 세종학당 현판식을 가졌다. 이어 대강당에서 한반도 평화를 주제로 강연회를 가졌는데, 학생들의 관심과 진지한 태도가 무척 인상적이었다. 이 대학에서 2003년부터 한국학을 담당해온 조미화 교수도 무척 기뻐하였다. 학교에서 현판식을 계속 미루어 왔는데 필자의 방문으로 개최되었다는 것이다. 그 말을 듣고 미안한 생각이 들었다. 마드리드에서 멀다는 이유로 부임한 지 1년이 지나서야 왔기 때문이다. 이제 총영사관이 개설되었으니 대사관이 하지 못했던 관심과 지원을 받게 될 것이라고 격려를 해주었다.

3.29(금)에는 살라망카대학 한국학 전공 학생 50여 명이 김혜정 교수와 박목월 교수와 함께 대사관으로 봄나들이를 왔다. 1년

살라망카대학 한국학 전공 학생들의 대사관 나들이

전에 필자가 살라망카를 방문하여 한국주간 행사에 참가한 적이 있어 학생들이 새삼 반가웠다. 한국 정세와 한-스페인 관계에 대한 설명이 끝나고 다과를 하면서 학생들과 많은 이야기를 나누었다. 학생들의 가장 큰 관심 사항은 역시 진로 문제였다. 스페인에서 한국과 관련하여 가질 수 있는 일자리에 대한 질문이 제일 많았다. 생각해보니 더 많은 스페인 젊은이들이 한국학을 공부하도록 유도하기 위해서는 이것이 정말 중요한 문제였다. 그냥 한국이 좋아서 한국말을 배우고 한국학을 공부할 수만은 없을 것 같았다. 현재 양국 간 교역, 투자, 교류가 계속 확대되고 있어, 기회가 많아질 것으로 생각한다고 말하고, 스페인에 진출한 한국 기업 및 기관에 문을 두드려 보고, 한-스페인 워킹 홀리데이와 정부 장학생 제도도 잘 활용하라고 대답은 했으나, 학생들이 얼마만큼 공감했는지는 모르겠다.

3.25(월)-29(금)에는 마드리드 콤플루텐세 대학과 대사관이 공동으로 한국문화주간 행사를 개최하였다. 콤플루텐세 대학은 스페인의 최고 대학인데, 한국학이 아직 교양과목 수준에 머물러 있어 분위기 조성을 위해 개최한 것이다. 5일간 개최된 행사는 한국 음악·회화·서예 체험과 함께 한국어 말하기 대회, 한반도 및 양국관계 세미나 등으로 다채롭게 진행되었다. 특히 학생들이 부채춤과 K-Pop을 공연하고 전통 혼례도 시연하여 재미와 의미를 더했다. 대학의 한국학 담당 교수인 정미강 교수가 어떻게 연습을 시켰는지 모르겠지만, 신랑과 신부가 전통 혼례복을 입고 바닥에서 불편하게 맞절을 하는 장면은 많은 사람에게 웃음을 주었다. 행사의 끝은 역시 파티였다. 학생들이 한식을 정말 맛있게 먹는 모습을 보면서 이 대학의 한국학 발전 가능성을 엿볼 수 있었다. 2월 말 유지한 서기관의 후임으로 부임한 홍다혜 서기관이 행사를 잘 준비하였다. 필자의 재임 기간 친밀하게 지낸 루한(Eugenio Ramon Lujan) 인문대학장의 협력으로 이제는 콤플루텐세 대학의 한국학도 부전공 과목으로 발전하였다.

4.26(금)에는 콤플루텐세 대학의 국제연구소가 주최하는 한국학 디플로마 과정의 개강식에 참석하여 역시 한반도와 양국관계에 대해 발표회를 가졌다. 한국의 정치, 경제, 문화, 역사에 대한 다양한 강좌로 구성된 3개월 과정으로 6년 연속 개최될 정도로 인기가 있었다. 2019년에는 약 20여 명의 학생이 등록하였다. 에스테르(Marta Esther) 정치학과장, 양은숙 교수와 함께 기념촬영을 위해 계단에 모였다. 정적인 촬영이 재미가 없어 필자가 한국식으로 팔을 들며 "파이팅"을 외치자고 제안했다. 처음에는 어색해하더니 금방 재미있어하면서 잘 따라 했다. 힘찬 출발이 되기를 바라면서….

콤플루텐세대학 학생들과 세미나를 마치고

9.10(화)에는 K-Pop 월드 페스티벌 창원 본선(10.11)에 참가하는 The Bratz 팀을 대사관에서 만났다. 스페인에서는 한국 본선에 처음으로 진출하는 것이라 필자도 기뻤고 격려를 해주고 싶었다. 스페인 젊은이들의 K-Pop 수준도 이제 수준급이 되었다는 것을 입증한 셈이다. 본선 진출은 80여 개 국가에서 예선 1위를 차지한 팀 중에서 전문가들의 심사를 거쳐 12개 팀이 선발되기 때문에 매우 어렵다. 스페인 예선은 6.29(토)에 개최되었는데 그 열기가 굉장했다. 그때 필자도 참석하여 시상을 했는데, The Brats팀이 1등 발표를 듣고 감격했던 모습이 생각이 난다. 비록 본선에서는 등수에 들지 못했지만, 한국에 다녀온 후 한국과 K-Pop에 대한 사랑이 더욱 깊어졌다.

K-Pop 페스티벌 스페인 예선에서 1등 발표를 듣고 환호하는 The Bratz

9.26(목)에 개최된 '한국문화관광대전'의 개막식 인사말에서 필자는 에스테반(Shey Esteban Vega)이라는 한 스페인 소녀를 다음과 같이 소개했다.

"저는 SNS를 통해 스페인 국민과 자주 소통을 하고 있는데, 최근 한 스페인 소녀가 페북에 올린 사진과 글이 깊은 감명을 주었습니다. 이 소녀가 말하기를 한국을 여행하여 경복궁에서 한복을 입고 사진을 찍는 것이 소원이었는데, 지난 7월 마침내 이를 실행에 옮겼고, 이후 자신의 페이스북에 사진과 함께 '꿈이 이루어졌다'라는 글을 올렸습니다."

필자는 이날 이 소녀를 행사에 초대하여 인사를 나누었고, 참석자들이 이 재미있는 사연에 공감을 표명하였다.

11.29(금)에는 한류 팬클럽 회원들이 모두 모여 잔치를 개최하였다. 먼저 2020년 한-스페인 수교 70주년을 맞아 시행한 '양국관계 증진 방안에 대한 아이디어 공모전' 입상자들의 발표를 들었다. 마침 한 달 전 10월 말에 펠리페 6세 국왕의 국빈 방한이 이루어졌기 때문에 발표가 더욱 흥미로웠다. 그리고 K-Pop 월드 페스티벌 본선에 참가했던 The Brats의 경험담, 대사배 태권도 대회 세계결선 참가 선수단의 방한 경험담을 공유했다. 마지막으로 2019년 한 해 동안 누구보다도 대사관의 SNS에 많은 댓글과 "좋아요"를 남긴 사람들을 시상하고 감사의 뜻을 전달하였다.

España en mi vida

37. 2020년 한-스페인 수교 70주년
준비에 착수하다

    2019년이 시작되어 새롭게 업무를 추진하고 있는데, 2.15(금)에 좋지 않은 소식이 전해졌다. 작년 6월에 출범한 산체스 총리의 사회당(PSOE) 정부가 소수정부의 한계를 극복하지 못하고 8개월 만에 조기 총선(4.28)을 발표한 것이다. 그 당시 85석의 사회당이 포데모스 연합(67석)과 지역정당들의 지원을 받아 라호이 총리(국민당) 불신임안을 통과시켜 집권하였으나, 2019년 예산안이 부결됨으로써 집권이 어려워진 것이다. 산체스 총리가 라호이 총리 불신임안을 지지했던 카탈루냐 분리독립주의 정당들과의 대화에 실패한 것이 더 큰 원인이었다. 하원에서 17석을 보유한 그들이 정부 예산안에 반대표를 던졌기 때문이었다. 이후 4.28에 실시된 총선에서 사회당이 123석을 얻기는 했으나, 과반수 지지를 확보하지 못한 산체스 총리는 총리 취임에 실패하여, 11.10에 재총선을 실시하는 등 스페인 정국은 1년 내내 불안정한 상황이 계속되었다.

    그러나, 필자는 이러한 상황과 관계없이 2020년 한-스페인 수교 70주년 준비에 착수하였다. 먼저 작년에 결정된 2020년 마드리드국제관광박람회(Fitur) 주빈국 참가 계획을 수립하였다. 한국관의 위치, 규모 등을 한국관광공사와 Fitur 측과 협의하는 동시에, 9월에 주빈국 참가 계약서 서명을 추진하기로 하였다. 9월에는 또한 사전 행사로 한국관광대전을 마드리드에서 개최하기로 계획하였다.

두 번째는 2019년 11월에 개최되는 '스페인 산업 4.0 국제회의' 주빈국 참가를 최종으로 확정하는 것이 시급했다. 작년 12월 귀국 시 유영민 과기정통부 장관을 만나 뵙고 긍정적인 답변을 듣고, 어떻게 후속 조치를 할까 생각 중이었다. 그런데 유영민 장관이 2018년에 이어 2019년에도 MWC에 참석한다는 통보를 받고, 마로토(Ryes Maroto) 산업통상관광 장관과의 회담 일정을 2.27(수)에 잡았다. 지난 1월에 이어 한 달 만에 다시 바르셀로나행 기차(AVE)를 탔다. 2019년 MWC에서는 5G 상용화를 위한 글로벌 기업들 간의 치열한 경쟁이 물씬 느껴졌다. 글로벌 기업들의 전시관에는 "5G is here today.", "Leading 5G Innovations", "5G Connected Factory" 등의 구호가 걸려 있었다. 삼성전자와 화웨이의 폴더블 스마트폰 전시에도 많은 관람객이 몰려들었다.

2019년 WMC에 참석한 필자

유영민 장관을 뵙고 인사를 드렸다. 몇 번의 만남을 통해 이제는 편안함이 느껴졌다. 회담장인 스페인 국가홍보관으로 가니, 마로토 장관과 블랑코 차관이 홍보관 앞에서 기다리며 유영민 장관을 영접하였다. 회담에서 양국 장관들은 스페인의 산업 4.0 정책, 한국의 4차산업혁명 정책과 5G 상용화 계획에 대해 다양한 의견을 교환하고, 양국 간 협력 방안을 협의하였다. 유영민 장관이 4차산업혁명을 DNA(Data, Network, AI)로 설명한 것이 재미있었고, 2019년 4월 초 한국의 세계 최초 5G 상용화 추진 계획도 마로토 장관의 관심을 끌었다. 그러나, 무엇보다도 이날 회담에서 양 장관들이 한국의 스페인 산업 4.0 국제회의 주빈국 참가에 합의한 것이 필자에게는 제일 중요하였다.

마로토 장관과는 다음 날인 2.28(목)에 스페인 최대 일간지 ABC 사옥에서 개최된 현대 KONA 전기차의 "2019년 ABC 선정 올해의 자동차 상" 시상식에서 다시 만나 양국 간 우의를 돈독히 하였다.

레예스 마로토 산업통상관광장관과 회담하는 유영민 과기정통부장관

세 번째는 수교 기념 책자 발간에 착수하였다. 필자는 이 사업을 대사관, 주한 스페인대사관, 스페인한국연구소(CEIC)가 공동 추진하는 것으로 모로 주한 대사, 이달고 CEIC 회장과 결정하였다. 한국-스페인 외교관계 연표와 함께, 양국에서 각각 15명의 분야별 저명인사들로부터 기고를 받기로 하고, 면담·서한·전화 등을 통해 기고를 부탁드렸다. 반기문 전 유엔사무총장, 박

용만 상공회의소 회장, 사파테로(Rodríguez Zapatero) 전 총리, 피케(Josep Piqué) 전 외교장관 등께서 흔쾌히 기고를 수락하셨다. 예산 확보, 기고문 정리, 한글-스페인어 번역 등 많은 문제가 산적해 있었지만, 향후 1년 6개월의 대장정을 일단 시작하였다.

ABC지 선정 올해의 자동차 상 시상식, 현대 전기차 KONA 수상

네 번째, 문화행사는 국립무용단의 대표작으로 해외에서 호평을 받은 〈묵향〉의 왕립극장(Teatro Real) 공연을 추진하기로 계획하였다. 그리고, 스페인인으로는 1593년에 최초로 한국 땅을 밟은 세스페데스(Céspedes) 신부의 발자취를 탐방하는 행사와 산티아고 순례길의 주요 마을을 순회하며 한국문화를 공연하는 산티아고 순례길 순회 문화공연도 계획하였다.

마지막으로 제일 중요한 것이 펠리페 6세 국왕의 방한을 실현하는 것이었다. 지난 1.22(화)에 개최된 외교단 신년하례식에서 필자가 국왕에게 이 문제를 물어보았는데, 그때 펠리페 6세는 웃으면서 조금만 기다려달라고 대답했던 기억이 난다. 이것 때문이었을까? 4월에 스페인 정부가 10월 방한을 제의해왔다. 오래된 숙제가 풀린 것 같아 기분이 좋았다. 시기도 2020년 수교 70주년을 2개월 앞둔 시점이라 더없이 적절한 것 같았다. 이제 차근차근 일을 진행해야 한다. 직원들의 고생이 많을 것 같다.

España en mi vida

38. 서-한 상공회의소와 스페인진출 한국기업협의회

아래에 있는 사진은 마드리드 시내 레티로 공원 근처에 있는 크레마데스 & 칼보-소텔로(Cremades & Calvo-Sotelo) 법무법인 5층 회의실에서 2019.3.30에 개최된 서-한 상공회의소 조찬 간담회 장면이다. 필자가 자주 참석했던 회의로 다락방 모양의 다소 좁은 공간에 참석자들이 다닥다닥 붙어 앉았던 기억이 나는데, 지금 사진을 보니 무척 정겹게 느껴진다. "서-한 상공회의소 회의가 왜 법무법인 사무실에서 열릴까?"라고 궁금하신 분들이 있을 것 같은데, 이 법무법인의 크레마데스(Javier Cremades) 대표가 상공회의소 회장을 맡고 있기 때문이다.

서-한 상공회의소 조찬 간담회

서-한 상공회의소는 2012년 6월에 설립되었고, 스페인 기업 15개와 스페인에 진출한 한국 기업 5개가 회원사이다. 설립 당시에는 회원사는 물론 대사관도 상공회의소의 활동에 기대를 많이 했는데, 시간이 갈수록 활동이 뜸해지고 있다는 의견들이 많았다. 한국대사가 상공회의소의 명예 회장을 겸하고 있고, 이 단체를 잘 활용할 필요가 있다는 생각에서 크레마데스 회장과 살라베리 사무총장에게 상공회의소의 활성화 필요성을 개진하고 방안을 협의하였다. 특히 회원사들이 필요로 하는 사항이 무엇인지를 파악하여 이를 지원할 필요가 있으며, 회원사 확대를 위해서도 노력하자고 협의를 하였다. 필자도 조찬 간담회에 참석하고, 한국과 관련이 있는 기업들을 초청하는 등 나름대로 역할을 했다.

2019년 첫 번째 조찬 간담회는 2.7(목)에 개최되었는데, KOTRA가 2018년 양국 경제 및 기업 협력에 대한 평가를 발표하고 의견을 교환하였다. 이날 간담회에서 2가지 사항이 필자의 관심을 끌었다. 첫째는 양국 간 교역이 43억 불(2016년), 47억 불(2017년), 55억 불(2018년)로 꾸준히 증가하고 있는 점이었다. 특히 2018년은 처음으로 50억 불을 돌파했다는 점에서 의미가 있었다. 또한, 한국의 주력 상품인 자동차, 전자제품 중 2/3 정도가 스페인 인근국 공장에서 생산되어 수입되기 때문에, 한국 제품 판매액은 20억 불을 더 잡아야 될 것 같았다. 교역 품목이 대부분 완제품인 점을 감안하면 적은 액수는 아니나, 양국 경제 규모에 비해 아직 미흡한 것 같다.

둘째는 2018년에 스페인을 방문한 한국인이 49만 명으로 증가하였고, 중국(65만 명), 일본(55만 명)에 비해 얼마 차이가 나지 않는다는 점이었다. 흔히 스페인 사람들은 중국에서 엄청난 관광객이 오는 것으로 알고 있다. 인구 면에서 중국이 한국의 26배, 일본이 2배 이상이 되기 때문에 인구비례로 볼때 한국이 중국과 일본보다 훨씬 높았다. 이제부터는 이러한 점을 스페인 사람들에게 잘 홍보해야겠다는 생각이 들었다.

3.29(금)에 개최된 두 번째 간담회에서는 주한 스페인대사관 경제참사관으로 일했던 가르시아 통상투자청(ICEX) 국장이 스페인 기업들의 한국 및 아시아 시장 진출방안을 발표하였다. 스페인은 아시아 시장을 한국/일본/대만, 중국, 인도, 아세안으로 구분하여 접근해야 한다. 한국은 일본과 비슷한 점이 많으나, 훨씬 개방적이고 유연하다. 스페인의 국가별 수출은 중국이 60억 유로, 일본이 25억 유로, 한국이 20억 유로이나, 인구를 고려하면 한국 시장의 잠재력이 매우 높다. 통일이 될 경우 인구 7,500만 명의 시장 형성, 유라시아 대륙으로의 연결 등 통일 후 잠재력까지 감안할 필요가 있다. 한국과 비즈니스를 하는 스페인 기

업이 3천 개가 되나, IBEX 35(스페인 주요기업 35개 주식 지표)에 상장된 기업은 3개 밖에 없어, 대기업의 진출이 절실하다. 매우 일리가 있는 말이었다. 이날 간담회에는 임기를 마치고 귀임한 오르티스(Gonzalo Ortiz) 주한 대사도 참석하여 오랜만에 반가운 해후를 하였다.

스페인에는 30여 개의 한국 기업들이 진출해 있고, 이들은 협의회를 구성하여 업무 경험 및 노하우를 공유하는 등 상호 간 협력을 강화하고 있다. 필자가 부임한 2018년에는 김양훈 한국타이어 법인장이, 2019년에는 이상찬 판토스 법인장이 회장을 맡고 있었다. 삼성전자, LG전자, 현대자동차, 기아자동차는 매출액

진출기업 간담회, 회의후 대사관 중정에서 오찬을 하며 대화를 계속

기준으로 스페인 500대 기업에 들어간다. 현대자동차는 아틀레티코 데 마드리드 축구단의 후원기업이고, 한국타이어는 레알 마드리드 축구단의 후원기업이다. 기아자동차는 테니스 선수 라파엘 나달을 무명 시절부터 후원해왔는데, 세계적인 스타로 유명해진 후에도 출연료도 많이 인상하지 않고 성실하게 기아자동차와 일하고 있다고 한다.

대사관은 한국기업협의회와 매년 2-3차례 간담회를 개최하고 있는데, 기업 활동에 실질적 도움을 줄 수 있는 정보를 제공하기 위해 노력하였다. 이를 위해 대사관은 기업들에게 필요한 사항을 조사하고, 경우에 따라서는 외부 전문가를 초청하기도 하였다. 9.27(금)에 개최한 간담회가 기억에 많이 남는다. 이날 간담회는 기업들의 요청에 따라 브렉시트 대비와 EU 기후변화정책을 논의하였는데, 브랏셀의 EU 대표부에서 재경관과 환경관이 참석해 주었다. 우리 기업들이 유럽 전체의 경제 동향과 주요 이슈들을 파악하고 대비할 좋은 기회가 되었던 것 같다. 이날 회의에는 또한 한국 기업 중 최초로 스페인 태양광 사업 진출을 위해 최근 법인을 설립한 한화에너지 법인장도 참석하여 확대되는 우리 기업들의 진출을 실감하게 되었다. 회의 후 대사관 중정에서 오찬을 함께 하면서 우리 기업들의 근황에 대해 이야기를 나누었다. 최근 출시된 삼성전자의 폴더블 폰이 흥미를 많이 끌었다.

España en mi vida

39. 지방 경제외교
- 스페인 최남단 알헤시라스

2018년에 말라가, 세비야, 바르셀로나에 이어 2019년에도 지방 경제외교를 계속해 나갔다. 먼저 2.14(목)-15(금)에 알헤시라스(Algeciras)를 방문하였다. 알헤시라스 시청과 상공회의소를 방문하여 한국과의 협력 방안을 논의하고, 현대상선이 운영하는 컨테이너 터미널(TTIA)을 방문하기 위해서였다. 앞에서 소개했던 란달루세(José Ignacio Landaluce) 상원 외교위원장이 2011년부터 알헤시라스 시장으로 일하고 있어 더욱 의미가 있었다.

알헤시라스는 스페인의 최남단 지브롤터 해협에 위치한 항만 도시이다. 지중해와 대서양을 연결하는 길목에 있어 유럽-아시아(서-동)와 유럽-아프리카(북-남)를 잇는 전략적 요충지이다. 2018년에는 물동량에서 스페인 2위의 항구로 발전하였다. 이곳에 한국 기업이 2010년에 2억 불을 투자하여 컨테이너 180만 TEU를 처리하는 터미널을 운영하고 있다. 어떻게 이곳을 찾아 터미널을 건설했는지 공세적이고 창의적인 발상이 놀라울 따름이다. 개장식에는 당시 왕세자이던 펠리페 6세 국왕이 참석했다고 한다.

알헤시라스는 주변에 지브롤터-산로케(Gibraltar-San Roque) 석유화학 단지가 위치한 산업 도시이며, 한국에 나프타를 수출하기도 한다. 지브롤터에서 마르베야, 말라가를 거쳐 네르하까지의 태양의 해변(Costa del Sol)은 유명한 휴양지이기도 하다. 유럽인들뿐만 아니라 중동 왕실들도 많은 별장을 소유하고 있다. 다만 알헤시라스 항만에서 말라가까지 화물을 운송하는 철도가 연결되지 않아 화물 수송 및 도시 발전을 저해하고 있다고 한다. 중앙정부가 오래전부터 계획을 수립하였지만, 예산 부족으로 우선순위에서 밀리고 있어 주민들의 불만이 많다. 또한, 마약 밀수의 확산에 따른 범죄 증가, 아프리카 해상 난민 유입 증가도 큰 문제가 되고 있다.

자동차로 8시간을 달려 알헤시라스에 도착하니 란달루세 시장이 전통 해산물 식당에 저녁을 초대했다. 시위원회 위원들도 많이 참석했다. 다양하고 푸짐한 해산물과 와인으로 서로의 어색함을 털어 버렸다. 식사를 마치고 광장을 산책하니 많은 주민이 시장에게 인사를 한다. 그런데 한국 신부님 한 분을 우연히 만났는데, 란달루세 시장이 소개했다. 오래전부터 이곳에 거주하고 계신다고 한다. 4.26 조기 총선이 발표되었고, 5.26에는 지방선거도 있어 란달루세 시장도 마음이 바쁜 것 같다.

다음 날 아침 시청에 도착하니, 노란색과 파란색 타일 모자이크가 전면에 있는 예쁜 회의장으로 안내되었다. 여당, 야당 관계없이 시의원들이 모두 참석하여 필자를 환영해 주었다. 그만큼 한국 TTIA가 이 지역 경제에 차지하는 비중이 크다는 것을 말해준다. 란달루세 시장의 환영 인사 후 필자도 알헤시라스 방문 소감과 한국-안달루시아 남부지역 협력에 대한 의견을 이야기했다.

알헤시라스 시의회에서 란달루세 시장 및 시의원들과 환담하는 필자

이어 상공회의소와의 면담에서는 태양의 해변을 이용한 한국 관광객 유치에 많은 관심을 표시하였다. 이후 항만청을 방문하여 모론(Manuel Morón) 항만청장으로부터 항만에 대한 전반적인

설명을 들었는데, 이분도 얼마 전에 항만 분야 국제회의 참석을 위해 한국을 다녀왔다고 한다. 스페인 남부의 한 항구 도시가 이렇게 한국과 인연이 많을 줄은 미처 몰랐다.

란달루세 시장과 모론 항만청장의 동행하에 TTIA를 시찰하였다. 유일한 한국 직원인 토마스 리(Thomas Lee) 법인장이 필자를 반갑게 맞는다. 거대한 크레인들이 바쁘게 자동으로 컨테이너들을 처리하고 있다. 크레인 뒤로는 지브롤터의 바위 절벽이 보인다. 이곳의 최대 관심사는 현대상선이 검토하고 있는 터미널 확장(추가 투자)이다. 이 법인장은 모로코 탕헤르 등 인근 항만과의 경쟁이 심해 어려움이 많다고 하면서 조심스러운

TTIA 방문, 뒤로 컨테이너 하역장이 보인다

반응이다. 그러나, 2016년에 TTIA의 최초 투자기업인 한진해운이 파산했을 때 TTIA만큼은 현대상선이 인수했을 정도로 많은 수익을 내고 잠재력이 큰 기업이다. 2020년 4월에 현대상선이 24,000TEU급 세계 최대의 컨테이너선을 건조했는데, 이 배의 이름을 알헤시라스호로 명명한 것에서도 TTIA에 대한 애착을 알 수 있다.

알헤시라스에서의 일정을 모두 마치고 영국 땅인 지브롤터를 갔다. 면적 6.8㎢, 인구 3만 명의 바위산인 이곳은 스페인 국기에도 있는 두 개의 헤라클레스 기둥 중 하나이다. 그런데 이곳을 18세기 초 스페인 왕위계승 전쟁 때 영국이 점령하여 양국관계의 가장 민감한 이슈가 되었다. 스페인이 반환 또는 공동 주권을 요구하지만, 영국은 꿈적도 하지 않는다. 영국-EU 간 브렉시트 협상 때 스페인이 가장 공세적으로 나갔던 것도 바로 지브롤터 문제였다. 필자가 이번 방문에서 만난 알헤시라스 인사들은 지브롤터의 주권 문제도 중요하지만, 지브롤터의 비공식 경제가 이 지역에 미치는 부정적 영향이 더 걱정이라고 말한다. 조세회피를 위해 많은 은행과 페이퍼 컴퍼니가 등록되어 있고, 비관세 지역인 지브롤터에 밀수된 많은 술, 담배가 스페인으로 유출되고 있다고 한다.

알헤시라스와 맞닿은 지브롤터 전경(출처 : 위키미디어 공용)

케이블카를 타고 정상에 오르니 바다를 향해 있는 거대한 대포와 함께 이곳 원숭이들이 반긴다. 눈앞에는 알헤시라스 항만은 물론 멀리 아프리카의 모로코도 보인다. 가히 전략적 요충지라고 할 만하다. 헤라클레스의 신화가 있는 유라시아 대륙의 서쪽 끝에서 동쪽 끝에 있는 한국을 생각하니 가슴이 벅차다. 그런데 문제가 생겼다. 내려가려고 케이블카 타는 곳을 가니 30분 전인 6시에 운행을 마쳤다고 한다. 함께 온 이창원 서기관이 시간을 확인하지 못해 미안하다고 어쩔 줄을 몰라 한다. 어두워진 바위산을 2시간을 걸어서 겨우 내려왔다. 고생은 했지만 좋은 추억 거리를 만들었다.

España en mi vida

40. 지방 경제외교
– 발렌시아, 알칼라 데 에나레스

3.27(수)에는 발렌시아(Valencia) 상공회의소를 방문하여 이 지역 기업인들과 비즈니스 포럼을 가졌다. 발렌시아는 스페인의 동부 지중해 연안에 위치하여, 스페인을 여행하는 분들도 방문하기가 쉽지는 않은 곳이다. 한국 분들에게는 이강인 선수가 어린 시절에 축구 유학을 와서 1부 리그 선수로 성장했던 발렌시아 축구팀이 있는 곳으로 많이 알려져 있다. 이강인 선수는 감독이 출전 기회를 많이 주지 않아 어려움을 겪다가 결국 2021년 8월에 마요르카(Mallorca)로 이적했지만, 2019년 3월만 해도 막 1부 리그로 진출했던 때라 갈등이 심각하지 않았고 기대도 컸다.

그러면 발렌시아는 어떤 지역일까? 먼저 경제적으로 보면, 물류, 자동차, 석유화학, 세라믹, 가구, 신발, 농식품, 관광 등 다양한 산업이 발달하였고, 한국과의 무역도 활발하다. 스페인 최대의 컨테이너 항구로 스페인 전체 수출물량의 20%를 처리하고 있다. 포드 자동차 생산공장과 130여 개의 협력사에서 연간 45만대의 자동차를 생산하고 있으며, 스페인 플라스틱 제품 관련

기업의 20%가 소재하고 있다. 우수한 점토를 바탕으로 세라믹과 건축자재 산업도 발전하였고, 발렌시아 세라믹 박람회(CEVISAMA)가 매년 개최되고 있다.

온난한 기후를 바탕으로 농업도 발달하여 오렌지와 쌀이 생산되고 있다. 오렌지는 농산품 수출의 70%를 차지하는데, 이곳 사람들이 오렌지에 계핏가루를 뿌려 먹는 것이 특이했다. 쌀은 이슬람 세력 지배 시대에 이 지역의 늪지에 도입되어 생산되었는데, 스페인의 대표적인 전통음식인 파에야(Paella)가 이곳에서 기원하였다. 지금은 야채, 해산물을 많이 넣지만, 원래는 토끼고기가 원조이고, 발렌시아 식당에서 알론소(Jorge Alonso) 명예영사가 시켜주어 맛있게 먹었다. 알론소 명예영사는 이 지역에서 알론소 그룹이라는 물류회사를 운영하고 있으며, 한국의 현대상선과 오랜 협력 관계를 유지하면서 서울에도 사무실을 가지고 있다.

발렌시아시 주변의 타베르네스 블랑케스(Tavernes Blanques)에는 고급 도자기 인형과 장식을 생산하는 야드로(Lladró) 본사가 있다. 그런데 보통 가격이 3백만 원-천만 원으로 고가라 구매할 엄두는 내지 못한다. 비싼 것은 2억 원을 호가한다고 한다. 스페인 최대의 식품 슈퍼마켓 체인인 메르카도나(Mercadona)도이 지역 기업이다. 발렌시아는 축제로도 유명하다. 매년 3월 중순에는 거대한 인형들을 전시하고 불태우는 봄맞이 축제인 파야스(Fallas)가 개최된다. 매일 진행되는 불꽃놀이와 행렬이 유명하다. 매년 8월 마지막 수요일에는 인근의 작은 마을인 부뇰(Buñol)에서 열리는 토마토 던지기 축제(La Tomatina)가 세계적으로 알려져 있다.

발렌시아를 이야기할 때 빼놓을 수 없는 것이 바로 이 지역이 14-18세기 지중해 해상 실크로드의 서쪽에 위치하여 비단 생산과 무역의 중심지로 번성했다는 것이다. 지금은 소수의 비단 생산공장만 남아 있지만, 그 당시에는 유럽 최고 품질의 비단을 생산하여 왕실에 납품하였다고 한다. 필자가 친하게 지냈던 이 지역 출신의 하원의원인 치키요(José María Chiquillo)가 유네스코 신 실크로드 네트워크의 회장을 맡아 홍보를 많이 했던 기억이 난다. 비단박물관(Museo de Seda)과 비단무역거래소(Ronja de la Seda)는 주요 관광명소가 되었다.

이날 비즈니스 포럼에는 모라타(Jose Vicente Morata) 상공회의소 회장을 비롯한 60여 개의 기업이 참가하여 한국과의 교역과 투자 가능성을 타진하였다. 필자 외에도 류재원 KOTRA 관장, 아시아교류재단(Casa Asia) 경제담당관, 알론소 명예영사도 참가하여 한국 경제와 기업들의 특성, 비즈니스 방법 등을 설명하였다. 이어 개최된 이 지역 주요 기업인들과의 오찬 간담회에는 마린(Blanca Marin) 발렌시아주 경제산업장관과 마르테네스(Cristina Martinez) 통상투자청(ICEX) 사무소장도 참석하였는데, 한국 전기자동차 배터리 기업의 투자 가능성을 중점적으로 물었다. 이 문제는 이후 여러 계기에 각계각층에서 관심을 표명하였고, 2020년에는 한국 기업의 투자 협상 소식이 언론에 보도되기도 하였다.

6.4.(화)에는 마드리드 인근의 유명한 역사와 문화의 도시인 알칼라 데 에나레스(Alcalá de Henares)에서 비즈니스 포럼을 개최

알칼라 데 에나레스 상공회의소 주최 한국경제설명회 및 비즈니스 포럼

하였다. 이 도시에는 돈키호테의 저자인 세르반테스의 생가가 있고, 스페인에서 2번째로 오래된 에나레스 대학이 있어 도시 전체가 유네스코 세계유산으로 지정된 곳이다. 이런 곳에서 왜 비즈니스 포럼을 개최했는지 궁금해하시는 분들이 많을 것 같다. 필자도 새롭게 알았는데, 이곳이 화학·제약·항공·자동차·물류 산업의 중심지이기 때문이었다. 마드리드 인근 도시라는 지리적 이점도 작용한 것 같다. 방문해 보니 곳곳에 연구소와 실험실이 있었다.

산스(Jesus Martin Sanz) 회장의 환영 속에 에나레스 기업인협회(AEDHE)에서 비즈니스 포럼을 개최하고, 시청과 대학을 방문하였고, 오찬까지 함께 하면서 경제·교육·문화·관광에서 교류와 협력을 모색하기로 하였다. 이종률 문화원장은 마드리드와 가까운 곳에 문화 교류를 할 수 있는 좋은 파트너를 만나게 되었다며 좋아하였다. 설명을 들으니 시청에서는 주요 명소에 한국어 음성서비스를 제공하고 있었다. 한국에 이렇게 많은 관심을 두고 있다는 사실에 고마움과 함께 더욱 친밀감을 느꼈다. 로드리게스(Javier Rodriguez Palacios) 시장을 만나 앞으로 더욱 긴밀히 협력하기로 약속하였다. 사회당 출신인 로드리게스 시장은 얼마 전 5.26 지방선거에서 과반수 의석을 확보하여 재선에 성공하였다.

비센테(José Vicente Saz) 에나레스 대학 총장과의 면담에서는 한국인 유학생 유치와 한국 대학과의 협력 방안에 대해 이야기했다. 비센테 총장이 대학을 안내해주었는데, TV에서 보던 세르반테스 문학상(Premio Cervantes) 시상식 장소가 무척 인상적이었다. 세르반테스 문학상은 스페인어 문학에 공헌한 문학가들에게 수여하는 권위 있는 상으로 1976년에 제정되었다. 매년 국왕 내외가 참석하여 직접 시상을 한다. 이 자리에서 필자는 비센테 총장으로부터 세르반테스 자필 원고집 사본을 선물 받았는데, 소중하게 잘 간직하고 있다.

에나레스 대학의 세르반테스 문학상 시상식장, 호세 비센테 총장과 함께

España en mi vida

41. 북한대사관 이야기

2.22(금) 저녁에 관저에서 한 주간의 업무를 마치고 편안한 마음으로 휴식을 취하며 다음 주 바르셀로나 MWC 출장 준비를 하고 있는데, 갑자기 직원에게서 다급한 전화가 걸려 왔다. 방금 스페인 경찰차들이 대사관 앞으로 와서 한참을 둘러보고 갔는데, 아무래도 북한대사관에 무슨 일이 생긴 것 같다고 보고하였다. 혹시 북한 사람이 대사관을 탈출했을 가능성도 있을 것 같아서,

주스페인 북한대사관

스페인 경찰에 상황을 파악해 보라고 지시하고, 다음 날 아침에 직원회의를 소집하였다.

다음날 확인한 결과, 아시아인으로 보이는 한 무리가 북한대사관을 습격하여 직원들을 감금·구타하고 컴퓨터 등을 훔쳐 도주하였다는 것이다. 전혀 예상하지 못한 사건이었다. 이례적인 사건이라 스페인 언론들도 추측성 보도를 하기 시작했다. 2.22 저녁에 경찰이 우리 대사관에 출동한 사실을 보도함으로써 우리 대사관의 연루 가능성을 암시하는듯한 기사도 있었다. 당연히 사실이 아님을 설명했고, 시간이 지나면서 스페인 언론들은 더는 우리 대사관의 연루 가능성을 거론하지 않았다. 이 사건이 제2차 북·미 정상회담(하노이, 2.27-28)을 불과 며칠 앞두고 발생했기 때문에, 한국 언론도 문의를 많이 하였고, 직접 마드리드로 취재 온 언론도 있었다.

이 사건은 3.26에 스페인 국가고등법원(Audiencia Nacional)의 발표로 대략적인 윤곽이 드러났는데, 한국계 미국인들이 주축이 된 반북단체 자유조선(구 천리마민방위)의 소행이었다. 자유조선은 자신들이 이 사건을 저질렀다고 주장하기도 했다. 이후 수사의 초점은 자연히 미국으로 갔고 한국 언론의 관심도 수그러들었다.

이후 북한대사관은 극도로 위축된 모습을 보이며, 거의 대외활동을 하지 않는 것 같았다. 범행자들로부터 폭행을 당한 대사

대리(3등서기관)는 스페인 당국에 여러 차례 더욱 강력한 공관 보호 조치를 요구했다고 한다. 필자는 이 북한 외교관을 2018년 10월에 보렐(Josep Borrell) 외교장관 간담회 장소에서 만나 한 번 인사했는데, 키가 크고 부드러운 젊은 외교관이라는 인상을 받았다. 어렸을 때 외교관이었던 부친을 따라 중남미에서 살아 스페인어도 잘한다고 했다.

스페인 주재 북한대사관은 2013년 10월에 개설되었고, 초대 대사로 김혁철 대사가 2014년 1월에 부임하였다. 김혁철 대사와 함께 있었던 동료 대사들은 김 대사가 성격이 적극적이고 영어도 유창하여 스페인 인사들과 활발히 접촉하였다고 말한다. 인터넷을 찾아보면 김혁철 대사가 스페인 언론, 엘카노 연구소 등을 대상으로 행한 인터뷰 기사와 동영상들을 많이 찾아볼 수 있다. 김혁철 대사는 교육과 관광 분야 교류를 위해 노력하였는데, 네브리하(Nebrija) 대학과 협약을 맺어 북한 유학생 10여 명이 공부하고 있었다. 관광 분야에서는 마드리드 소재 세계관광기구(UNWTO)와 외국 관광객 유치를 위한 협력을 추진하였고, 리파이(Taleb Rifai) 사무총장이 북한을 방문하기도 하였다. 아마도 국제사회의 제재하에서 외국 관광객 유치를 통해 외화를 획득하려는 시도였을 거라는 생각이 들었다. 그러나, 북한의 지속적인 도발로 인해 국제사회의 비난 여론이 높아지고, 스페인 정부의 규탄과 경고가 계속되자 김혁철 대사의 활동도 점차 위축되어 갔다고 한다. 급기야 스페인 정부는 2017년 8월에 북한의 탄도미사일 발사 이후 2등서기관을 추방하였고, 9월 제6차 핵실험 및 미사일 발사 이후에는 김혁철 대사마저 추방하였다. 이후 북한대사관은 3등서기관 1인 공관으로 운영되고 있었다.

그런데, 2017년 9월에 스페인을 떠났던 김혁철 대사가 2019년 2월에 하노이 북·미 정상회담을 앞두고 갑자기 실무협상 대표로 나타났다. 북한 TV에 김정은이 참석한 회의에 나타난 사람은 김혁철 대사가 맞았다. 자신은 북·미 정상회담의 실무협상 대표로 나타났는데, 자신이 일했던 스페인 주재 북한대사관은 자유조선의 습격을 받고… 우연이겠지만 우연치고는 너무 극적인 것 같다. 김혁철 대사는 하노이 북·미 정상회담의 실패 이후 모습을 감추었다. 혹자는 회담 실패에 대한 책임을 물어 처형당했을 것이라는 이야기도 하는데 알 길은 없다. 김혁철 대사가 갑자기 등장했던 것도 미스터리지만, 아무리 능력이 출중했어도 권한 없는 실무자가 그 상황에서 회담을 성공시키기 불가능했다는 것은 의심의 여지가 없다.

스페인에서 북한 이야기를 할 때 카오(Alejandro Cao de Benós) 북한친선협회(KFA) 회장을 빼놓을 수 없다. 카오는 북한친선협회가 세계 60개국에 1만 명의 회원을 보유하고 있다고 주장하지만, 친북 활동은 미미한 것으로 파악된다. 카오는 북한인민군 군복을 입고 행사에 자주 참석하며, 과거에는 연간 4-5차례 북한을 방문한 열렬한 친북인사이다. 북한 당국으로부터 특별대표로 임명받아 활동하였으나 2016년 7월에 불법무기 소지로 체포되어 출국 금지를 당한 상태이다. 2020년 10월에는 덴마크 방송국이 제작한 잠입 다큐멘터리인 두더지(The Mole)가 방영되어, 카오와 KFA가 어려운 상황이 되었다. 카오는 자신에게 국제 무기밀매단으로 위장하여 접근한 출연자에게 북한의 비밀 무기 제조와 밀수 네트워크를 노출하는 실수를 범하고 만다. 북한이 카오에게 어떠한 조치를 했는지 궁금하다.

북한군 군복을 입은 알레한드로 카오(출처 : 위키미디어 공용)

España en mi vida

42. 대사관저 이야기

5.31(금)에는 아태지역 외교단, 외교부, 아시아교류재단(Casa Asia), 외교아카데미 관계자들을 초청하여 관저에서 오찬을 개최하였다. 봄이 한창이고 날씨가 너무 좋아 정원 테라스에 테이블을 차렸고, 식사 전에 가야금 연주자 동그란(Dong Gran) 씨를 초청하여 간단히 연주회를 열었다. 아리랑 선율을 들으며 비빔밥 등 한식을 먹으면서 봄날의 오후를 즐겼다.

관저 테라스 오찬에서 인사말을 하는 필자

필자는 재임 시에 일주일에 1-2번 정도 관저에서 오·만찬 행사를 했다. 관저 행사는 스페인 주요 인사, 외교단들과 친분을 구축하고 한국을 홍보하는 데 중요하기 때문에 항상 신경을 써서 음식을 준비하고, 손님들의 신상 파악 등 대화 준비에도 최선을 다해야 한다. 손님들을 맞아 칵테일을 하면서 인사를 나누고, 테이블로 이동한 후 마련한 음식을 설명하면서 대화를 이어 나가고, 식사가 끝난 후 다시 거실에서 커피나 식후주를 마신 후 손님들과 작별을 하는 3시간 정도의 행사가 끝나면 무척 피곤할 수밖에 없다.

동그란 양의 가야금 연주를 듣는 손님들

음식은 아내가 요리사와 의논하여 준비하는데, 한식을 외국 사람들의 입맛에 맞게 만드는 것이 항상 숙제라고 한다. 김치는 항상 내놓는데 처음 접하는 손님들의 반응이 다양하다. 그다지 좋아하지 않는 사람들도 있지만, 맛있다고 한 접시를 더 달라는 사람들도 많다. 음식은 아내의 소관이긴 하지만 필자는 항상 비빔밥을 고집하였다. 한국을 대표하는 음식이기도 하고 비빔밥을 먹는 과정이 재미있기 때문이었다. 밥 위에 형형색색의 야채들이 가지런하게 놓인 음식이 나오면, 손님들은 예쁘다고 말하면서도 어떻게 먹는지를 모른다. 필자가 비빔밥의 뜻을 설명하면서 고추장을 넣고 가지런하게 배열된 야채들을 섞어버리면, 손님들은 180도 반전된 상황에 재미있어하면서 열심히 비빈다. 간혹 아까워서 예쁜 야채들을 흩어 버리지 못하겠다면서 그대로 먹는 사람들도 있다.

스페인에서는 식사 때 어떤 포도주를 낼지 걱정할 필요가 없어 좋았다. 스페인 포도주를 내면 되기 때문이다. 스페인은 프랑스, 이탈리아처럼 고유의 포도품종으로 포도주를 생산하는 국가이다. 레드 와인은 템프라니요(Tempranillo), 화이트 와인은 알바리뇨(Albariño)가 주 품종이다. 맛이 좋고 가격도 적당해서 좋은 포도주들을 다양하게 구입할 수 있다. 다만, 한국에서 공무로 출장 온 대표단들의 대접에는 어려움이 있었다. 해외에도 '김영란법'이 적용되어 물가가 싸지 않은 스페인에서 단가 3만 원으로 음식을 준비하는 데 많은 애로가 있었다. 아마도 필자 재임 시 관저에 오신 분들은 반상기에 밥, 국, 기본 반찬을 담은 조촐한 식사를 기억하실 것으로 생각한다.

대사관저는 해외에서 그 나라의 위상을 상징하는 건물이다. 스페인과 오랜 수교 역사와 긴밀한 관계를 맺고 있는 프랑스, 이탈리아, 미국, 아르헨티나의 대사관저는 시내 한복판에 엄청난 규모의 대지와 건물을 보유하고 있다. 한국 대사관저는 마드리드 서북쪽의 오래된 주택가인 푸에르타 데 이에로(Puerta de Hierro) 지역에 있다. 규모는 크지도 작지도 않고 대사관저로서 큰 문제는 없는 편이다. 다만, 진입도로가 좁고 일방통행이며 주변에 주차 공간이 없어 손님들의 접근이 불편한 것이 단점이다. 건물도 40년이 넘어 다소 오래되었다. 좀 더 좋은 위치에 큰 건물로 이전하고 싶었으나 생각보다 쉬운 일은 아니었다.

  관저 관리와 관련하여, 공간이 넓고 전기와 물 사용이 많아 항상 신경을 썼다. 한번은 물 사용료가 평소의 몇 배가 나와 깜짝 놀랐다. 원인을 파악하려 했으나 정확히 알 수 없었다. 답답한 마음에 정원 스프링클러 관에서 누수가 되는 것으로 의심이 되어 매일 새벽과 밤에 물이 나올 때 관찰했던 기억이 난다. 다행히 이 문제는 겨울이 되어 비가 많이 오면서부터는 발생하지 않았다.

관저 1층은 거실과 식당으로 공적 공간이고, 침실은 2층에 있는데 지붕과 천장이 거의 붙어 있어 직사광선에 매우 취약한 구조다. 특히 여름은 강렬한 태양과 40도가 넘는 고온으로 찜통이었는데, 전기료가 비싸 에어컨을 많이 켤 수도 없어 선풍기로 참고 지냈다.

관저에서 필자 부부는 한국 요리사와 페루 출신 가정부와 3년간 생활하였다. 한국 요리사는 2012-2015년에 주코스타리카 대사 시절에도 함께 근무했었다. 코스타리카 근무를 마치고 다음 공관 근무 때 다시 일하자고 약속했는데, 고맙게도 한국에서 3년을 기다려줘 함께 스페인으로 왔다. 성실하고 성격도 좋아

관저 요리사와 이사벨

아내와 잘 지냈다. 요즘 요리사와 마음이 맞지 않아 어려움을 겪는 공관장들이 많은데, 우리 부부는 정말 인복이 있었다.

가정부인 이사벨은 페루에서 스페인으로 이주해온 여성으로 종일 한시도 쉬지 않고 일할 정도로 부지런하다. 따로 업무 지시를 할 필요가 없을 정도로 알아서 척척 해낸다. 성격도 명랑하고 흥이 넘친다. 이사벨의 좋은 성격과 성실함은 우리 부부뿐만 아니라 사람들 모두가 인정했다. 이민자로서 특별한 사정도 있겠지만 타고난 천성인 것 같았다. 스페인을 떠날 때 작별 인사를 하자 아쉬움에 눈물이 글썽했던 모습이 아직 생생하다.

España en mi vida

43. 250명의 한국과 스페인 사람들이 함께 밥을 먹다

여름의 초입인 6.1(토)에 마드리드 북서쪽에 있는 중세풍의 작은 도시 마드리갈 델 라스 알타스 토레스(Madrigal de las Altas Torres)를 방문했다. 이 도시는 1492년 스페인이 국토회복전쟁(Reconquista)을 끝내고 콜럼버스의 아메리카 대륙 항해를 허가한 이사벨 여왕이 태어났던 곳으로 유명하다. 가서 보니 1451년에 이사벨 여왕이 태어나 성장했던 궁(후안 2세 궁전. 지금은 수도원으로 사용)이 그대로 보존되어 있었다.

이곳에서는 이날 마드리드 한인회가 마드리갈 델 라스 알타스 토레스 시와 한-스페인 문화교류 한마당 행사를 개최하였다. 마드리드 한인회의 강영구 회장이 이전에는 단순히 한인 야유회 성격이었던 행사를 한국문화를 알리고 상호 교류하는 행사로 발전시켰다. 첫 번째 행사는 2018년에 영화 〈닥터 지바고〉의 촬영지였던 카스티야-레온주의 소리아(Soria)에서 개최하였고, 이번 행사가 두 번째였다. 한인사회의 발전을 위해 열심히 노력하는 강영구 회장의 모습이 인상적이었다.

한-스페인 문화교류 한마당 참석자들

 이날 행사는 후안 2세 궁전 광장에 있는 관광사무소 건물에서 개최되었다. 일반 건물이 아니라 역사적 건축물이었다. 안으로 들어서면 정사각형의 중정이 있고, 중정의 4면을 따라 예쁜 기둥들이 받쳐주는 2층 건물이 들어서 있다. 시간이 조금 남아 건물에 있는 이사벨 여왕 전시관을 둘러보았는데, 여왕이 그 당시 사용했던 침대와 장식품 등이 전시되어 있었다. 행사를 보기 위해 주민들뿐만 아니라 관광객들도 많이 몰려들었다. 그리고 수르도(Ana Zurdo) 시장과 함께 행사를 시작하려는데, 올리베르(Isabel Maria Oliver) 관광차관이 깜짝 나타났다. 강영구 회장에게 물어보니 자기도 전혀 몰랐다고 한다. 생각지도 못한 고위인사의 참석에 분위기가 더욱 고조되었다.

한복 패션쇼, 사물놀이, 태권도 시범 순으로 한국문화를 선보였고, 마드리갈(Madrigal) 시는 이 지방의 전통춤과 음악인 호타스(Jotas)를 선보였다. 이날 행사의 하이라이트는 단연 250여 명의 한국과 스페인 사람들이 강당에서 함께한 점심이었다. 한인회가 준비한 불고기, 김치, 김밥, 잡채와 함께 현장에서 대형 팬에 요리한 파에야(Paella)를 함께 먹었다. 아마도 스페인에서 양국 국민 250명이 함께 밥을 먹기는 앞으로도 쉽지 않을 것이다. 분위기가 고조되자 무대에서 호타스 공연이 계속되었고, 수르도 시장이 먼저 무대에 올라 춤을 추었다. 뒤따라 몇몇 스페인과

함께 식사를 하는 250명의 스페인과 한국 사람들

한국 사람들도 무대에 합류하고 나머지 사람들은 박수와 환호로 호응함으로써 그야말로 하나가 되었다.

이날 행사는 한인들이 이 지역의 주요 관광 명소인 후안 2세 궁전과 화이트 와인 저장 동굴(Bodega)을 방문함으로써 끝이 났다. 이 지역은 스페인의 2대 화이트 와인 산지인 루에다(Rueda)의 일부로 베르데호(Verdejo) 품종으로 '이사벨라'라는 와인을 생산한다. 한인들은 모두 몇 병씩 와인을 샀다. 마드리갈 델 라스 알타스 토레스 시는 아마도 최근 스페인을 많이 방문하는 한국인들에게 자신의 역사와 관광 자원을 홍보하고 싶었던 것 같다. 오후 늦게 마드리드로 돌아가려고 차에 오르기 전에 한국분들

호타스 음악에 춤을 추는 스페인과 한국 사람들

에게 작별 인사를 했더니 힘찬 박수로 필자를 격려한다. 아마 한국분들도 오늘 행사가 무척 마음에 들었나 보다.

마드리드 한인회는 세계한민족여성네트워크(KOWIN) 스페인 지부와 함께 11.16에도 7개국 커뮤니티(스페인, 미국, 칠레, 볼리비아, 우크라이나, 루마니아, 필리핀)와 함께 자국의 음악과 춤을 공연하는 다문화 행사를 개최하였다. 스페인에 거주하는 여러 국가의 거주민들과 연합하는 방식으로 한인사회의 위상을 높였다.

España en mi vida

44. 한식 페스티벌
갈라 디너 이야기

'해외에서 한식을 어떻게 알릴까?', 이것은 항상 어려운 과제이다. 한국 사람들이 많이 살고 한국이 잘 알려진 미국이나 아시아 국가에서는 한식에 대한 인지도가 매우 높아졌고, 고급 한국식당도 많이 생겼다. 그러나, 유럽 중심적인 스페인만 해도 아직 그렇지가 못했다. 대사관은 국경일 행사, 한국문화주간 등 계기마다 불고기, 잡채, 김밥 등 인기 음식을 준비하고, 스페인 인사들과 외교단을 시내 한국식당에 초청하여 한식을 알리기 위해 노력했다. 필자가 주최하는 관저 오·만찬에 참석한 사람들도 한식이 맛있다면서 마드리드에 소재한 한국식당을 추천해 달라고 이야기했다. 그래서 한국식당 지도를 만들어서 나누어 주기도 하였다. 마드리드 시내의 지하철 노선을 중심으로 20개의 식당을 배치하고, 뒷면에 업소명과 주소를 써넣었다.

그리고 좀 더 격조 있게 한식을 알리기 위해 유명 호텔에서 한식을 판매하는 행사를 개최하였는데, 이를 한식 페스티벌(Jornadas de Gastronomía Coreana)이라고 명명하였다. 문화원이 스페인 호텔과 협의하여, 한국에서 유명 셰프를 초청하고, 스페인 호텔은 식재료를 지원하는 방식으로 한식을 준비하였다. 2018년에는 국경일 행사 주간인 10월 초에 인터콘티넨털 호텔에서 개최하여 좋은 반응을 얻었다. 2019년에는 6.24(월)부터 일주일간 그란 멜리아(Gran Melía) 호텔에서 주최하였는데, 필자는 평소 생각했던 개막 갈라 만찬을 추진하였다.

최고의 장소에서 최고의 한식을 최고의 손님들에게 대접한다는 것이 목표였다. 먼저 장소인 그란 멜리아(Gran Melía) 호텔은 시내 왕궁 근처에 위치한 그라나다 데 에가 공작의 궁(Palacio de los Duques)을 리모델링한 아름다운 호텔이었다. 손님은 스페인 각계 주요 인사 50명만 엄선하여 초청하였다. 올리베르 관광차관,

한식을 설명하는 이정훈 셰프

블랑코 산업차관, 로드리게스 헌법재판관, 마르티네스 왕실 의전장, 리에라 상공회의소 사무총장, 크레마데스 법무법인 대표가 참석하였고, 평창올림픽 남자 피겨스케이팅 동메달리스트 페르난데스와 한국 출신 유명 방송인 윤우선도 참석하여 주의를 끌었다.

전채 요리(삼겹살 쌈, 부각, 파전, 닭꼬치, 은행과 흑마늘)

음식은 여러 나라에서 한식을 소개한 경험이 있는 쉐라톤 디큐브시티 호텔의 이정훈 셰프를 초청하여 준비하였다. 메뉴는 4개 코스로 나누었는데, 전채요리는 해물파전, 부각, 닭꼬치, 은행구이와 흑마늘, 삼겹살 쌈으로 하고, 두 번째 코스로 잣죽과 나박김치, 구절판, 그리고 메인 메뉴로 불고기, 비빔밥, 조개 된장국, 김치를 준비하였으며, 후식은 수정과, 팥빙수, 곶감롤, 다식, 홍삼젤리를 준비하였다. 장식에도 신경을 써서 전통 보자기와 보석상자를 테이블 중앙에 놓고, 한국에서 가져온 놋그릇에 음식을 담았다.

그러나 무엇보다도 필자가 신경을 썼던 것은 초청 손님들에게 '한국의 맛'이 무엇인지 인식시키고, 준비한 음식을 어떤 재료로 어떻게 요리하였는지를 설명하는 것이었다. 세상에 공짜는 없는 법이다. 귀한 행사에 초청을 받았으니 손님들도 한식을 배우고 가야 한다. 이정훈 셰프가 한식의 특징을 숙성과 발효로 만들어지는 '감칠맛', 다양한 식재료 간 균형과 조화, 건강식이라고 소개하였다. 그리고 음식이 하나씩 나올 때마다 재료와 요리 방식을 설명하였다. 손님들도 설명을 듣고 음식을 즐기니 재

초청 인사들의 즐거운 모습

미있고 유익하다고 좋아하였다. 그리고 이날 준비한 스페인의 대중 와인 중 하나인 에밀리오 모로(Emilio Morro)도 음식과 조화가 정말 좋았다.

만찬 마지막에는 국악인 이솜 씨의 해금 연주를 곁들여 행사의 품위를 한층 높였다. 8시에 시작한 행사가 12시에 모두 끝났다. 스페인 기준으로는 너무 늦게 끝난 것은 아니지만, 그래도 끝까지 한식을 재미있게 즐기고 간 손님들이 무척 고마웠다. 무엇보다도 행사를 잘 준비해 준 이종률 원장과 나예원 주무관 등 문화원 직원들의 수고가 많았다. 다소 무리라고 생각할 수도 있었던 필자의 구상을 아무런 불평 없이 훌륭히 해냈다.

다음날 많은 손님들이 갈라 만찬 초청에 다시 한번 감사하며, 한식과 한국문화를 이해하는 소중한 시간이 되었다는 인사를 전해 왔다. 특히 마르티네스(Alfredo Martinez) 왕실 의전장은 서한을 통해 행사가 매우 우아하고 멋졌다고 평가하면서, 한국 외교의 높은 수준을 잘 보여주었다는 다소 과장된 인사를 해왔다. 어쨌든 기분은 나쁘지 않았고, 10월로 예정된 펠리페 6세 국왕 방한을 위해 긴밀히 협력하자는 말에 큰 격려가 되었다. 이날 행사를 계기로 마르티네스 의전장과 매우 가깝게 지내게 된 것은 큰 수확이었다.

España en mi vida

45. 높아진 한국문화의 위상
- 〈기생충〉과 〈고통과 영광〉

2019년에도 스페인에 한국문화를 알리려는 다양한 노력은 계속되었다. 2018년에 시작된 산페르난도 왕립예술원과의 한국 클래식 음악회에는 4.11(목)에 손민수 한예종 교수(2006년 캐나다 호넨스 콩쿠르 우승자)와 11.6(수)에 유망 피아니스트 임윤찬이 공연하여 스페인 청중의 뜨거운 호응을 받았다. 그런데

산페르난도왕립예술원 연주회를 마친 임윤찬 피아니스트

2022년 6월에 반 클라이번 콩쿠르에서 우승한 18세의 젊은 한국 피아니스트가 임윤찬이라는 뉴스를 접하고 깜짝 놀랐다. 당시 15세의 유망주라고 들었는데, 3년 만에 세계적 수준으로 성장한 것이다. 손민수 교수와 임윤찬이 사제지간이라는 것도 묘한 인연이다.

한국과 스페인의 문화를 접목한 작품 공연도 계속되었다. 5.22(수)에는 라 아바디아(La Abadia) 극장에서 '판소리와 플라멩코의 만남'이 개최되었는데, 이날 스페인 청중의 반응은 그야말로 열광적이었다. 유네스코 인류무형유산으로 지정된 동양과 서양의 음악이 각자의 특징을 살리면서도 새로운 소리를 조화

'판소리와 플라멩코의 만남' 공연

롭게 만들어냈다는 찬사를 아끼지 않았다. 필자가 초청한 피케전 외교장관 내외는 한국과 스페인의 또 다른 공통점을 발견한 것 같다고 말했다. 6.27(목)에는 김복희 무용단이 스페인의 국민 시인이자 극작가인 가르시아 로르카(Federico García Lorca, 1898-1936년)의 비극인 〈피의 결혼(Bodas de Sangre)〉을 한국적 미학으로 재해석한 무용극을 코르도바 대극장에서 공연하였다.

이밖에 6.8(토) 안은미 무용단의 카디스 공연, 10월 오비에도 한국문화주간 등 지방에서의 문화행사 개최 노력도 계속하였다. 6.29(토)에 개최된 'K-Pop 페스티벌'에서는 스페인 젊은이들의 K-Pop에 대한 열정이 더욱 높아졌다는 것을 느꼈다. 앞에서도 이야기했지만, 이날 1등을 했던 The Brats가 창원 본선에 진출했다. 스페인에서는 처음 있는 일이었다.

공연 장르도 다양해져 6.17(월)에 피가로(Figaro) 극장에서 개최된 〈그때 변홍례〉라는 1930년대를 배경으로 한 연극도 큰 인기를 얻었다. 이렇게 활발한 활동의 결과 12.14(토)에 마드리드 아시아-유럽(ASEM) 외교장관회의 계기에 개최된 ASEM 문화제에 한국 풍류 팀이 초청을 받기도 하였다. 이제는 옛날처럼 관객이 많이 오지 않을까 걱정할 필요가 없어졌다. 그만큼 한국문화의 위상이 높아진 것 같다.

K-Pop 페스티벌 입장을 위해 긴 줄을 선 스페인 젊은이들

2019년에는 또한 영화와 관련된 추억 거리가 많다. 먼저 7.16(화)에 마타데로(Matadero) 문화센터에서 터키대사관과 영화 <아일라(Ayla)> 상영회를 공동으로 개최한 일이다. 이 영화는 한국전 참전 터키 군인이 전쟁터에서 구조한 아이(Ayla)를 전쟁 내내 막사에서 친딸처럼 키웠으나, 귀국 시 어쩔 수 없이 헤어졌고, 평생을 수소문한 끝에 60년 후인 2010년에 재회했던 실화를 바탕으로 제작한 터키 작품이다. 2017년 개봉 후 터키에서 엄청난 인기를 누렸고, 아카데미 외국영화상 후보에까지 올랐다고 한다. 7.19(금)에 스페인 개봉을 앞두고 에르기나이(Cihad Erginay) 터키 대사의 제안으로 공동으로 개최하게 된 것이다.

한국전을 잘 모르는 스페인 관객들에게 전쟁의 참상과 두 사람의 감동적인 인간 스토리, 이를 통한 두 나라의 형제와 같은 유대를 잘 보여준 기회가 되었다. 스페인 사람들도 감정이 풍부한 것 같았다. 많은 관객이 눈물을 흘렸고 영화가 끝나자 너나없이 힘찬 박수로 감동을 표시하였다.

여기서 마드리드의 '마타데로(Matadero) 문화센터'에 대한 설명이 필요할 것 같다. 마타데로(Matadero)는 '도살장'이라는 뜻이다. 이곳은 1996년까지 가축을 도살하던 장소였는데, 도살장을 개조하여 2007년에 복합문화예술공간으로 개장하였다. 마당과 총 8개의 건물에 전시장, 공연장, 영화관, 강의장, 작업실 등이 있다. 대사관도 이곳에서 한국영화제, 전시회 등 행사를 많이 개최하고 있다.

두 번째는 영화 〈기생충〉에 대한 이야기이다. 〈기생충〉은 2019년 5월 칸 영화제에서 스페인 알모도바르(Almodovar) 감독의 영화 〈고통과 영광〉과 황금종려상을 경쟁한 바 있어, 스페인에서도 많이 알려져 있었다. 그런데 9월 말경 홍다혜 서기관이 〈기생충〉이 스페인에서 10월 말에 개봉될 예정이라고 보고하였다. 스페인 상업 영화관에서 한국영화가 개봉되는 것은 흔치 않아 무척 기뻤고, 좋은 성과를 거두기 위해 무엇을 할 수 있을까를 생각했다. 그래서 생각한 것이 개봉일(10.25) 전날에 각계 인사들을 초청하여 시사회를 여는 것이었는데, 스페인 배급사 라 아벤투라(La Aventura)도 대사관의 제안을 흔쾌히 수락하였다. 이 배급사는 그다지 규모가 크지 않은 회사였고 한국영화가 스페인에서 흥행에 성공할지 확실하지 않은 상황에서 〈기생충〉의 수입은 일종의 모험이기도 하였다.

필자는 펠리페 6세 국왕의 방한 수행을 위해 한국에 가야 했기 때문에 시사회에 참석하지는 못했지만, 이날 시사회에 참석했던 많은 사람으로부터 칭찬을 들었다. 아마 참석자들의 입소문을 타고 사람들이 영화를 많이 보았을 것으로 생각된다. 10.25(금)에 63개 영화관에서 개봉되었던 〈기생충〉은 2020.2.10(월) 아카데미상 수상 직전에 143개 영화관으로 확대되었고, 관객 수는 46만 명에 달했다. 아카데미상 수상 직후에는 박스오피스 1위에 올랐고, 2.26(수)에 관객 백만 명을 돌파하였다. 3.2(월)에는 〈와호장룡〉을 제치고 스페인 개봉 아시아영화 1위에 올랐고, 코로나19가 확산되기 전인 3.8(일)에는 350개의 상영관에서 누적 관객 수가 125만 명에 달하였다. 그리고 영화에서 깡통에 담긴 감자 칩이 나오는데, 알고 보니 보니야 알라 비스타(Bonilla a la Vista)라는 스페인 갈리시아 기업이 생산한 제품이었다. 스페인 방송에서 이 제품과 회사를 뉴스로 많이 보도하였는데, 회사 사장은 〈기생충〉 덕분에 자기 제품이 세계적으로 알려지게 되었다고 기뻐하였다.

2019년이 끝나가는 12.2(월)에는 2014년 제네바 콩쿠르와 2015년 부소니 콩쿠르 우승자인 문지영 피아니스트가 국립음악원에서 마드리드 오케스트라와 송년 음악회를 협연하였다. '라흐마니노프 피아노 협주곡 2번'을 연주하였는데, 연주가 끝난 후 2,300석의 좌석을 꽉 채운 스페인 관객들이 열광적으로 환호하는 모습이 감동적이었다. 한국인임을 자랑스럽다고 느낀 순간이었다.

국립음악원에서 마드리드 오케스트라와 협연한 피아니스트 문지영

España en mi vida

46. 2019년 가을
마드리드의 이모저모

긴 여름휴가 기간이 끝나고 9월이 되자 마드리드는 다시 활기를 되찾는다. 대사관도 직원 교체가 있었다. 3년간 수고했던 최종욱 공사참사관, 유승주 참사관, 민보람 서기관, 배영기 경찰영사가 귀임하고, 박내천 공사참사관, 조기중 참사관, 조충경 서기관, 김승철 영사가 부임하였다. 기업 쪽에서는 한화에너지가 총 1,000MW 상당의 태양광 프로젝트 사업권을 인수하여 스페인에 진출했다는 반가운 소식이 있었고, 전대진 법인장도 만났다.

가장 중요한 현안은 10.23(수)-24(목)로 예정된 펠리페 6세 내외의 국빈 방한을 준비하는 것이었다. 살로몬 외교부 아태국장과 바타야(Caridad Batalla) 외교부 의전국장을 수시로 만나 의전과 일정 문제를 협의하였다. 국왕 내외의 기호나 한국의 관심 사항에 대해서는 마르티네스 왕실 의전장이 많은 도움을 주었다. 국왕을 수행할 장관으로는 보렐(Josep Borrell) 외교장관과 마로토(Reyes Maroto) 산업통상관광 장관이 결정되었다. 수행 기업인들도 30여 명이나 되었다.

외교장관 공관(비아나궁) 업무오찬, 카리다드 바타야 의전장, 아나 살로몬 북미아태국장

   9-10월에는 펠리페 6세 국왕의 방한 준비 외에도 많은 일이 있었다. 먼저 9.19(목)에는 한반도 문제에 대한 한국-EU 1.5 트랙 대화가 왕립엘카노연구소에서 개최되었다. 이 대화는 엘카노연구소가 유럽 주요국 연구소들과 네트워킹을 형성하여 한반도의 평화와 안정을 위해 EU가 기여할 수 있는 역할을 모색할 목적으로 만들어졌다. 가끔은 북한의 고위관계자도 참석하였는데 이번 대화에는 참석하지 않았다. 한국에서는 전봉근 외교안보연구소장(대리)이 참석하였다. 필자는 평시 언론과 기고를 통해서 알고 있었던 파체코(Ramón Pacheco) 브뤼셀자유대 한국학 석좌교수를 만날 수 있어 좋았다. 그는 영국과 벨기에에서 활동하고 있지만, 스페인 출신으로 스페인 언론에도 자주 기고를 한다.

9.20(금)에는 인터콘티넨탈 호텔에서 "한반도의 상황과 도전"이라는 주제로 포럼을 개최하였다. 전봉근 소장이 기조발표를 하고, 에스테반(Mario Esteban) 엘카노연구소 연구원과 오르티스 전 주한 스페인대사가 EU와 스페인의 시각을 발표하였다.

9.25(수)에는 한국관광공사가 한국문화관광대전을 개최하였다. 한국의 2020년 마드리드국제관광박람회(Fitur) 주빈국 참가 계약을 기념하고, 한국관광 홍보를 위해 개최하였다. 스페인의 인기 한국 방송인 윤우선의 진행으로 미쉐린 스타 식당 엘 불리(El Bulli) 출신 요리사 루크 장(Luke Jang)의 한식 시연, 스페인 언론인 로페스(Angel López)의 '내가 느낀 한국 이야기', 전통 국악 연주, K-pop 공연 등으로 다양하게 진행되었다. 한국관광 상품 개발 확대를 위해 스페인 여행사, 언론, 파워 인플루언서를 선별 초청하였고, 올리베르 관광차관, 로페스-푸에르타스(López-Puertas) 마드리드박람회(Ifema) 사무총장, 수징(Xu Jing) 세계관광기구(UNWTO) 국장도 참석하여 높은 관심을 보였다.

10.1(화)에는 곤잘레스(Juan José González) 헌법재판소장에게서 연락이 와서 헌법재판소를 방문하였다. 한국 헌법재판소의 적극적인 협력에 많은 빚을 졌다면서, 감사의 인사를 하기 위해 필자를 초청했다고 말씀하셨다. 필자가 생각해도 양국 헌법재

판소 간 교류는 여러 면에서 활발하였다. 곤잘레스 소장이 말씀하신 대로 양국이 독일식 모델을 수용하여 비슷한 점이 많기 때문일 수도 있겠으나, 모든 것을 설명할 수는 없을 것 같다. 면담에 이어 부속실에서 오찬을 함께 하면서 이야기를 이어 나갔다. 헌법재판소는 차량이 출입문 안으로 들어갈 수 없어, 건물에서 나와 출입문까지 걸어가야 하는데, 곤잘레스 소장은 이곳까지 나와 필자를 배웅하였다.

후안 호세 곤살레스 헌법재판소장 예방

10.2(수)에 개최한 국경일 행사에는 마로토 산업통상관광 장관, 멘데스 통상차관, 나르바에스 헌법재판관이 참석하였다. 평시 외국공관의 국경일 행사에 장·차관급이 거의 참석하지 않는 스페인의 관행으로는 이례적이었다. 2년간의 외교활동을 통해

친분을 다진 각계각층의 분들이 축하를 해주었다. 작년에 비해 행사가 더욱 알차게 진행되었다.

10.7.(월)에는 제5차 마드리드 관광 서밋에 참석하여 한국인의 스페인 방문 증가 현황에 대해 발표하였다. 이번 행사는 아시아 원거리 관광객 유치 방안이 주제였다. 최근 유럽 관광객 수는 정체 상태인 반면, 아시아 관광객은 지속적으로 증가하고 있는 추세가 반영된 것이다. 한국, 중국, 인도 대사가 발표자로 초청되었는데, 2018년 방문자 수는 각각 49만 명, 65만 명, 20만 명

마드리드 관광 서밋에서 발표하는 필자

수준이었다. 필자는 최근 한국인 방문자 수의 빠른 증가(2012년 9만 명에서 2018년 49만 명, 2019년 8월까지만 43만 명), 1인당 지출액(2,300유로, 외국인 평균 1,000유로), 주 12회 직항 운행, 한국인의 산티아고 순례객 증가(2018년 6천 명), 양국 간 워킹홀리데이 프로그램 시행 등 한국인의 스페인 방문 현황을 설명하였다.

그리고, 한국 관광객 유치를 위해 스페인 당국에 주요 명소, 호텔, 식당에서의 한국어 안내 확대와 강·절도 대책 마련, 서울에 스페인 관광사무소 개설을 제안하였다. 특히 한국 관광객에 대한 강·절도 피해가 연간 1,400건에 달해 작심하고 이 문제를 공식 제기하였다. 중국과 인도 대사도 같은 입장을 표명했다. 대사들의 발표가 끝난 후 세션의 모더레이터였던 전직 스페인 고위인사가 강·절도 피해 문제가 다소 과장된 것이 아니냐는 발언을 하였다. 이에 3명의 대사가 모두 이 문제로 자국 관광객들과 대사관이 어떠한 고통을 겪고 있는지를 상세히 설명하고, 스페인의 국가 이미지에도 좋지 않은 영향을 줄 것이라고 답변하였다. 머쓱해진 모더레이터는 더이상 말을 하지 않고 토론을 끝냈다.

10.11(금)에는 제20차 한-스페인 민간경협위원회가 스페인 상공회의소에서 개최되었다. 민간경협위는 1973년에 설립되어 양국 기업인들 간 협력 채널로 활용되어 왔으나, 2008년 세계 경제위기 발생 이후 활동이 중단된 상태였다. 2017년 12월 재

외공관장회의시 만난 강호민 대한상공회의소 전무가 중단된 민간경협위의 재가동을 추진할 계획이라면서 대사관의 협조를 요청했다. 이후 스페인 상공회의소 측과의 지속적인 협의를 통해 박용만 대한상공회의소 회장 겸 한-스페인 민간경협위 한국 측 대표가 기업인들을 대동하고 스페인을 방문함으로써 재가동하게 된 것이다. 민간경협위의 재가동은 10월 말 스페인 국왕의 방한을 앞둔 상태에서 큰 의미가 있었다.

한-스페인 민간경제협력위원회

España en mi vida

47. 펠리페 6세 국왕 내외의 한국 국빈 방문

양국 간 주요 현안이자 오래 준비하여온 펠리페 6세 국왕의 국빈 방한이 10.23(수)-24(목)에 마침내 이루어졌다. 펠리페 6세는 2014년과 2017년에 방한을 추진하였으나, 각각 양국의 국내 사정으로 이루어지지 못했다. 펠리페 6세는 2018년 6월 필자의 신임장 제정 시 2차례의 방한 무산을 아쉬워하면서, 방한을 다시 추진하겠다고 필자에게 약속했는데, 그 약속이 지켜진 것이다. 오랜 현안이 필자의 재임 시 해결되었기 때문에 필자가 운이 좋았다고 생각한다. 그러나, 2019년 10월 방한이 시기적으로는 2014년과 2017년보다는 더 적절했고 의미도 컸다. 그 이유는 먼저 이번 방한이 2020년 양국 수교 70주년을 기념하는 서막을 열었기 때문이었다. 두 번째는 어느 때보다 제반 분야에서 양국의 교류와 협력이 매우 활발하였고, 따라서 향후 양국관계를 한 차원 더 높이 발전시킬 수 있는 새로운 협력의 틀을 구축하기 위한 분위기가 무르익었기 때문이었다.

체류 시간이 1박 2일로 다소 짧아 많은 일정을 가지지 못할까 걱정했는데 괜한 기우였다. 펠리페 6세는 첫날 12시에 한국에 도착한 후 현충탑 헌화, 공식 환영식, 정상회담, 양해각서 서명식, 국빈만찬 등의 공식 일정 외에 반기문 총장도 접견하였고, 둘째 날에는 한국 경제인 조찬 간담회, 한-스페인 비즈니스 포럼 참석, 국회의장 면담, 서울시청 방문, LG 사이언스 파크 방문, 한국 스페인어문학회 간담회, 스페인 동포 간담회 등 빡빡한 일정을 마치고 밤 9시 30분에 한국을 떠났다. 레티시아(Letizia) 왕비는 첫날에는 김정숙 영부인과 환담하고, 둘째 날에는 코트라에서 개최된 한-스페인 소셜벤처 간담회에 참석하였다. 국회와 서울시 방문은 물론 국왕의 관심 사항인 경제협력, 기술혁신, 스페인어 진흥과 관련한 일정이 모두 포함되었다. 1박 2일을 한시도 쉬지 않고 일정을 소화한 것이다.

정상회담 시작전 악수하는 문재인 대통령과 펠리페 6세 (출처 : 청와대)

필자는 국왕을 서울공항 도착 행사부터 임기모 의전장과 함께 영예 수행하였다. 필자의 차량은 항상 국왕 내외 차량의 바로 뒤에 배치되었고, 모든 행사에 한국 측 대표의 일원으로 참가하여 가까이에서 국왕을 보고 발언을 들을 수 있었다. 그리고 한국 수행원 중에서 스페인 수행원들을 제일 잘 알기 때문에 항상 조언을 주고 안내하는 역할도 했다.

몇 가지 생각나는 에피소드를 적을까 한다. 청와대 대정원에서 진행된 공식 환영식에서 필자는 우리 측 환영 인사 라인에 서 있었다. 양국 정상들이 전통 의장대를 사열하고 우리 측 환영 인사들과 인사를 하였는데, 주스페인대사로 필자가 소개되자

공식 환영식에서 문재인 대통령과 펠리페 6세와 인사하는 필자

문재인 대통령께서 환한 미소로 "행사 준비로 수고가 많았다."고 말씀하셨다. 이런 경우 말씀 없이 악수만 하는 것이 보통이라서 예기치 않은 말씀에 기분이 무척 좋았다.

문재인 대통령과 펠리페 6세의 정상회담은 시종일관 우호적인 분위기에서 1시간가량 진행되었다. 재미있었던 것은 보렐 외교장관에 대한 관심이었는데, 그는 최근 새로이 구성된 EU 집행위원회에서 외교안보 고위대표로 선출되었고, 곧 취임할 예정이었다. 강경화 외교장관은 정상회담 직전에 필자를 통해 보렐 장관과 인사를 나누었고, 문재인 대통령도 정상회담에서 직접 보렐 장관의 EU 외교안보 고위대표 취임을 축하했다.

국빈만찬에서 필자는 양국 정상 내외가 앉는 헤드테이블에 앉는 영광을 가졌다. 필자의 옆에 마로토 산업통상관광장관, 성윤모 산업통상자원부장관이 앉아 4차산업혁명 협력에 대해 많은 이야기를 나눌 수 있었다. 만찬에 스페인 포도주가 나올 것은 예상했는데, 베가 시실리아(Vega Sicilia)의 발부에나(Valbuena)라는 최상급이 나왔다. 보렐 외교장관이 제일 좋아했고 스페인 포도주 이야기도 많이 했다. 양국 전통문화들로 구성된 공연도 훌륭했는데, 특히 필자가 추천한 '판소리와 플라멩코의 만남'도 포함되어 기분이 좋았다. 지난 5월에 마드리드에서 공연했던 정보권 소리꾼도 출연하였다.

외교장관 회담을 하는 강경화 장관과 조셉 보렐 장관

다음 날 아침 한국 경제인과의 조찬 간담회에 참석하기 위해 행사장에 도착하니, 먼저 도착하여 행사장을 점검하던 마르티네스 왕실 의전장이 반갑게 포옹을 했다. 어제 청와대 행사가 잘 진행되어 국왕 내외가 매우 좋아하셨다면서 감사의 인사를 했다. 조찬 간담회에는 박용만 대한상공회의소 회장을 비롯하여 삼성전자, LG 전자, 현대자동차, 대한항공 등 9개 대기업 대표들이 참석하였다. 국왕은 한국 대기업들의 스페인 진출 계획, 기술과 혁신 현황 등에 관심을 가지고 질문하였고, 양국 기업들이 활발히 협력할 수 있는 방안에 대한 우리 기업들의 솔직한 의견을 듣고 싶어 하였다.

이번 방한에는 가라멘디(Antonio Garamendi) 기업연합회(CEOE) 회장, 보넷(José Luis Bonet) 상공회의소 회장과 30여 개의 스페인 주요 기업들이 동행하였다. '스페인 경제협력대사'라는 별칭이 있을 정도로 국왕이 많은 역할을 하기 때문이다. 그리고 한국과의 협력에 대한 스페인 기업들의 기대가 크다는 것을 반영하는 것이기도 했다. 10.24(목)에 개최된 '한-스페인 비즈니스 포럼'에는 펠리페 6세와 문재인 대통령이 함께 참석하여 축사를 했다. 양국 경제단체와 기업인 300여 명이 행사장을 꽉 채워 열기가 대단하였다. 스페인 측은 문재인 대통령의 참석을 매우 고마워했다. 국빈 방한이라도 우리 대통령이 상대국 국가원수의 별도 행사에는 잘 참석하지 않기 때문이다. 필자도 우리 대통령의 참석을 여러 번 건의하였는데, 양국 정상이 양국 기업인들의 환영을 받으면서, 나란히 행사장에 입장하는 모습을 양국 국민에게 보이는 것이 무척 기분이 좋았다.

펠리페 6세는 포럼 개막식이 끝나고 문재인 대통령을 배웅한 후 로비에서 한국 기업인들과 즉석에서 대화를 나누었다. 많은 사람에게 둘러싸여 피곤했을 텐데, 미소를 잃지 않고 방문 국가의 국민과 직접 소통하는 모습이 무척 인상적이었다. '스페인 어게인'의 운영자이자 DIOKO 사장인 대니 한도 국왕과 이야기를 나누는 모습이 눈에 띄었다.

이어 국회와 서울시청을 방문할 때에는 살로몬 외교부 아태국장을 필자의 차량에 태워 함께 갔다. 스페인에서 제일 가깝게 지내는 업무 파트너인데 개인적으로 대화를 나눌 시간이 없었기 때문에 이 시간을 이용하였다. 짧은 시간이지만 방한 소감을 듣고 바깥 풍경을 설명하였다. 살로몬 국장은 어제 서울공항에서 숙소인 포시즌스 호텔에 올 때 거리와 사람들의 모습이 일본과는 사뭇 다르게 활기찬 모습을 느꼈다면서 스페인과 비슷한 점이 많다고 이야기한 것이 기억이 난다.

오후에는 국왕 내외가 LG 사이언스 파크를 방문하는 시간을 활용해 보렐 외교장관이 강경화 외교장관과 회담을 가졌다. 필자는 거리가 얼마 되지 않기 때문에 차량을 이용하지 말고 걸어서 외교부로 가자고 제안했다. 잠시라도 서울의 가을을 느껴보게 하는 것이 좋겠다는 생각이 들었기 때문이었다. 보렐 장관, 살로몬 국장, 세라노(Cristina Serrano) 국제경제국장, 모로 대사를 안내하여 외교부로 걸어갔다. 보렐 장관은 필자를 어깨동무하면서 이야기하는 친근감을 보였다. 회담에서는 유럽과 동아시아 정세가 주로 논의되었다. 곧 EU의 외교안보 고위대표를 맡게 될 보렐 장관에게 강경화 장관의 동아시아 정세 설명은 매우 유용했을 것으로 생각된다. 12월에 마드리드에서 개최되는 ASEM 외교장관에서 다시 보자는 인사와 함께 회담이 끝났다.

회담을 마치고 광화문 광장과 세종문화회관을 돌아 포시즌스 호텔로 돌아왔다. 보렐 장관은 경복궁과 세종대왕 동상에 대해 물었다. 중간에 화장품 가게가 보이자 여성인 살로몬 국장과 세라노 국장이 관심을 보였고 보렐 장관도 들어가 보자고 했다. 그러나 시간이 너무 없었다. 펠리페 6세가 호텔로 돌아올 시간이고, 바로 한국 스페인어문학회와 간담회가 있기 때문이었다. 나중 연말에 필자는 마드리드에서 한국 마스크팩을 두 국장에게 선물하였다. 스페인어문학회 회장으로 국왕과의 간담회에 참석한 신정환 교수를 잠시나마 만난 것도 좋았다. 얼마 전 마드리드를 방문했을 때 필자에게 증정해 준 『두 개의 스페인』이 국왕 방한을 준비하는 데 많은 도움이 되었다.

펠리페 6세는 이틀간의 바쁜 일정을 마치고 떠났다. 공항 전송행사에서 국왕은 감사의 인사를 문재인 대통령께 전해 달라고 부탁했다. 보렐 외교장관도 필자에게 따뜻한 악수를 청했다. 모로 대사도 홀가분한 표정이었다. 국왕 전용기가 이륙한 후 서로 축하의 인사를 나누었다.

이번 방한의 성과를 간략히 정리해 보면, 먼저 양국 정상이 양국의 유사성을 재확인하면서 더욱 친밀감을 느낀 것이 중요한 성과라고 할 수 있겠다. 필자가 전에도 이야기한 적이 있지만, 한국과 스페인은 내전과 독재를 극복하고 민주화와 경제발전을 성공적으로 이루었고, 현재 국제사회에서 비슷한 경제력과 인구를 가진 중견국으로 민주주의, 인권, 법치라는 보편적 가치를 공유하고 협력하고 있다.

특히 펠리페 6세는 왕세자 시절인 1988년에 서울올림픽 참관을 위해 방한했던 기억을 언급하면서, 서울올림픽을 통해 한국이 이룩한 국가 발전을 전 세계에 보여주었던 것이 4년 후에 바르셀로나 올림픽으로 이어졌다면서, 올림픽을 통한 양국의 인연을 강조하였다.

그리고 국빈만찬에서 국왕 내외가 김치를 맛있게 먹는 것을 보았는데, 레티시아 왕비가 옆에 있던 강경화 외교장관에게 자신이 김치를 만들 줄 안다고 이야기했다고 한다. 사실 방한 전 마르티네스 왕실 의전장이 필자에게 국왕 내외가 김치를 아주 좋아한다고 이야기하여 방문국에 대한 외교적 표현이라고 생각했는데 그 말이 사실이었다.

내용적 측면에서도 많은 성과가 있었다. 문재인 대통령과 펠리페 6세는 정상회담과 비즈니스 포럼을 통하여 향후 양국 간 미래 지향적인 실질협력강화를 위한 큰 틀을 마련하였다. 4가지 방안이 제시되었는데, 4차산업혁명 대응을 위한 디지털경제 협력, 기후변화 대응을 위한 친환경 에너지 협력, 성과를 거두고 있는 제3국 공동진출의 다변화, 증가 추세에 있는 인적 및 문화 교류의 확대가 그것이다. 이를 위해 무역과 투자 증진을 위한 KOTRA-ICEX(스페인 무역투자청) 협력 양해각서와 관광협력 양해각서도 체결되었다.

한-스페인 비즈니스 포럼에 참석한 양 정상

관광협력 양해각서는 우리 측에서 박양우 문화체육관광부 장관이 서명했는데 재미있는 일화가 있다. 사실 박양우 장관은 10.23(수)에 광주에서 한-아세안 특별문화장관회의 일정이 있어서 정상회담 참석이 어려웠다. 그런데 기지를 발휘하여 차관이 먼저 회의에 참석하고 자신은 정상회담이 끝나자마자 국방부에 협조 요청한 헬기를 타고 광주로 갔다. 박양우 장관은 국왕의 서울공항 도착 시에도 정부 대표로 영접하였다. 그의 적극적인 자세에 다시 한번 감사의 인사를 드리고 싶다.

필자를 기분 좋게 했던 또 다른 일도 있었다. 앞에서도 자주 언급했지만, 필자는 2020년 양국 수교 70주년을 기념하고 양국 간 실질 협력 확대를 위해 한국의 스페인 산업 4.0 국제회의(2019년 11월 개최)와 마드리드 국제관광박람회(2020년 1월 개최) 주빈국 참가를 부임 직후부터 추진해 왔다. 그런데 문재인 대통령과 펠리페 6세가 정상회담, 비즈니스 포럼 등 계기 시마다 향후 양국 간 새로운 협력강화의 상징적인 사례로 두 행사를 계속 언급하셨다. 많은 난관과 어려움이 있었지만 포기하지 않고 끈기 있게 추진하기를 잘했다는 생각이 들었다.

수교 70주년을 맞는 양국관계 발전은 2020년 문재인 대통령의 스페인 답방 추진으로 계속된다.

España en mi vida

48. '스페인 산업 4.0 국제회의' 주빈국 참가

10.23-24간 펠리페 6세 국왕 내외의 방한이 끝난 후 한국에서 잠시 휴가를 갖고 10.31에 마드리드로 돌아왔다. 곧바로 큰 행사 2개를 연이어 준비해야 했다. 11.12(화)에 '스페인 산업 4.0 국제회의' 주빈국 참가, 12.16(월)에 강경화 외교장관의 ASEM(아시아유럽회의) 외교장관회의 참석이 그것이었다.

그런데 생각지도 않은 행사가 하나 더 생겼다. 스페인 정부가 칠레 정부가 취소한 '25차 유엔기후변화당사국총회(COP25, 12.2-13)'를 대신 개최하기로 결정한 것이다. 잘 아시다시피 2019년에 중남미에서는 경제사회적 불평등, 부패 및 부정선거에 항의하는 반정부 시위가 온두라스, 아이티, 페루, 아르헨티나, 에콰도르, 볼리비아, 콜롬비아로 연속적으로 확산되었다. 급기야는 중남미의 가장 모범국으로 생각되었던 칠레에서도 지하철 요금 50원 인상을 계기로 국민의 불만이 폭발하였고, 10.14부터 시작된 시위는 걷잡을 수 없이 확산하여 피녜라(Piñera) 대통령은 10.30에 APEC 정상회의와 COP25 개최를 취소하게 된다.

'스페인 산업 4.0 국제회의' 주빈국 참가

직원들의 업무를 잘 조정하여 동시다발적으로 행사들을 준비해 나갔다. '스페인 산업 4.0 국제회의'에는 최기영 과기정통부장관이 막 취임했던 상황이라 참석이 어려웠고, 민원기 차관이 정부 대표로 참석하였다. 민원기 차관은 국제전기통신연합(ITU) 이사회 의장, OECD의 정보통신서비스 분과위원회, 디지털경제정책위원회, 인공지능전문가그룹 의장을 역임하여 국제적으로도 잘 알려진 과학기술 분야의 정통 관료로서 이번 회의의 정부 대표로 적임이었다. 민원기 차관과 함께 석제범 정보통신기획평가원 원장과 기업 대표로 삼성전자와 현대자동차도 참석했다.

'스페인 산업 4.0 회의'는 스페인 정부가 산업 4.0 정책을 확산하기 위해 2017년에 시작한 행사이다. 2018년까지 국내행사로 개최되었으나, 2019년부터 국제행사로 확대하기로 결정하고, 필자가 막 부임한 2018년 초에 한국의 주빈국 참가 의향을 문의했다. 필자는 2018년 9월에 개최된 제2차 회의 참석과 블랑코 산업차관과의 면담을 통해 한국의 참가가 한-스페인 경제협력을 4차산업혁명과 디지털 분야로 확대할 기회가 될 것으로 판단했다. 이후 과기정통부에 한국의 참가를 건의하였고, 1년 이상의 설득과 스페인 정부와의 협의를 거쳐 참가를 확정 지었다. 유영민 장관에게도 2번이나 직접 요청을 드렸고, 10.23(수) 한-스페인 정상회담 결과도 큰 도움이 되었다.

행사는 마드리드박람회장(Ifema)에서 개최되었다. 개막식에 앞서 마로토 산업통상관광장관, 블랑코 산업차관, 폴로(Francisco Polo) 경제기업부 디지털차관, 페냐(Maria Peña) 무역투자진흥청(ICEX) 대표, 곤잘레스(Clemente González Soler) Ifema 회장, 로페스-푸에르타스(Eduardo López-Puertas) Ifema 사무총장이 대기실에서 함께 모여 우리 측 참석자들과 인사를 나누었다. 이 자리에서는 펠리페 6세의 방한 결과와 한국의 5G 상용화 현황 및 양국 간 협력 방안에 대해 많은 이야기가 이루어졌다. 행사장은 1,400여 명의 정부, 단체, 기업 관계자들로 꽉 찼다. 마로토 장관의 개막사에 이어 민원기 차관이 기조연설을 하였다. 민원기 차관은 디지털 전환이 가져올 다양한 변화를 현실감 있게 조망하면서, 한국의 5G+ 전략, 제조업 르네상스 비전을 소개하여 청중들의 호평을 받았다.

이어진 라운드 테이블에서는 민원기 차관, 석재범 원장, 블랑코 산업차관, 폴로 디지털차관, 페냐 무역투자진흥청(ICEX) 대표가 산업의 디지털화와 디지털 경제에 대한 양국의 정책과 경험을 상세히 공유하였다. 청중들도 한국 정부가 기업의 디지털 전환을 어떻게 지원하고 있는지에 대해 질문을 많이 하였다.

스페인 주요 인사들과 라운드 테이블을 진행하는 민원기 차관과 석재범 원장

한편, 삼성전자는 보안 솔루션 Knox를, 현대자동차는 수소경제와 수소차 Nexo를 각각 홍보관에 소개하고 별도의 발표 세션도 개최하였다. 마로토 장관과 민원기 차관 등 양측 관계자들도 기업 홍보관을 둘러보았는데, 마로토 장관이 Nexo에 시승해 보는 등 깊은 관심을 보였다. 수소차는 필자가 아이디어를 내어 현대자동차에 요청하였는데, 스페인 참관객들의 반응이 무척 좋았다.

마로토 장관과 민원기 차관은 별도의 회담을 갖고 4차산업혁명 관련 양국 간 실질 협력을 적극 추진하기로 합의하였다. 특히 세계 13개국에서 3억 5천만 명의 가입자를 보유한 글로벌 통신

현대 수소차 Nexo 홍보관 방문

기업으로 스페인 최대의 스타트업 육성 기업이기도 한 텔레포니카(Telefónica)와의 중남미 공동진출 협력 방안도 검토해 보기로 하였다.

이번 행사의 최대 성과는 1,400여 명의 스페인 정부, 단체, 기업 관계자들이 함께 모인 자리에서 한국의 4차산업혁명 정책과 경험을 직접 소개함으로써 이 분야에서 양국이 한층 가까워진 것이다. 이 분야에서 양국 기업들은 2018년에 삼성전자의 Zhilab(AI 활용 네트워크 품질 분석 스타트업) 인수에 이어, 2021년에는 네이버의 Wallapop(중고물품 거래 플랫폼) 투자 등 조금씩 협력을 시작하고 있다. KOTRA는 한국 스타트업을 텔레포니카 스타트업 인큐베이터에 입주시키는 프로그램을 시행하고 있다. 2021년 6월에 문재인 대통령의 스페인 국빈방문에서는 산업 4.0 협력 MOU와 스타트업 협력 MOU가 체결되었다. 포스트 코로나 시대 경제의 원동력으로 한-스페인 양국 간 디지털 경제 협력이 구체적인 결실을 맺기를 기대한다.

España en mi vida

49. 기후변화당사국총회(COP25)와 ASEM 외교장관회의

칠레 정부의 갑작스러운 COP25 개최 취소와 스페인 정부의 대체 개최 발표 이후 본부로부터 지시가 왔다. 총회 기간 중 (12.2-13) 우리 대표단 80여 명이 묵을 호텔을 예약하라는 것이었다. 세계 197개국이 참가하는 대규모 국제회의가 한 달을 앞두고 개최지를 변경하였으니, 관계자들은 모두 혼란스러웠을

COP25 개막식 의장석

것이다. 직원 보고에 따르면 마드리드의 주요 호텔들은 120개가 넘는 외국 대사관들의 문의로 전화가 폭주하고 있다고 한다. 우리 대사관은 다행히 멜리아 카스티야(Meliá Castilla) 호텔에 예약할 수 있었는데, 2019년에 동해표기 담당관회의 등 각종 행사 개최를 통해 구축된 인연이 크게 도움이 되었다.

유연철 기후변화대사를 비롯한 관계부처 실무단이 도착하여 준비에 들어갔다. 필자는 협상에 직접 참여하지는 않지만, 12.2(월)에 개최된 개막식에는 초청을 받아 참석했다. 행사장은 얼마 전 '스페인 산업 4.0 국제회의'가 개최된 마드리드박람회장(IFEMA)였다. 불과 한 달 만에 대규모 국제회의를 준비한 스페인의 능력이 대단하였다. 행사장에 들어가니 유연철 대사가 한국 대표석에 같이 앉자고 하여 함께 개막식을 보았다. 개막식은 총회 의장인 슈미트(Carolina Shmidt) 칠레 환경부장관이 주재하였다. 개최지는 마드리드로 변경되었으나 총회 의장은 칠레의 환경부장관이 계속 맡고 있었다. 산체스 총리, 구테흐스(António Guterres) 유엔사무총장, 에스피노사(Patricia Espinosa) 유엔기후변화협약(UNFCC) 사무총장이 차례로 연설을 하였는데, 마지막으로 한국인이 기후변화 보고 연설을 하였다. 이회성 기후변화에 관한 정부 간 협의체(IPCC) 의장이었다. 뿌듯한 자부심이 느껴졌다.

COP25 한국대표단석, 유연철 기후변화대사와 함께

　유연철 대사는 금번 총회의 최대 목표는 국제탄소시장 지침을 타결하여 2015년에 채택된 파리협정의 이행에 필요한 17개 이행규칙을 모두 완성하는 것이라고 설명해주었다. 16개 이행규칙은 합의가 되었으나, 탄소시장 이행규칙만 선진국-개도국, 잠정 감축분 판매국-구매국간 입장이 대립하여 합의가 되지 못하고 있다는 것이다. 파리협정보다 높은 새로운 탄소배출량 기준을 정하는 문제도 새롭게 제기되고 있다고 한다.

　12.5(목)에는 호텔에서 실무대표단을 위한 만찬을 개최하여 앞으로 8일을 더 수고해야 할 대표단을 격려하였다. 12.11(수)

에는 조명래 환경부장관을 모시고 관저에서 만찬을 하였다. 대표단으로 함께 온 김정욱 녹색성장위원회 민간위원장, 정래권 대사(국가기후환경회의 위원), 최재철 대사(기후변화센터 자문), 황석태 환경부 국장도 자리를 함께하였다. 모두 환경 분야 최고의 전문가들이었다.

총회는 예정일보다 이틀을 넘겨 12.15(일)에 폐막되었다. 최대 쟁점이었던 국제탄소시장 이행규칙은 이번에도 합의하지 못하고 다음 총회로 넘겼다고 한다.

다음날인 12.16(월)에는 ASEM(아시아·유럽회의) 외교장관회의가 엘파르도 왕궁(Palacio de El Pardo)에서 개최되었고, 강경화 외교장관은 12.15(일)에 마드리드에 도착하였다. 이에 앞서 김필우 유럽국장이 12.12(목)에 도착하여 외교장관회의 준비를 위한 고위관리회의(SOM)에 참석하고 있었다. ASEM도 회원국이 53개국이고 COP25와 기간이 중복되는 부분도 있어, 회의 참석 대표단 수, 숙소, 차량 등 준비에 많은 제한이 있었다.

한 가지 기억에 남는 것은 당시 일본의 대한국 수출규제 문제로 한-일 양국관계가 악화되어 있었고, 이를 해결하기 위한 양측 간 대화도 지속적으로 시도되었다. 그래서 ASEM 외교장관회의 기간에 양국 외교장관 간 접촉이 추진되었는데, 양국 장관의 숙소가 멀리 떨어져 있고 체재 기간도 짧아 장소와 시간 합의가 쉽지 않았다. 결국 강경화 장관과 모테기 외상은 12.15(일) 저녁 프라도 미술관에서 개최된 환영 만찬에서 만나 별도의 회동을 했다.

강경화 장관은 12.16(월)에 '효율적인 다자주의를 위한 아시아와 유럽 간 협력' 제하의 첫 번째 전체회의에서 발언하였고, 업무 오찬에서도 우리 정부의 한반도 평화구축 노력을 설명하고 ASEM의 지원을 당부하였다. 후일에 살로몬 외교부 국장은 필자에게 강경화 장관의 발언이 내용뿐만 아니라 영어의 전달력이 매우 인상적이었다고 칭찬을 아끼지 않았다.

ASEM 외교장관회의에 참석한 강경화 장관, 관저 만찬후 직원들과 함께

12.16(월) 저녁 늦게 외교장관 회의가 끝나고 관저에서 강경화 장관과 대표단을 모시고 만찬을 함께 했다. 빡빡한 일정에 많이 피곤할 텐데도 웃음을 잃지 않고 직원들을 격려하고 많은 대화를 나누었다. 특히 처음 만나는 대사관의 젊은 직원들에게 많은 관심을 보여 직원들이 좋아하였고, 필자도 직원들로부터 점수를 땄다. 강경화 장관은 12.17(화) 아침 일찍 출국했다. 영송을 위해 마드리드 공항 귀빈실에 도착하니, 옆방에 최근 EU 외교안보 고위대표로 자리를 옮긴 보렐 전 외교장관이 보였다. 반갑게 인사를 하고 강경화 장관께 안내했다. 강경화 장관은 전날 회의장에서 너무 바빠 별도로 환담을 하지 못했는데, 공항에서나마 인사를 나누어 좋았다고 필자에게 이야기했다.

큰 행사를 마치고 대표단을 공항에서 떠나보내고 돌아오면 항상 마음이 시원섭섭하다. 이날은 더욱 이런 마음이 들었다. 2019년에 유난히 행사가 많았고, 이것이 마지막 행사였기 때문이었다. 이제 차분히 한해를 정리하면서 연말연시를 보낼 수 있겠지라는 생각이 들었다

España en mi vida

50. 스페인에서 생각나는 사람들

2019년을 마치면서 필자가 스페인에서 만났던 사람 중에서 일기에 언급하지 못한 몇 사람을 소개하고자 한다.

3.14(목)에 대사관에서 젊은 사업가 Danny Han(한혜훈)을 만났다. 필자는 태권도 사범 출신들의 자영업자들이 주류를 이루고 있는 스페인 한인사회에서 전문 직종에 종사하는 젊은 차세대들을 발굴하는 데 관심이 많았다. 한인사회의 다양화를 위해서였다. Danny Han은 한국에서 대학을 졸업한 후 좋은 직장에서 일하다가 그만두고, 국제적으로 알려진 스페인 비즈니스 스쿨인 IE(Instituto de Empresa)를 졸업하였다. 졸업 후 스페인 대기업에서 잠시 근무한 후 스페인에 진출하는 우리 기업들과 유학생들을 위한 컨설팅 기업을 창업하였다. '스페인 어게인'이라는 플랫폼도 만들어 한국 사람들에게 스페인을 소개하는 가교 역할을 하였다. 이날 면담에서 Danny Han이 중학교 시절을 필자가 근무했던 코스타리카에서 보냈다는 사실을 알게 되니 인연이 특별하게 느껴졌다. Danny Han은 '스페인 어게인'을 통해

대사관의 활동을 많은 사람에게 전파하는 등 필자의 업무에 많은 도움을 주었다.

대니한 디오코스 창업자 겸 스페인어게인 운영자

한국에서 잘 다니던 직장을 그만두고 IE에서 MBA를 받은 후 자신의 사업을 한 또 다른 젊은 사업가가 있었다. 안달루시아에서 에시하 발롬피에(Ecija Balompie) 축구단을 운영하는 박영곤 구단주가 그였다. 축구를 너무 좋아해서 IE에서 공부하면서 축구단 인수를 준비하고, 졸업 후 이 축구단을 인수했다고 한다. 2016년 인수 당시에는 4부 리그에 속했지만, 2017-2018년 시즌에는 많은 노력 끝에 3부 리그로 승격하였다고 한다. 스페인 축구는 7부 리그로 운영되는데, 3-4부 리그만 해도 수준이 높고 운영에 많은 자금이 필요하다고 한다. 필자는 박영곤 구단주를 2018년 8월에 처음 만났고, 이후 계속 연락하고 지냈는데 2018-2019년 시즌에 성적이 좋지 않아 다시 4부 리그로 내려갔고, 운영에도 어려움이 많아 결국 구단을 정리하고 말았다. 아쉬움이 많이 남았다.

스페인에는 배우 겸 방송인으로 인기를 누렸던 한국인(윤우선)도 있다. 5.8(수)에 필자와 사무실에서 만났는데, 2000년대 중반에 스페인에 여행을 왔다가 우연히 길거리에서 모델로 캐스팅되었다고 한다. 이후 방송 사회자로 인기를 얻어 2010년부터

윤우선(방송인, 배우 겸 모델)

7년간 채널 6 방송국의 9시 시사 프로그램인 엘 인테르메디오 (El Intermedio)의 앵커로 일했다. 현재는 연극과 영화 활동을 주로 하고 있는데 아직도 인기가 많다고 한다. 필자와의 면담 이후 대사관 활동에도 적극 협력하여, 9.25(수)에 개최된 한국문화관광대전과 2020년 1월 마드리드 국제관광박람회(Fitur) '한국의 밤' 행사를 진행했다.

이외에도 세계적인 엘 불리(El Bulli) 식당에서 페란 아드리아 (Ferran Adria) 셰프의 견습생으로 일한 후 마드리드에 한식-스페인식 퓨전 음식 식당을 개업한 루크 장(Luke Jang), 화가로 활동하면서 500페이지에 달하는 프라도 미술관 작품 안내서를

루크 장 요리사

한글로 번역한 Kay Woo(우경화), 스페인 가죽가방 명품기업인 로에베에 도자기를 납품하는 백주현, 스페인 국립무용단의 수석무용가로 활동한 김세연, 스페인에서 유일한 한국 변호사로 활동하면서 대사관과 한국인들에게 법률 서비스를 하는 이윤교 변호사가 생각난다.

스페인 사람들 중에는 고르베냐(Jaime Gorbeña) 베르헤(Bergé) 그룹 회장이 생각난다. 베르헤 그룹은 물류와 자동차 판매 서비스 전문기업으로 전 세계 소규모 시장에서 자동차 판매를 대행하고 있다. 한국과도 1970년대부터 포니를 시작으로 스페인과 중남미에서 한국자동차 판매를 대행하였고, 현재도 쌍용(스페인,

베르고냐 베르헤 회장과 한국 대학생 인턴들과의 관저 오찬

페루, 칠레, 아르헨티나), 기아(카나리아제도, 포르투갈) 자동차 판매를 대행하고 있다. 이러한 인연 때문인지 2014년부터 매년 한국 대학생 4명을 초청해 5주간 인턴 프로그램을 시행하고 있다. 학생들은 스페인 상황, 한-스페인 양국관계, 스페인 기업 시찰 등 다양한 프로그램을 통해 소중한 경험을 했다고 이야기한다. 한국에 대한 고르베냐 회장의 호의에 보답하여 필자도 대사관에서 양국 관계 브리핑을 실시하고, 관저에서 오찬을 함께 했다.

고메스 아세보 & 폼보(Gomez Acebo & Pombo) 법무법인과도 가깝게 지냈다. 이 법무법인은 스페인에 진출한 한국 기업들의 법적 자문을 많이 대행하는데, 6.12(수) 필자의 Executive Forum 조찬 연설회에 베르헤 그룹과 함께 후원을 해주기도 하였다. 마르틴(Manuel Martín) 시니어 파트너를 비롯한 5명의 변호사들과 상호 방문, 관저 만찬 등을 통해 우의를 돈독히 하였는데, 특히 12.17(화)에 시내의 한 와인 샵에서 함께한 포도주 시음회가 무척 기억에 남는다. 영업이 끝난 후 와인 박스가 여기저기 쌓인 가게 안에서 의자도 없는 테이블 주위에 서서 GAP 법무법인과 대사관 직원들이 함께 포도주를 즐겼다. 소믈리에 가게주인이 엄선하여 준비한 6가지 종류의 스페인 와인을 재미있는 설명과 함께 맛보면서 한 해를 마무리했다. 와인 애호가인 필자에게는 스페인에서 받은 최고의 초청 중 하나였다.

법무법인 GAP의 마누엘 마르틴 수석 파트너(맨 왼쪽)

한국 소개 TV 프로그램에서 필자와 인터뷰하는 테레사 노비요 기자

마지막으로 한국을 너무 좋아해서 케이블 방송(Déjate de Historias TV)에 한국을 소개하는 프로그램(Corea para Principiantes)을 제작한 기자가 있었다. 노비요(Teresa Novillo) 기자가 주인공인데 한국과 관련된 다양한 사람들을 대담에 초청하여 한국과 한-스페인 관계에 대해 다양한 정보와 시각을 제공하는 데 기여했다. 필자도 11.18(월) 프로그램에 출연했다. 노비요 기자는 또한, 젊은 층들과 함께 한류 확산 활동에도 적극적으로 참여하여 대사관이 많은 도움을 받았다. 이러한 분들의 지원과 협력으로 필자가 스페인에서 임무를 잘 완수할 수 있었기에 지면을 빌어 감사를 전한다.

España en mi vida

51. 산티아고 순례길

한국 사람들에게 산티아고 순례길(Camino de Santiago)은 이미 스페인을 대표하는 상징이 되어 버렸다. 2006년에 도보여행가 김남희 작가의 기행문이 책으로 출간된 이후 한국 사람들에게 알려지기 시작하여 순례객이 계속 증가하다가 마침내 2019년에는 8,224명이 방문하였다. 이 숫자는 세계 8위에 해당된다. 2021년 6월 문재인 대통령의 스페인 방문 시에는 산티아고 순례길-제주 올레길 교류 프로그램이 합의되기도 하였다. 산티아고 순례길은 너무 잘 알려졌기 때문에 설명이 필요 없을 것 같고, 필자가 경험한 일들을 몇 가지 이야기하겠다.

필자는 산티아고 순례길을 걸은 적이 없다. 800km에 달하는 거리를 걸을 수 있는 시간도 체력도 없었기 때문이다. 대신 순례길의 주요 지점들은 거의 다 자동차로 가보았다. 출장이나 휴가를 통해서였다.

먼저 2018년 8월에 종착지인 산티아고 데 콤포스텔라(Santiago de Compostela)에 갔다. 관례대로 산티아고 대성당의 제단에 있는 성 야고보 상을 뒤에서 포옹하고 밑에 있는 지하로 가서 성 야고보 관 앞에서 기도했다. 가톨릭 신자는 아니지만 좋은 일이 있을 것이란 믿음이 있었다. 대성당 옆에 있는 파라도르(Parador)에서 숙박을 했는데 중세 시대에는 순례자들을 치료하는 병원이었다고 한다. 그리고 서쪽으로 100km를 더 가서 대서양의 땅끝마을 피니스테레(Finisterre)도 가보았다. 순례길의 공식적인 종착지는 산티아고이지만 더 갈 곳이 없는 피니스테레를 가야 진짜 순례를 마친다고 한다.

2020년 2월에는 산티아고-레온 구간의 사리아, 오세브레이로, 비야프랑카 데 비에르소(스페인 하숙집 촬영지), 폰페라다, 몰리나세카에 가보았다. 마지막으로 2020년 7월에는 순례길 시작 구간의 프랑스 국경 마을인 론세스바예스, 팜플로나(황소몰이로 알려진 산 페르민 축제로 유명), 여왕의 다리 마을, 로그로뇨를 지나 중간 구간인 부르고스를 갔다. 간 곳마다 찍은 사진들을 모으면 필자가 마치 순례길을 완주한 것처럼 보일 것이다.

2018년에 대사관에 민원이 하나 접수되었다. 겨울에는 눈 때문에 프랑스-스페인 국경의 피레네산맥 구간이 폐쇄되는데도, 한국 사람들이 무시하고 간다는 것이다. 또한 순례길 숙소(알베르게)에서 함께 사용하는 공용 부엌을 한국인들이 삼겹살을 굽

느라고 독점한다는 내용도 있었다. 배영기 영사를 보내 생장 피에 드 포르 사무실에서 한글 안내판을 설치하고 안내자료도 더 많이 나누어 주도록 하였다.

그런데 알베르게 부엌 사용 문제는 사실무근이었다. 아마 일부 한국인들이 그랬을 가능성을 배제할 수는 없겠으나, 팜플로나 관광청과 알베르게 관계자들은 한국 순례객들이 무척 예의가 바르다고 칭찬했다고 한다. 사실 순례길 곳곳에서 한국인 방문을 환영하고 있었다. 스페인 하숙집 촬영은 방송 뉴스로 많이 보도되어 화제가 되었다.

스페인 하숙집 촬영지 비야프랑카 데 비에르소

대사관은 2020년 수교 70주년 행사로 산티아고 순례길의 주요 지점들을 순회하는 한국문화행사를 계획하고 해당 지방정부들과 협의하고 있었다. 그리고 2019년 11월에는 처음으로 대한항공 전세기가 순례객을 싣고 산티아고에 도착하였다.

이런 상황에서 갈리시아로부터 예상하지 못한 연락을 받았다. 갈리시아 주정부와 관광협회가 필자에게 '2019년 갈리시아 관광상(외국 대사상)' 수여를 결정했다면서, 12.3(화)에 라 코루냐(La Coruña)에서 개최되는 시상식에 참석해 달라는 것이다. 고풍스러운 라 코루냐 대극장에서 진행된 시상식은 음악, 조명, 순서가 마치 미국 아카데미영화상 시상식 같다는 생각이 들었다. 필자가 받은 외국 대사상 시상에서는 먼저 한국인들의 산티아고 순례길 방문 모습을 동영상으로 보여주어 필자를 감동시켰다. 그리고 갈리시아주 관광장관이 비무장지대를 산티아고 순례길처럼 평화의 길로 만들고 싶다는 문재인 대통령의 연설을 소개하고, 지난 5년간 2만 명 이상의 한국인들이 갈리시아의 산티아고 순례길을 걸었다고 설명하면서 수상자로 필자를 호명하였다. 음악과 함께 조명이 필자가 자리에서 일어나 무대 위로 오르는 모습을 비추었다.

갈리시아 관광협회장으로부터 트로피를 받고 포디움에 섰다. 많은 청중을 앞에 두고 무대 위에서 스포트라이트를 받으며 수상 소감을 말하려고 하니 긴장이 많이 되었다. 최대한 자연스러운 모습으로 "그동안 산티아고 순례길을 다녀간 모든 한국인 순례객들을 대표해서 이 상을 받게 되어 영광이다."라고 이야기하였다. 그리고 "개인적으로 갈리시아를 좋아하여 산티아고와 라 코루냐를 여러 번 방문하였으며, 특히 갈리시아식 문어 요리와 리아스 바이사스(Rias Baixas) 지방의 알바리뇨(Albariño) 화이트 와인을 즐겨 먹는다."라는 말을 하니까, 청중은 뜨거운 박수와 함께 환호를 보냈다. 순간 힘이 났고 갈리시아와의 관광협력을 위해 더욱 노력하겠다는 요지의 마무리를 하고 무대를 내려왔다.

갈리시아 관광상을 수상하고 소감을 말하는 필자

그리고 2020.2.8(토)에는 산티아고에서 동쪽으로 104km에 위치한 도시인 사리아(Sarria)에서 음식 축제에 참석해 달라는 초청이 왔다. 사리아는 순례길 루트에서 프랑스길과 북부길이 합류하는 지점으로 많은 순례자들이 모이는 곳이다. 거리에는 한국인들도 많이 보였다. 이 지역에서 사육하는 셀티코(Céltico) 품종의 돼지고기로 코시도(Cocido)라는 음식을 만들어 함께 먹는 축제이다.

북부길과 프랑스길이 만나는 사리아 마을

셀티코는 잘 알려진 이베리코와 함께 스페인의 2대 돼지 품종이다. 코시도(Cocido)는 스페인의 전통음식으로 두툼한 질그릇에 고기, 초리소(소시지), 병아리콩, 감자, 채소를 넣고 삶은 고열량의 보양식이다. 특히 긴 거리를 걸어야 하는 순례객들에게 맞는 음식인 것 같다. 2019년 10월에 만나 알게 된 곤잘레스 헌법재판소장이 축제 조직위원장을 맡았고, 이윤교 변호사와 레마(Carlos Lema) 콤플루텐세대학 법대 교수 등 법조인들도 자리를 함께 했다.

음식 축제에 참석하였지만, 이 지역 사람들의 관심은 온통 한국인 순례객이었다. 지역 방송국과 인터뷰를 했는데 한국인들이 산티아고 순례길을 많이 오는 이유와 전망에 대해 질문이 집중되었다. 같은 테이블에 앉은 갈리시아 주정부 관계자, 사리아 시장 등 지역 유지들도 마찬가지였다. 멀리 스페인 갈리시아의 한 도시에까지 이렇게 한국에 관심이 높아졌다는 사실에 가슴이 뿌듯했다.

전홍조 대사의
스페인 일기

2020

ESPAÑA EN MI VIDA

전홍조 대사의 스페인 일기

2020년

España en mi vida

52. 2020년의 시작

2019-2020년의 연말연시는 다소 힘들고 우울했다. 12.20(금)에 마드리드 시내에서 발생한 유학생 사망사고 때문이었다. 전혀 예상치 못했던 안타깝고 불행한 이 사고를 처리하고 유가족을 도와 시신을 한국으로 운구하기까지 17일이 걸렸다. 사고가 국내 언론에도 보도되었고 여러 곳에서 연락이 와서 심적으로 부담도 많이 느꼈다.

다시 정신을 가다듬고 업무를 시작했다. 한국이 주빈국으로 참가하는 마드리드 국제관광박람회(Fitur)가 1.22.(수)로 코앞에 다가왔다. 본부에서 문재인 대통령의 5월 스페인 방문을 스페인 정부에 제의하라는 지시도 왔다. 계획했던 수교 70주년 기념행사들도 추진해야 한다.

스페인 국내 정국은 1.7.(화)에 산체스 총리 임명 동의안이 힘들게 하원을 통과함으로써 안정이 된 것 같다. 집권 사회당은 2019.4.28 조기총선에서 과반에 훨씬 못 미치는 의석을 확보하여 총리 선출에 실패하였고, 11.10 재총선에서도 마찬가지였으나 극좌파인 포데모스연합과 연정을 구성하고(스페인 최초), 소수 정당들의 도움을 받아 겨우 집권에 성공하였다. 여전히 소수정부이긴 하지만 8개월 이상을 끌어온 임시정부 체제가 끝났다는 점에서 다행이었다.

이런 가운데 한 가지 반가운 소식이 있었다. 스페인 외교아카데미에서 필자를 명예 회원으로 임명한다는 것이었다. 명예 회원이 다소 상징적인 것이기는 해도 필자의 활동을 인정해주는 의미가 있다고 생각되어 기분이 좋았다. 필자는 2019년에 외교아카데미와 레알 마드리드 재단이 주최한 '스포츠와 외교' 포럼에서 발표하였고, 외교지에 한-스페인 관계에 대해 기고도 하였다. 벨로(Santiago Velo de Antelo) 회장과도 무척 돈독한 관계를 유지하고 있었다.

임명식은 1.9(목)에 카시노 데 마드리드(Casino de Madrid)에서 개최되었다. 카시노 데 마드리드는 시내 중심부 솔광장(Puerta del Sol) 근처에 있다. 한 번은 필자가 행사 참석을 위해 건물로 들어가려는데 한 동양인(중국인으로 보였음)이 영어로 이곳에서 카지노(도박)를 할 수 있느냐고 물었다. 아마 Casino라는 단어 때문에 그렇게 생각할 수도 있었을 것이다. Casino는 원래 오락시설을 갖춘 연회장이라는 개념이었고, 이곳도 1836년 상류층을 위한 사교 클럽으로 문을 열었다고 한다. 이날 모두 13명의 신규 회원이 임명되었는데 외국 대사는 필자를 포함하여 4명이었다. 많은 동료 대사들과 스페인 인사들이 참석하여 축하해 주어 기분이 좋았다.

스페인 외교아카데미 명예회원 임명장 수여식

2020 마드리드 국제관광박람회(Fitur) 기자회견장에서 발표하는 필자

1.14(화)에는 2020년 마드리드 국제관광박람회(Fitur) 개최를 설명하는 기자회견이 열렸는데, 필자도 주빈국 대표로 참석하였다. 기자회견장에는 50여 명의 많은 기자가 있었다. 단상에는 마드리드박람회(Ifema)의 곤잘레스 회장, 로페스-푸에르타스 사무총장, Fitur의 가예고(Luis Gallego) 조직위원장(이베리아항공 회장), 발카르세(Maria Valcarce) 국장과 올리베르 관광차관, 필자가 앉았다. 필자는 한국의 주빈국 참가에 대해 7분가량의 발표를 했는데, 요지는 다음과 같았다.

"2020년 한-스페인 수교 70주년을 맞아 한국이 Fitur에 주빈국으로 참가하게 되어 영광으로 생각합니다. 지난 70년간 양국 관계가 제반 분야에서 발전하여 왔는데, 특히 최근에는 관광 분야에서의 교류와 협력이 크게 확대되고 있습니다. 2019년에는 63만 명의 한국인이 스페인을 방문하였는데, 이는 한국의 인구와 지리적 위치를 감안하면 놀랄만한 숫자입니다. 작년 10월에 펠리페 6세가 한국을 방문하였는데, 한-스페인 양국 정상은 관광협력 확대의 중요성에 인식을 같이하였고, 양국 장관들 간 협력 MOU가 체결되었습니다. 이 MOU에서 양국은 2020-21년을 상호 방문의 해로 지정하고 다양한 협력 프로그램을 시행하기로 하였는데, 한국의 Fitur 참가가 그 출발점이 될 것입니다. 한국은 5천 년의 역사와 문화유산, 아름다운 자연, 한류, 수준 높은 관광 인프라를 가진 관광국가입니다. 이번 Fitur 참가를 통해 이러한 한국의 관광 매력을 스페인은 물론 전 세계에 알리고자 합니다. 참가국들 중 320㎡의 가장 큰 면적으로 설치되는 한국관의 주제는 '전통과 현재의 융합'입니다. 자연과 고궁과 같은 전통적 이미지의 바탕하에 3D LED 기술로 현대적인 스마트 관광 이미지를 보여줄 것입니다. 입구를 지나면 멀티미디어 터널이 나오고 K-Pop, K-Beauty, K-Food 체험관과 기업 상담관도 운영이 됩니다. 개막 2일째인 1.23(목)에는 카시노 데 마드리드에서 '한국관광의 밤' 행사를 개최할 예정입니다."

기자회견이 끝난 후 기자 여러 명이 인터뷰 요청을 하였다. 필자의 명함을 받은 기자들은 나중에 이메일로도 질문하여 대답해주었다. 기자회견 후 검색을 해보니 한국의 주빈국 참가에 대한 보도가 많이 있었다. 주빈국 참가로 한국 홍보가 많이 되고 있어 기분이 좋았다. 개막식이 다가오자 Fitur에 대한 언론 보도도 증가하여 갔다. 2020년이 Fitur 창설 40주년이 되는 해이기 때문에 더욱 관심이 많은 것 같았다. 필자는 1.18(토)에 마드리드의 유명 라디오 방송과 전화 인터뷰를 했다. 이 방송은 그날 종일 Fitur의 역사, 성과와 2020년 계획, 프로그램에 대해 방송하고 각계 전문가들과 인터뷰를 했으며, 필자는 한국의 주빈국 참가 의의와 한국관에 대해 설명하였다.

한국관광공사와 한국관 운영, 한국의 밤 행사 개최에 대한 협의를 진행하였고, 스페인 관계기관과 정부 대표인 박양우 문화관광체육부 장관의 일정도 준비해 나갔다.

España en mi vida

53. 마드리드 국제관광박람회(Fitur 2020)
주빈국 참가

개막식 하루 전날인 1.21(화)에 한국관 설치가 완료되었고, 정부 대표인 박양우 문화체육관광부 장관도 마드리드에 도착했다. 첫 번째 행사는 마드리드 시청(시벨레스 궁)의 크리스털 갤러리(Galeria de Cristal)에서 개최된 Fitur 40주년 기념 만찬이었다. 크리스털 갤러리는 25m 위의 돔 형태의 천장이 모두 유리로 된 장소로 면적이 2,420㎡(730평)나 된다. 이날 초청된 사람들도 각국 대표, 스페인 고위인사들을 포함하여 대략 300여 명이 되지 않았나 생각된다. 박양우 장관은 별도의 대기실에서 주요 인사들과 함께 펠리페 6세 국왕과 인사를 나누고 함께 만찬장으로 입장하여 헤드테이블에 착석했다. 헤드테이블에는 국왕, 주랍 UNWTO 사무총장, 마로토 통상산업관광부 장관, 곤잘레스(Arancha González Laya) 신임 외교장관, 아유소(Díaz Ayuso) 마드리드 주지사 등이 앉았다. 필자는 다른 테이블에서 UNWTO, 콜롬비아 등 각국 대표들과 함께 있었다.

만찬에 앞서 기념식이 있었는데, 펠리페 6세의 연설이 필자의 가슴을 뭉클하게 했다. Fitur 40주년과 관광에 대한 이야기를 해

나가던 국왕은 중간 부분에서 2020년 주빈국이 한국이라고 발표하였다. 그리고 자신이 작년 10월에 한국을 방문하였고 역동적인 한국의 발전에 감명을 받았다고 말했다. 이어 금년이 양국 수교 70주년인데 한국의 Fitur 주빈국 참가는 양국관계 발전에 큰 의미가 있다면서, 한국의 주빈국 참가를 환영한다며 마무리했다. 같은 테이블의 사람들이 필자에게 축하한다는 인사를 건넸다. 300명이 넘는 주요 인사들 앞에서 이렇게 국왕이 직접 한국을 이야기하는 것만큼 훌륭한 공공외교가 또 어디에 있을까?

Fitur 40주년 기념 만찬에서 연설하는 펠리페 6세

행사가 끝난 후, 퇴장하는 국왕이 필자에게 다가와서 악수를 했다. 얼마 전 새 정부 구성에서 새로 임명된 곤잘레스 외교장관에게도 인사를 했다. 나중에 박양우 장관이 헤드테이블 분위기를

이야기해 주셨다. 펠리페 6세가 한국 방문 소감을 자세히 이야기했는데, 특히 한국의 과학기술 발전을 직접 목격한 것이 좋았다고 한다. 그리고 한국 정부의 환대에 감사하며 문재인 대통령께 꼭 안부를 전해 달라고 부탁했다고 한다. 박양우 장관도 기분이 무척 좋아 보였다.

다음날인 1.22(수)에 마드리드 박람회장(Ifema)에서 Fitur가 개막되었다. 박람회장의 외부 정면 입구에는 Imagine your Korea 홍보판이, 내부 입구에는 BTS와 한식 홍보판이 크게 설치되었다. 주빈국에게만 주어지는 특혜이다. 공식 개막식에 앞서 10시경 레티시아(Letizia) 왕비가 주요 인사들과 함께 8개 정도의 전시관을

박람회장 건물 외부의 Imagine your Korea 홍보판

방문하는데 주빈국인 한국관도 포함되어 있다. 박양우 장관, 안영배 관광공사 사장과 함께 레티시아 왕비 영접을 위해 줄을 섰다. 이미 많은 카메라와 기자들이 몰려 있었고 인터뷰 요청도 많았다.

레티시아 왕비와 주요인사들의 한국관 방문

이윽고 레티시아 왕비가 바텟(Meritxell Batet) 하원의장, 주 랍 UNWTO 사무총장, 마로토 통상산업관광부 장관, 곤잘레스 Ifema 회장, 가예고 Fitur 조직위원장, 아유소 마드리드 주지사, 마르티네스-알메이다(José Luis Martínez-Almeida) 마드리드 시장, 올리베르 관광차관과 함께 도착하였다. 박양우 장관, 필자, 안영배 사장 순으로 악수를 하고 기념촬영을 했다. 이제 왕비도 필자가 낯이 익은지 반갑게 인사를 했다(필자만의 생각일까?).

레티시아 왕비와 인사하는 필자

　이어 간단한 전통무용(향발무) 공연이 있었다. 주요 인사들뿐만 아니라 주위의 많은 사람들이 4명의 무용수가 나라의 잔치 때 추는 궁중무용을 관심 있게 보았다. 레티시아 왕비가 앞으로 나가 무용수들과 기념촬영을 했다. 국왕 방한 때 함께 일했던 산스(Diego Sanz) 왕실 의전관이 필자에게 나오라고 손짓을 하여 박양우 장관과 함께 나가 사진을 찍었다. 그런데 레티시아 왕비가 통역에게 뭐라고 말하자 통역이 관람객들이 모여있는 곳으로 가서 한 한국 여성을 데리고 온다. 왕비는 반갑게 인사를 하고 사진을 같이 찍었다.

　이 장면은 언론에도 에피소드로 보도되었는데, 마드리드에 거주하는 이 여성은 한국 전통무용을 공부하였고, 우연한 기회에 스페인 친구를 통해 왕비를 알게 되어 가끔 영화도 보고 한국 음식도 먹는 사이라고 한다. 레티시아 왕비가 한국 방문 시 김치를 만들 줄 안다고 말했는데, 아마 이 여성이 가르쳐주었겠다는 생각이 들었다. 레티시아 왕비는 멀티미디어 터널을 관람하고 한국관 방문을 마쳤다.

가장 인기가 있었던 멀티미디어 터널

박양우 장관은 이후 개막식 참석 및 연설, 마로토 장관 및 주랍 UNWTO 사무총장과의 회담, 스페인 및 중남미 언론과의 간담회 등 바쁜 일정을 가졌다. 마로토 장관과는 "2020-21 상호방문의 해 이행계획(action plan)"도 서명했다. 박양우 장관은 수행한 담당국장에게 자리를 걸고 2020년 외국인 관광객 2천만 명 유치 목표를 달성하라는 농담을 할 정도로 강한 의지를 표명하였다. 이를 위해서는 아시아에 비해 상대적으로 적은 유럽과 미주(중남미 포함) 관광객 유치 확대가 중요한데, Fitur 주빈국 참가는 이러한 측면에서 중요하다는 의견을 필자에게 말씀하신 것이 기억난다.

그리고 다음 날인 1.23(목)에는 카시노 데 마드리드에서 '한국관광의 밤' 행사를 개최했다. 이날 행사는 스페인 관광객의 한국 유치를 위해 스페인 여행사들을 주로 초청하였다. 마로토 장관과 주랍사무총장도 참석해서 축사를 해주었다. 한국관광과 문화를 소개하는 프레젠테이션, 공연 등 다채로운 프로그램으로 구성된 행사는 윤우선(스페인에서 방송인, 모델, 배우로 활동)과 장민(스페인 태생으로 한국에서 모델로 활동)의 사회로 진행되었다. 그리고 루크 장(엘불리 출신 셰프)의 한국-스페인 퓨전 요리도 많은 인기가 있었다.

1.22(수)부터 5일간 진행된 박람회 기간 중 2만 명이 넘는 기업인들과 일반인들이 한국관을 찾았다. 한국의 자연·고궁·사

찰·한글·한복·한식·K-Pop 콘텐츠로 가득 찬 멀티미디어 터널은 가장 인기 있는 사진 촬영지가 되었다. 붓글씨·사찰음식·화장품 체험관은 항상 긴 줄이 서 있었다. 한국관은 최우수 국가 홍보관으로도 선정되었다. 한국 여행 상품에 대한 기업 상담도 많이 이루어졌다. 무엇보다도 최대 성과는 한국의 관광과 문화가 널리 알려지고 국가 위상이 높아진 것이 아닐까?

España en mi vida

54. 코로나19로 연기된
문재인 대통령의 스페인 방문

　마드리드 국제관광박람회(Fitur)가 끝나고 10일 후인 2.5(수)에 펠리페 6세 국왕이 주최한 외교단 신년하례식에 참석하였다. 이번에도 아내와 함께 한복을 입었는데 역시 반응이 좋았다. 리시빙 라인에서 국왕 내외는 먼저 인사를 하면서 한결 따뜻하게 필자 내외를 반겨 주었다. 왕관의 방(Salón de Trono)에서 행한 연설에서 펠리페 6세는 수교 70주년을 맞아 작년 10월에 한국을 방문한 사실을 빠뜨리지 않았다.

국왕 주최 외교단 신년 하례식

하례식에서 필자는 최근 산체스 총리의 2기 정부 출범 후 새로 임명된 곤잘레스 외교장관, 가야크(Cristina Gallach Figueres) 외교차관, 무뉘스(Manuel Muñiz) 국제위상차관을 만나 인사를 나누었다. 당시에 우리 측은 스페인 측에 문재인 대통령의 5월 스페인 방문을 제의한 상태였다. 곤잘레스 장관을 비롯한 외교부의 신임 수뇌부들이 아직 내용을 모르고 있어 일일이 설명을 하면서 조속한 검토를 부탁했다. 마르티네스 왕실 의전장은 현재 왕실이 검토 중이니 조금만 기다려 달라고 하였다.

그리고 2월 중순경 스페인 측에서 문재인 대통령을 국빈으로 맞겠다는 답변을 공식적으로 통보해왔다. 먼저 일정과 내용에 대한 골격을 검토했다. 국빈방문에 기본적으로 들어가는 공식환영식(왕궁), 국왕 내외 환담(사르수엘라궁), 국빈만찬(왕궁), 정상회담(몽클로아궁 총리 관저), 상하원합동연설, 마드리드시청 방문(황금열쇠 증정) 외에 비즈니스포럼, 동포 간담회 등 추가 일정을 어떻게 해야 할지가 중요하였다.

내용적으로는 한-스페인 양국관계를 전략적 동반자 관계로 격상시키는 것이 제일 중요하였다. 지난 70년간 모든 분야에서 발전해온 협력과 교류의 성과를 바탕으로 앞으로 양국관계가 한 차원 더 높은 단계로 발전하기 위해 이제는 전략적 동반자 관계를 공식적으로 설정할 때가 된 것이다. 이를 위해 전략적 동반자 관계 설정에 대한 공동선언문에 합의하여 서명하기로 하였다.

그리고 작년 10월 펠리페 6세의 방한 시 제시된 양국 간 미래 협력 과제의 실행을 구체화하기 위해 산업 4.0 협력 양해각서, 스타트업 협력 양해각서(디지털경제), 청정에너지 협력 양해각서(그린경제) 체결을 추진하고, 양국이 문안에 합의한 세관 상호지원 협정도 서명하기로 하였다. 필자는 이러한 계획을 가지고 본부와의 협의를 거쳐 바타야 의전장, 살로몬 북미동유럽아태국장, 세라노 국제경제국장, 그리고 스페인 관계부처들과 열심히 교섭 활동을 하였다. 2.25(화)에는 권평오 KOTRA 사장이 스페인을 방문하여 멘데스 통상차관과 경제행사와 비즈니스포럼 문제를 협의하였다.

그러나, 코로나19의 어두운 그림자가 점점 다가오고 있었다. 2.12(수)에는 GSMA(세계이동통신 사업자연합회)가 2월 말 바르셀로나 MWC 개최를 취소한다고 발표하였다. 중국이 MWC의 최대 참가국인 점을 감안했기 때문이었다. 이때만 해도 한국과 스페인에서는 소수의 확진자만 발생해 큰 문제가 없는 듯 보였다. 그런데 2.18(화)부터 한국에서 대구 신천지교회의 집단감염으로 확진자가 가파르게 증가하기 시작하였다. 이때는 스페인 사람들이 한국의 상황을 걱정하는 분위기였다.

그러나 2.21(금)부터 이탈리아 북부지역에 코로나19가 확산되어 이동제한령이 내려진 이후에 스페인에서도 3.9(월)에 누적 감염자가 1,231명으로 증가하였고, 3.13(금)에는 5,232명으로 급속히 확산되었다. 이웃 국가인 이탈리아의 확산에도 직항 항공편을 계속 운행하는 등 안일하게 대응했던 스페인 정부는 당황하는 분위기가 역력했다. 휴교령도 소용이 없자 결국 3.14(토)에 국가경계령(Estado de Alarma)을 내리고 전국에 강력한 봉쇄령을 발동한다. 문재인 대통령 방문은 더 이상 추진할 수가 없게 되었고, 양측은 코로나 상황이 종료되면 다시 추진하기로 하였다.

3.24(화)에 문재인 대통령과 산체스 총리는 전화 통화를 갖고, 코로나19 대응을 위해 적극 협력하기로 하였다. 이제 코로나19 대응으로 상황이 바뀌어 버린 것이다. 문재인 대통령의 스페인 방문 연기는 필자의 스페인 생활에서 가장 아쉬운 부분이었다. 펠리페 6세의 방한에 이은 문재인 대통령의 스페인 방문으로 양국 수교 70주년을 최고위급 외교를 통해 기념하고, 양국 간 협력과 교류의 모멘텀을 더욱 살려 나갈 수 있었을 것이다. 개인적으로도 대사 재임 중에 양국 정상의 교환 방문이 이루어지는 것은 큰 영광일 수밖에 없다.

페드로 산체스 총리와의 정상회담을 위해 몽클로아궁을 방문한 문재인 대통령

문재인 대통령은 1년이 지난 후인 2021년 6월에 스페인을 국빈 방문하였다. 필자가 이임한 후이긴 하지만, 양국 정상의 교환 방문이 이루어진 것은 양국관계 발전에 크게 기여할 것으로 생각한다. 특히 코로나19로 인해 분위기가 침체되고 경제가 어려워진 스페인으로서는 한국과의 디지털, 그린, 관광 협력을 크게 기대하고 있다. 방문 성과도 필자가 계획했던 것이 모두 반영되어 기쁘게 생각한다. 방문이 끝난 후 모로 주한 스페인대사로부터 필자에게 전화가 왔다. "전 대사가 이번 방문에 함께 참여하지는 않았지만, 사실상 반은 참가한 것이나 다름이 없다. 자신이 작년에 전 대사와 함께 계획했던 대로 이번 방문이 이루어졌다. 고맙다."

2021년 6월 스페인을 방문한 문재인 대통령(왕궁 공식환영식)

España en mi vida

55. 코로나19확산과 봉쇄된 스페인 생활

　코로나19의 급격한 확산에 대응하기 위해 스페인 정부는 3.14(토)부터 국가경계령을 발동하여 스페인 전역에 강력한 봉쇄 정책을 시행하였다. 국민은 식품, 의약품 등 필수품을 구매하는 경우를 제외하고는 외출이 금지되었고, 식품점과 약국을 제외한 모든 상점과 문화, 유흥 시설이 문을 닫았다. 근로자들의 출근도 제한되어 대부분 직장이 재택근무에 들어갔고, 3.30-4.9간은 필수 업종 외의 근로자들의 출퇴근이 전면 금지되기도 하였다. 도로에서는 경찰의 검문이 시행되었다. 봉쇄 조치와 함께 진단검사 확대, 방역물자 확보, 병상 확대, 의료인력 보강 등 방역 조치가 시행되었다. 재난지원군(UME)을 비롯한 연인원 18만 명의 군병력도 투입되었다.

　그러나, 상황은 더욱 악화되었다. 누적 확진자 수는 3.13(금)에 5,232명에서 4.24(금)에는 202,990명으로 증가하였다. 이탈리아에 이어 두 번째로 많은 숫자였다. 일일 신규확진자 수는 3월 하순 9천 명대에서 정점을 찍고 서서히 감소하였으나, 4월 말까지 여전히 3-4천 명대를 유지하였다.

대부분의 유럽 국가들과 같이 스페인도 정부의 위기대응 역량에 여러 문제점이 드러났다. 부정확한 통계 집계와 잦은 변경으로 통계의 신뢰성에 대한 의문이 지속적으로 제기되었다. 품질 및 가격에 대한 충분한 검증 없이 불량 중국산 진단키트와 마스크를 비싼 가격으로 사는 등 방역물자를 비효율적으로 구매하였다. 허술한 노인 요양시설 관리로 많은 노인들이 사망하였다. 야당들은 정부를 비판하였고 중앙정부-지방정부 간 공조체제도 원활하지 않은 것 같았다.

오랜 봉쇄 기간으로 국민들도 힘들어했다. 필자는 매일 대사관에 출근도 하고 관저에 마당이 있어 그나마 나은 편이었다. 그러나 좁은 아파트에 여러 명이 함께 사는 가족들은 고생이 무척 많았을 것으로 생각한다. 매일 저녁 8시에 발코니에 나와 의료진을 격려하는 박수를 치고 함성을 지르는 시간이 이들에게 큰 위안이 되었을 것으로 생각한다. 나중에는 정부에 항의하는 냄비 두드리기(cacerolazo)도 저녁 9시에 생겼다. 한 가지 재미있었던 일화가 있다. 어떤 이유인지는 모르겠지만, 애완견 산책은 허용이 되어 주인들도 함께 산책할 수 있는 행운이 주어졌다. 그래서인지 한 애완견을 여러 사람이 돌아가며 산책시키는 바람에 개들이 많이 지쳐있다는 우스갯소리도 들렸고 실제로 애완견 구매가 증가하였다고 한다.

저녁 8시 발코니에서 의료진에게 감사의 박수를 치는 시민들

다행히 4월 말에 접어들면서 일일 신규확진자 수는 천명 이하로 감소하였다. 정부는 5.4(월)부터 4단계의 점진적 봉쇄조치 완화 계획을 실시하였다. 집 1km 이내에서 하루 1시간의 산책도 허용되었다. 일상의 자유가 이렇게 소중한 것인지 새삼 실감하였다. 6월 중순 이후 일일 확진자 수가 200-400명으로 유지되자, 정부는 6.21(일)에 국가경계령을 해제하였다.

봉쇄 기간 중 정상적인 업무는 불가능했다. 모든 외교행사는 중단되었고 꼭 필요한 경우는 화상으로 진행되었다. 이 기간 중에 대사관의 최우선 업무는 당연히 우리 국민들의 보호였다. 확진된 몇몇 교민들이 연락을 해와서 마스크와 약품을 보내 주었다. 당시는 워낙 확진자가 많아 국가에서 모두 관리를 할 수 없는 상황이었다. 한국의 한 부모님은 유학 중인 아들이 마스크를 사지 못해 고생하고 있다고 도움을 요청하여 왔다. 정말로 시중에서 마스크 사기가 하늘의 별 따기였고, 대사관 직원들도 예외는 아니였다. 한국에서도 마스크 배급제가 시행되고 있어 해외 반출을 엄격히 통제하고 있었다. 여러 공관들의 건의가 잇따르자 정부에서 재외국민들을 위한 마스크 반출을 승인해 주겠다고 통보가 왔다. 한인회와 협의를 하여 스페인 전국에 있는 230여 가구에 마스크를 배달했다. 많은 분들이 한국인임이 자랑스럽다면서 감사의 인사를 전해 왔다. 조그만 성의가 이렇게 큰 감동을 줄지는 생각하지 못했다.

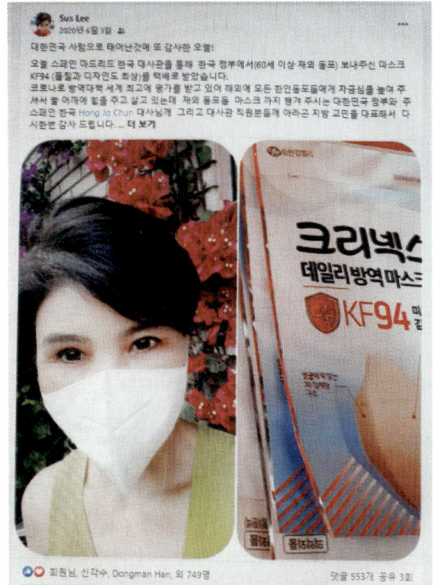

마스크 지원에 감사를 전해온 이태분 아라곤 한인회장의 페이스북 글과 사진

4.15(수)에는 알헤시라스 항구에 입항한 선박에서 한국인 선박 수리 전문가 2명의 입국을 스페인 정부로부터 허가받아 바르셀로나를 통해 한국으로 귀국시켰다. 이들은 2월 중순 대만에서 승선하였으나 선박 수리를 마친 후에도 코로나 사태에 따른 입국 거부로 하선하지 못하고 스페인까지 왔는데, 서울의 가족들이 대사관에 도움을 요청했다. 4.21(화)에는 적도기니에 있는 한국인 13명이 스페인 정부가 자국민 철수를 위해 준비한 전세기 편으로 마드리드에 도착해 4.22(수)에 한국으로 떠났다. 스페인과 한국 정부의 협조가 빛나는 부분이었다. 또한, 항공편이 중단되어 스페인을 떠나지 못하는 국민을 위해 아시아나 항공이 바르셀로나-독일-한국을 연결하는 귀국 항공편 2대를 마련하여 82명이 귀국하였다.

스페인에서도 한국의 모범적인 방역이 언론에 크게 보도되고, 정치인들은 한국의 3T 전략을 자주 언급하였다. 필자도 언론의 요청으로 수차례 기고를 하였다. 3.28(토)에는 손미나 아나운서가 스페인 Antena 3 방송에 출연하여 주목을 받기도 하였다. 특히 4.15(수)에 한국이 코로나 상황에서도 총선을 정상적으로 실시한 것에 대해 많은 언론이 보도하였고, 정부도 이례적으로 공식 성명을 발표하였다. 4.17(금)에 스페인 외교부는 성명에서 "스페인은 한국 국민과 정부가 코로나19의 세계적 확산하에서도 정상적으로 의회 선거를 실시한 것을 기쁘게 생각한다. 이는 정부의 효율적인 대응, 민주주의에 대한 신념, 한국 국민들의 개별적 그리고 집단적인 책임의식의 결과이다."라고 발표하였다. 이 정도면 최고의 찬사가 아닐까 생각한다.

5월 초에는 스페인 정부에 한국 신속진단키트 67만 개를 수출하였다. 3월에 중국산 진단키트에서 불량품이 나와 비판 여론이 거세진 이후에 스페인 정부가 한국산 키트 구매를 강력히 희망하였기 때문이다. 추후 스페인 정부의 고위관계자는 진단키트의 효능이 매우 높았다면서 감사의 인사를 전해 왔다.

손미나 아나운서가 출연한 Antena3 방송

6.5(금)에는 문재인 대통령이 펠리페 6세의 요청으로 전화 통화를 하였다. 양 정상은 코로나19 대응을 위한 그동안의 양국 협력을 평가하고, 국제적 연대와 협력을 계속 강화해 나가기로 하였다. 펠리페 6세가 한국의 효율적인 코로나19 대응과 성공적인 4.15 총선 실시를 축하한 것은 물론이다. 코로나 팬데믹 상황에서도 한-스페인 관계는 더욱 긴밀해진 것 같다.

España en mi vida

56. 봉쇄 해제 후
새로운 생활 방식

스페인 정부는 6.21(일)에 국가경계령을 해제하고 뉴노멀(New Normal) 시대 진입을 선언하였다. 여름철 휴가 성수기를 앞두고 가장 많은 타격을 받은 관광산업을 살리기 위한 조치일 수도 있었다. 코로나19로 인해 2020년에 -11%의 경제 역성장과 18-24%의 실업율이 전망되었기 때문이었다.

정상으로 돌아왔다고는 하나, 코로나19 발생 이전의 생활과는 다른 새로운 생활 방식이라는 의미의 이 용어는 무척 생소하게 느껴졌다. 한마디로 사회적 거리 두기와 비슷한 개념이었다. 1.5m 사회적 거리 유지, 공공장소에서의 마스크 착용, 재택근무 장려, 직장, 학교, 상점, 호텔 등에서 인원수 제한, 코로나19 조기 경보 체제 도입 등이 주요 내용이었다. 지난 3개월간 집 밖을 나오지 못했던 봉쇄 생활을 생각하면, 이 정도라도 살 만했다. 정부의 방역 체제도 점차 안정되어 가는 것 같았다.

산체스 총리는 외국인 관광객을 받아들이고, 5차례에 걸쳐 2,200억 유로의 긴급경제지원 대책을 발표하였다. 그러나 이것만으로는 부족했다. 스페인 정부는 유럽연합(EU)의 지원을 요청하였다. 특히 코로나19 발생 이후 EU가 제대로 역할을 하지 못하고, 각국이 각자도생으로 살길을 찾았기 때문에, EU로서도 이 문제는 매우 중요했다.

EU는 4.9(목) 유로존 재무장관회의에서 기존의 틀 내에서 총 5,400억 유로의 코로나19 대응 패키지에 합의하였다. 그러나 가장 많은 피해를 입은 이탈리아, 스페인, 그리스, 포르투갈 등 남유럽 국가들이 기존의 틀 이상의 추가 지원을 요구하였다. 유로존 공동채권(코로나 본드) 발행을 통해 재원을 마련하여 회원국들에게 무상으로 지원하라는 것이다. 이들 국가는 2010년 재정위기 시 EU의 지원이 신속하고 충분하지 못했다고 상당한 불만을 가지고 있었다.

이에 대해 검소한 4개국(Frugal 4)이라고 불리는 네덜란드, 오스트리아, 스웨덴, 덴마크 등 북유럽 국가들은 강력히 반대했다. 다른 회원국들의 채무를 떠안을 수 없으며 무상지원은 도덕적 해이를 초래할 수 있다는 이유였다. EU의 양대 축인 프랑스 마크롱 대통령과 독일 메르켈 총리가 나서서 무상지원 5,000억 유로 조달 방안을 제시하였다. 이를 기초로 레이언 EU 집행위원장은 무상지원 5,000억 유로, 대출 2,500억 유로를 회원국들에 공식 제안하였다.

　6.19(금) 화상회의에서 진전이 없자, 회원국 정상들은 7.17(금)에 브랏셀에 모여 5일간 치열한 협상을 벌였다. 네덜란드 루트 총리와 오스트리아 쿠르츠 총리가 무상지원에 강력히 반대하였고, 이에 이탈리아 콘테 총리가 강하게 반발하고 산체스 총리도 지원하는 상황이 계속되었다. 결코 양보하지 않을 것 같았던 양 진영은 밀고 당기는 협상 끝에 미셸 EU 정상회의 의장의 중재안(무상지원 3,900억 유로, 대출 3,600억 유로)을 받아들였다. EU 역사상 최초의 무상지원이 합의된 순간이었다. EU 회원국들이 처

코로나 19 시대의 일광욕, 스페인 히혼 해변가(출처 : 엘 파이스 신문)

음에는 분열하였으나 합의를 통해 다시 연대를 결속시킬 수 있었다. 미흡한 대응으로 어려움에 처했던 산체스 총리도 안도의 한숨을 쉴 수 있었다.

그러나 재확산의 위험은 여전히 도사리고 있었으며, 이는 여름철 휴가 시즌이 끝난 후 현실이 되고 말았다.

España en mi vida

57. 뉴노멀(New Normal) 시대 외교 활동

봉쇄 해제 후 외교 활동도 새로운 방식인 줌 화상회의를 통해 재개되었다. 서울과는 7.7(화)에 이태호 외교부 2차관 주재 UNESCO 집행이사국 주재 공관장회의, 7.9(목)에 강경화 외교장관 주재 재외공관장회의가 있었다. 스페인 측과는 6.10(수)에 야구노(Marta Llaguno) 하원 외교위원회 의원 면담, 6.11(목)에 보넷 스페인상공회의소 회장 면담, 7.7(화)에 제21차 한-스페인 민간경협위 회의, 8.12(수)에 스페인주재 아태지역대사 회의를 화상으로 개최하였다.

강경화 외교장관 주재 화상 재외공관장회의

코로나19 대응 협력과 관련해서는 4월부터 시행해온 스페인 보건부와의 정보공유를 계속했다. 6.23(화)에는 스페인 적십자 중앙병원에 한식 도시락을 보내 의료진을 격려하기도 하였다. 특히 7.12(일)에 지방선거를 실시하는 갈리시아주와 바스크주에는 우리의 4.15 총선 방역 경험 정보를 제공하였다. 선거 후에 누녜스(Alberto Núñez Feijóo) 갈리시아 주지사와 우르쿨루(Iñigo Urkullu) 바스크 주지사가 필자에게 편지를 보내 사의를 표명하였고 추후 꼭 방문해달라는 뜻을 전해 왔다.

조금씩 대면 행사도 개최되기 시작했다. 7.6(월)에는 헌법재판소 창설 40주년 기념행사에 참석하였다. 초청자 확인, 체온 측정, 손 소독 등의 방역 절차가 있었고, 모두 지정된 좌석으로 안내되었다. 어색한 분위기였지만 봉쇄가 해제된 후 처음으로 곤잘레스 헌법재판소장과 인사를 나누고 펠리페 6세의 얼굴을 보니 기분이 좋았다. 7.14(화)에는 파론도(Javier Parrondo) 신임 아시아교류재단(Casa Asia) 원장을 만났고, 7.20(월)에는 피코(Leticia Pico de Coana) 문화과학협력국장(대리)과도 면담했다. 7.22(수)에는 루비오 The Diplomat 편집장을 만났고, 7.24(금)에는 새로 부임한 로스(Sofia Ross Mcintyre) 호주대사의 예방을 받았다.

봉쇄 해제후 처음 참석한 대면 행사인 헌법재판소 창설 40주년 기념식

코로나19의 와중에서도 스페인의 기술기업인 인드라(Indra)가 한국공군기지 관제시스템사업에서 미국기업을 이기고 700억 원 규모의 입찰에 성공했다는 소식이 들려 왔다. 대사관이 인드라 협상팀의 한국 비자와 격리면제서를 여러 차례 발급하는 등 지원을 했다. 입찰 후 담당 이사가 대사관에 감사의 뜻을 전달해 왔다.

7월에는 아내와 여름휴가도 다녀왔다. 산티아고 순례길의 초입에 있으며 '황소몰이(Los Encierros)' 행사로 유명한 팜플로나에 갔다. '황소몰이'로 알려진 산페르민 축제는 매년 7.6-14에 열리는데 2020년에는 코로나19로 개최되지 않았다. 축제는 보지 못했지만, 산토도밍고 우리에서 시작하여 메르카데레스(Mercaderes) 90° 커버 구간, 에스타페타(Estafeta, 폭이 가장 좁은 곳)을 거쳐 투우장에 이르는 849m 구간을 걸으면서 아쉬움을 달랬다. 호텔도 방역이 엄격했으며, 아침 식사도 종래의 뷔페에서 직원이 쟁반에 담아 가져오는 방식으로 바뀌었다.

론세바예스(Roncesvalles), 여왕의 다리(Puente de la Reina) 등 순례길의 나바라지역 구간을 돌아보고, 로그로뇨(Logroño)를 거쳐 스페인의 최대 포도주 생산지인 라 리오하(La Rioja)로 갔다. 이 지역의 5대 와이너리 중 하나인 마르케스 데 리스칼(Marqués de Riscal)을 방문하여 와인을 맛보고, 와이너리 호텔에서 1박을 했다. 이 호텔은 빌바오의 구겐하임 미술관을 설계한 건축가 프랭크 게리(Frank Gehry)가 설계한 것으로 유명하다. 구겐하임 미술관과 여러모로 유사한 점이 많다.

8월에는 한-스페인 수교 70주년 기념 책자 발간을 위한 마지막 작업에 주력했다. 모로 주한대사와 스페인한국연구소(CEIC)와 협의를 계속 진행하였다. 홍다혜 서기관이 스페인어-한국어 번역 검수, 책자 디자인, 인쇄를 위해 진력하였다. 코로나 팬데믹으로 수교 기념행사가 모두 취소되었지만, 기념 책자 발간식은 반드시 대면으로 개최해야겠다고 생각했다.

España en mi vida

58. 코로나19 2차 유행

코로나19와 여름 휴가철로 한산했던 마드리드도 9월이 되자 어느 정도 활기를 되찾았다. 그러나 거리와 식당들이 관광객들로 붐볐던 예전의 모습은 찾아볼 수 없었다. 사실 스페인 한인사회도 천 명이 넘는 유학생과 거주자들이 한국으로 귀국해 버렸다. 주 12회 운항하던 직항도 모두 중단되었다. 주춤하였던 확진자 수도 9월이 되자 다시 증가하고 있었다. 대사관에서도 현지인 직원들이 몇 차례 감염된 사례가 나와 전 직원이 PCR 검사를 받는 등 어려움을 겪었다. 10월에는 필자의 기사가 감염되어 필자도 관저에서 자가격리를 하였다.

9월은 유명희 통상교섭본부장의 세계무역기구(WTO) 사무총장 출마 교섭이 주요 현안이었다. 필자는 멘데스 통상차관, 살로몬 외교부 총국장을 면담하고 지지를 요청하였다. 유명희 본부장은 마로토 통상산업관광 장관과 화상 면담을 했다.

9.16(수)에는 KOTRA가 마드리드 상공회의소와 함께 화상으

로 개최한 한국 무역투자 설명회에 참석하여 인사말을 하였다. 80여 개의 많은 스페인 기업들이 참석했는데 코로나19로 인해 스페인 기업들도 비즈니스 재개에 목말라 하고 있었다.

9.17(목)에는 대사관에서 주재 지상사 대표들과 기업지원협의회를 개최하였다. 코로나19 발생 이후 처음 갖는 대면 행사였다. 방역을 위해 아크릴 가림막을 설치하고 테이블 간격을 넓게 하니 분위기가 새로웠다. 지상사들도 코로나19로 매출이 많이 감소하였다고 하면서, 스페인 정부가 발표하는 새로운 경제지원책에 대한 정보를 신속히 제공해 줄 것을 요청하였다.

코로나 19 대응 방안 협의를 위한 기업활동 지원협의회 개최

9월에는 기억할 만한 2개의 문화행사가 있었다. 하나는 9.5(토)에 온라인 스트리밍으로 개최된 '이베로아메리카 K-Pop 스타스 페스티벌'이었다. 이종률 주스페인 문화원장이 주멕시코, 아르헨

티나, 브라질 문화원과 공동으로 기획한 이 행사는 4개국의 8개 K-Pop 우수 커버댄스 팀이 공연하고, 22개 이베로아메리카 국가 팬들이 참가하였다. 그린스판 이베로아메리카 사무총장도 축하 영상을 보내왔다.

아르헨티나의 유명 한류 유튜버 황진이의 사회로 진행되었는데, 엄청난 동시 환호 댓글이 올라오는 등 기대한 것보다 훨씬 더 열광적인 호응에 놀랐다. 문화원 측은 2만 5천여 명의 팬들이 접속했다고 집계하였다. 코로나19 상황에서 이베로아메리카 22개국 K-Pop 팬들을 연결한 창의적인 행사였다고 생각한다.

또 다른 행사는 9.21.(월)에 개최된 피아니스트 조성진 음악회였다. 예술서클(Círculo de Bellas Artes)이 문화원과의 협조로 개

이베로아메리카
K-Pop 스타스 페스티벌
포스터

최한 이 행사는 당초 4월에 예정되었으나 코로나19로 연기되었다. 자칫 무산될 뻔했는데 조성진 피아니스트의 결심과 관계자들의 노력으로 성사되어 기뻤다. 예술서클은 마드리드의 주요 민간 문화단체로 극장은 시내 의회(하원) 근처에 있다.

객석은 40%의 관객만 입장이 허용되었고 마스크까지 착용하여 다소 썰렁한 분위기였지만, 연주가 끝난 후 스페인 관객들의 반응은 정말 열광적이었다. 좌석 축소로 티켓을 구입하지 못해 아쉬워한 사람들도 많았다고 한다. 음악회에 온 몇몇 한국분들은 특히 감동이 많았던 것 같다. 긴 코로나 봉쇄로 분위기가 침체되었는데 세계적인 한국 음악인이 스페인에서 연주회를 가진 것 자체가 용기를 주었다. 연주가 끝나고 대기실에 가서 조성진 피아니스트와 인사를 했다. 처음 만났지만, 실력은 물론이고 따뜻하고 겸손한 태도가 인상적이었다.

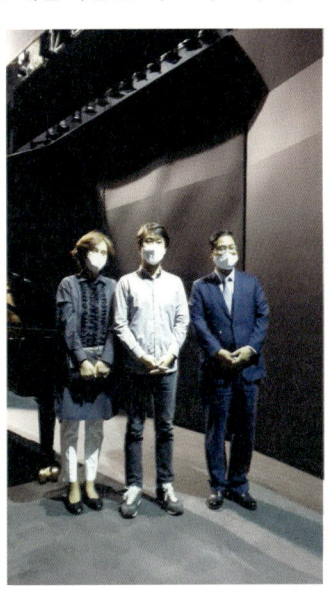

연주회 후 조성진 피아니스트와 함께

España en mi vida

59. 수교 70주년 마스크 외교, 그리고 또다시 봉쇄

코로나19가 재확산되는 어려운 상황이었지만 한-스페인 수교 70주년 홍보를 위해서도 노력하였다. 먼저 The Diplomat in Spain의 온라인 사이트에 홍보 배너를 설치하여 양국관계 발전에 대한 자료를 수록하였다. 9.30(수)에는 수교 기념 책자 발간 행사를 대면으로 개최하였다.

10.3(토) 국경일(개천절) 행사는 대면으로 개최할 수가 없어, 대체할 특별한 아이디어가 필요했다. 고민 끝에 직원들과의 협의를 통해 수교 70주년을 맞는 필자의 인사말과 문화공연을 녹화하여 온라인으로 게시하기로 하였다. 필자의 인사말은 고맙게도 Déjate de Historias TV의 노비요(Teresa Novillo) 기자가 장비를 가지고 와서 촬영해 주었다. 필자는 한-스페인 관계 70년의 역사를 정리하고, 또 다른 70주년을 향한 공동의 노력을 당부하였다. 문화공연은 한국과 스페인 음악인들이 합동으로 공연한 아리랑 콜라보레이션과 가곡-플라멩코의 만남을 선정하였다.

그리고 코로나19 상황을 고려하여 외교단과 스페인 주요 인사 천여 명에게 마스크를 선물로 보내기로 하였다. 안영주 KOTRA 관장과 협의하여 수교 70주년 기념 로고를 새긴 마스크를 한국에서 제작하여 항균 파우치와 함께 배포하였다. 마스크를 받은 많은 외교단과 스페인 인사들이 마스크의 디자인, 색, 질감이 좋고, 특히 항균 파우치는 한국만이 생각할 수 있는 아이템이라면서 감사의 인사를 보내왔다. 몇몇 대사관들은 어디서 구입할 수 있느냐고 문의도 하였다고 한다. 마스크 외교가 꽤 효과를 거둔 셈이다. 이러한 노력 덕분인지 온라인에 올린 영상은 조회 수가 800여 건에 달했다.

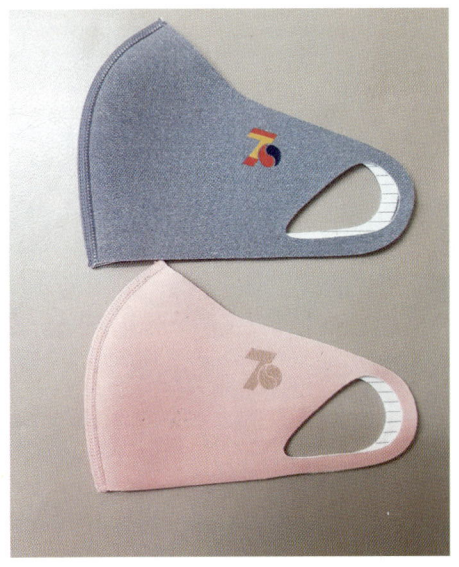

스페인 각계각층에 보낸 수교 70주년 마스크

10.14(수)에는 국회 외교통일위원회의 국정감사가 화상으로 진행되었다. 주영국 대사관, 주이란 대사관, 주이스라엘 대사관, 주프랑크푸르트 총영사관과 합동으로 진행되었는데, 스페인에 대해서는 질의가 많지 않았다. 다만 이재정 의원이 2019년 12월 말에 발생한 유학생 사망·사고에 대해 언급하여 순간 긴장이 되었다. 그러나 이재정 의원은 대사관이 유가족 지원을 위해 최선을 다했다고 평가한다면서 모범사례로서 공유하는 것이 좋겠다고 이야기했다. 전혀 예상하지 못했던 칭찬이었다. 함께 고생했던 직원들의 얼굴에 미소가 돌았다.

국정감사 증인선서를 하는 필자와 대사관 간부

10.15(목)에는 스페인에 새로 진출한 CJ ENM 주재원을 만났다. Entretenimiento Coreano(Korean Entertainment)라는 유튜브 채널에서 스페인어 더빙과 자막을 넣은 한국 영화와 드라마 콘텐츠를 제공하는 사업을 새로이 시작했다고 말한다. 스페인은 물론 전 세계 스페인어권 국가들을 대상으로 사업을 확대하는 것이 목표라고 한다. 문화산업 측면에서도 스페인의 플랫폼 역할이 부상하고 있다는 것을 느꼈다.

그러나 코로나19는 다시 확산되고, 10.20(화)이 되면서 일일 신규 확진자가 17,000명으로 1차 유행 때보다 2배가 증가하였다. 누적 확진자도 유럽에서 처음으로 백만 명을 넘어섰다. 결국 정부는 10.25(일)에 다시 국가경계령을 발동하고 만다. 다시 봉쇄가 시작된 것이다.

España en mi vida

60. 한-스페인 수교 70주년 기념 책자
발간 행사 개최

9월 중순에 드디어 한-스페인 수교 70주년 기념 책자가 발간되었다. 지난 1년 6개월간 주스페인 한국대사관, 주한 스페인대사관, 스페인한국연구소(CEIC)가 공동으로 추진한 사업의 결실이다.

강경화 외교장관과 곤잘레스 외교장관의 발간사로 시작되는 책자는 "한-스페인 70년의 발자취, 평가와 전망", "경제로 본 한-스페인 관계", "문화로 본 한-스페인 관계", "결론 : 앞으로의 70년을 향하여" 등 총 4부로 구성되었다. 한-스페인 외교관계 연표와 함께 양국 저명인사 28명의 기고문을 수록하였다. 대표적으로 한국 측에서는 반기문 전 유엔사무총장, 박용만 상공회의소 회장, 스페인 측에서는 사파테로(Rodríguez Zapatero) 전 총리, 피케 전 외교장관이 참여해 주셨다. 필자도 모로 주한 대사, 이달고 CEIC 회장과 함께 "한-스페인 관계의 과거, 현재와 미래"라는 제목의 글을 기고하였다.

Celebración del 70 aniversario
Publicación del Libro del 70 aniversario

수교 70주년 기념 책자

　한글과 스페인어로 발간된 책자는 양국 정부 부처, 관련 기관, 대학, 도서관에 배포하였고, 발간 기념행사도 개최를 추진하였다. 코로나19로 인해 국립무용단의 〈묵향〉 공연 등 계획했던 한-스페인 수교 70주년 기념행사가 모두 취소되었다. 스페인 사람으로는 1593년에 최초로 한국 땅을 밟은 세스페데스(Céspedes) 신부의 발자취를 탐방하는 행사와 산티아고 순례길의 주요 마을을 순회하며 한국문화를 공연하는 순례길 순회 문화공연도 추진할 수가 없었다. 그러나, 수교 70주년 기념 책자 발간 행사만은 반드시 대면으로 개최해야 했다. 수교 70주년을 기념행사 하나 없이 보낼 수는 없었고, 무엇보다도 많은 사람이 지난 1년 6개월 동안 노력한 결과의 산물이기 때문이었다.

9월에 들어 코로나19가 다시 확산되었으나, 다행히 1.5m 간격만 유지하면 실내 행사는 허용되고 있었다. 9.30(수)에 카시노 데 마드리드(Casino de Madrid)에서 평시 수용인원 200명의 1/4인 50명만 초청하여 행사를 개최하였다. 코로나19에 대한 우려가 없지 않았을 텐데도 사파테로 전 총리를 비롯하여 멘데스 통상차관, 블랑코 산업차관, 살로몬 외교부 총국장, 파론도 아시아 교류재단 원장, 김영기 한인회장, 이상찬 지상사협의회장, 크레마데스 서-한 상공회의소 회장, 루한 콤플루텐세대학 학장, 라토레 외교지 편집인, 마르틴 법무법인 GAP 파트너, 발카르세 Fitur 국장, 베르데 Inima 사장, 팔라시오 Indra 이사 등 주요 인사들이 참석해 주었다. 곤잘레스 외교장관, 피케 전 외교장관, 보넷 상공회의소 회장은 영상으로 인사말을 보내왔다.

수교 70주년 기념책자 발간 행사

행사는 필자의 인사말에 이어 곤잘레스 외교장관의 축사, 기고문 저자로 참여한 사파테로 전 총리·이달고 스페인한국연구소 회장·보넷 상공회의소 회장의 양국관계 평가, 마지막으로 피케 전 외교장관의 마무리 인사말로 진행되었다. 곤잘레스 외교장관은 "손뼉도 마주쳐야 소리가 난다"는 한국 속담을 인용하면서, 한국과 스페인 양국이 70년간 다양한 분야에서 관계를 발전시켜 왔다고 평가했다.

특히 이날 사파테로 전 총리의 인사말이 무척 인상적이었다. 사파테로 전 총리는 2004년부터 2011년까지 사회노동당 정부를 이끌었던 정치인이다. 2004년 3월 알카에다의 마드리드 열차 폭탄 테러로 충격에 빠진 스페인 사회를 추스르고, 스페인을 세계 8위의 경제대국으로 올려놓았다. 테러 후에 이슬람에 대한

발간 행사에서 축사를 하는 로드리게스 사파테로 전 총리

비판을 지양하고 이슬람과의 공존을 추구하는 문명 간 연대를 유엔총회에서 제안한 것으로도 유명하다.

사실 필자는 이날 행사에서 사파테로 전 총리의 인사말을 듣기 전까지는 이렇게까지 한국을 잘 알고 좋아하고 있다는 것을 몰랐다. 그는 "행사에 초청을 받고 단숨에 오고 싶은 마음을 억누를 수가 없었다."라고 인사말을 시작하였다. 이에는 객관적인 이유와 주관적인 이유가 있다면서, 객관적인 이유는 국제사회에서 한국의 중요성과 한-스페인 양국관계의 중요성이라고 설명하였다. 가난한 국가에서 세계 11위의 경제대국으로 성장하였고, 과학기술, 교육, 혁신은 전 세계의 모범이라고 말하였다.

주관적인 이유는 자신의 8년간의 총리 재임 기간 중 역대 어느 스페인 총리보다 한국과 긴밀한 관계를 맺었기 때문이라고 했다. 노무현 대통령, 이명박 대통령, 김황식 총리, 한승수 총리와 상호방문과 국제회의 계기를 통해 총 8차례의 만남을 가졌다. 노무현 대통령은 2007년에 한국 대통령으로서는 최초로 스페인을 방문하였고, 자신도 2010년에 한국을 방문하였다. 2010년 상반기에 스페인이 EU 의장국으로 활동할 때 한국과 한-EU FTA 체결을 위해 협력하여 그해 10월에 정식 서명할 수 있었다. 2010년 11월에 한국에서 개최된 G-20 정상회의에서 스페인이 사실상의 회원국인 영구초청국이 되었는데, 의장국인 한국의 지지가 결정적이었다. 자신의 제안으로 창설된 문명 간 연대 포럼과 유엔 새천년개발목표(MDGs) 달성을 위해서도 한국과 긴밀히 협력하였다.

이상이 사파테로 전 총리가 말한 인사말의 요지였다.

행사를 마치고 주요 참석자들이 모여 환담을 나누었는데, 이 자리에서 사파테로 전 총리는 좀 더 자세히 자신의 경험을 이야기했다. G-20 회원국의 지역 배분에 따라 스페인이 회원국에 포함되지 못했던 관계로 한 나라에게만 부여하는 영구초청국 지위 획득을 위해 총력 외교를 전개했다. 자신도 2010년 1월에 다보스 포럼에서 이명박 대통령을 만나 간곡히 요청했다. 의장국인 한국의 도움이 큰 역할을 했고, 항상 고마운 마음이라고 설명했다. 참석자들 중에 스페인이 매년 G-20 정상회의에 참석하게 된 이유를 아는 사람은 아무도 없었다. 사파테로 전 총리의 이 한마디가 수교 70주년의 의미를 상징적으로 설명하는 것 같았다.

그는 또한 반기문 유엔사무총장과 새천년개발목표(MDGs) 달성을 위해 함께 협력한 이야기도 했다. 당시 반기문 총장은 2015년에 종료하는 MDGs 달성을 위해 창도 그룹을 조직하였는데, 사파테로 총리가 공동 의장을 맡았다. 특히 2010년 11월에

G-20 정상회의 참석을 위해 방한했을 때 반기문 총장과 함께 국회에서 개최된 행사에 참석했던 기억이 난다. 공동의 노력으로 MDGs 달성을 위한 재원 마련에 성공을 거두었다고 흐뭇해했다.

한국에서도 모로 대사의 주관으로 10월에 포시즌스 호텔에서 반기문 총장 등 주요 인사를 모시고 기념행사가 개최되어, 양국 대사관의 공동 사업은 좋은 결실을 맺었다.

España en mi vida

61. 이임을 앞두고

10월 초에 필자의 후임 대사 내정을 통보받고, 스페인 외교부에 아그레망을 신청하였다. 이제 스페인을 떠날 준비를 해야 한다. 생각해 보니 정말 시간이 빨리 갔다. 특히 2020년은 코로나 팬데믹으로 정신없이 지냈다. 그래도 이임 인사는 해야 하는데, 2차 코로나 유행으로 10.25.(일)에 다시 국가경계령과 도시 간 봉쇄가 발동되어 쉽지가 않았다. 통상적으로 하는 이임 리셉션 개최는 불가능하였다. 꼭 필요한 몇몇 인사들은 직접 만나 인사를 하였고, 나머지는 화상이나 전화를 통해 인사를 하였다. 그 외 인사들은 "코로나19의 확산으로 직접 인사를 못 하고 이임하여 미안하고, 그동안의 지원에 감사를 표하는" 편지를 보냄으로써 인사를 대신하였다.

그런데, 생각지도 않게 고위 인사들에게 한번에 이임 인사를 할 기회가 생겼다. 11.10.(화)에 엘 파르도(El Pardo) 궁에서 개최된 '다자주의 지지 이니셔티브' 고위급 회의였다. 이 이니셔티브는 코로나 팬데믹을 계기로 국제사회의 협력과 공조를 더욱 강화하기 위해 스페인과 스웨덴이 주도하고 한국을 비롯한 8개국이 참여하여 출범되었다. 코로나 상황으로 10개국과 유엔본부를 화상으로 연결하여 고위급 회의를 개최하였는데, 각국에서 대통령, 총리, 장관급 인사들이 참석했고 구테흐스 유엔 사무총장도 축사를 하였다. 주최국인 스페인에서는 펠리페 6세 국왕, 산체스 총리, 상·하원의장, 대법원장, 헌법재판소장, 외교장·차관 등 고위인사들이 모두 참석하였다. 스페인 정부에서 참여국 대사들도 초청하여 필자도 참석하게 되었다.

다자주의 지지 이니셔티브 고위급회의에 참석한 필자

초청된 대사들은 도열하여 펠리페 6세, 산체스 총리와 간단히 인사를 나누고 단체 사진 촬영을 하였다. 이후 고위급 회의는 약 1시간가량 진행된 후 끝이 났다. 국왕과 3부 요인들은 먼저 퇴장하였고, 나머지 참석자들도 일어나 출구가 있는 옆 방으로 갔다. 그런데 먼저 퇴장했던 펠리페 6세와 3부 요인들이 떠나지 않고 이야기를 나누고 있었다. 마르티네스 왕실 의전장에게 물어보니, 펠리페 6세가 참석자들과 환담하고 있으니 필자도 기회를 봐서 국왕에게 인사를 하라고 말해준다. 자연스럽게 고위인사들에게 이임 인사를 할 수 있었다.

그리고 마지막으로 펠리페 6세에게도 다가가 인사를 했는데, 2019년 자신의 국빈 방한, 코로나19 발생 이후 2020년 6월 문재인 대통령과의 전화 통화에 대해 언급을 했다. 그리고 이제 스페인 사람들에게 한국이 많이 알려지게 되어 기쁘게 생각한다고 말했다. 필자가 곧 이임할 예정이라고 말하자, 떠나게 되어 아쉽다고 하면서 귀국 후 행운을 빈다고 하셨다. 필자가 이임한 후에도 펠리페 6세는 후임대사를 통해 필자에게 안부를 전해왔다.

11.25(수)에는 제13차 한-스페인 포럼이 서울과 마드리드를 연결하여 화상으로 열렸다. 2019년에 바르셀로나에서 개최된 12차 포럼에 이어 2020년에는 한국에서 개최될 예정이었으나, 화상으로 대체되었다. 수교 70주년을 맞이한 양국관계 평가와 포스트 코로나 시대에서 양국 간 디지털 및 그린 경제 협력 방안이 주제였다. 온라인으로 진행되었지만, 양국 외교차관, 국제교

류재단이사장, Casa Asia 원장, 한국외대총장 등 고위인사와 각계 전문가들이 참석하여 대면 회의 못지않게 활기를 띠었다. 필자는 모로 주한대사와 함께 양국관계 평가에 대해 발표를 하였고, 이임 인사와 함께 그동안의 협조에 감사의 인사를 했다.

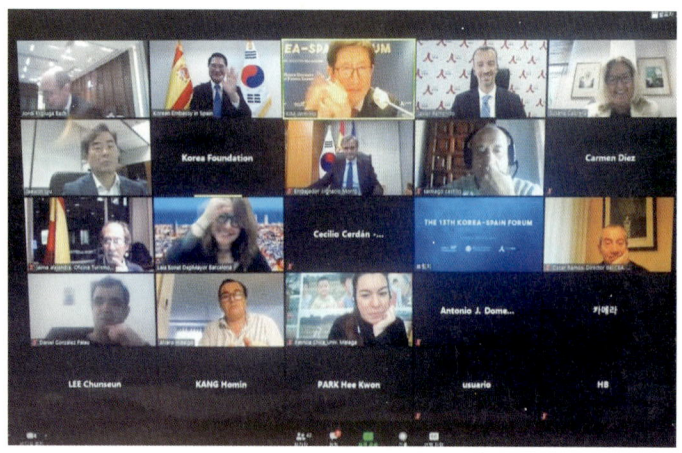

제13차 한-스페인 포럼 화상회의

코로나 상황에서도 한국인들의 정은 각별했다. 김영기 한인총연합회장과 강영구 마드리드 한인회장은 대사관에서 한인단체장들과 함께 공식적으로 인사를 했음에도 식사를 대접하지 않고는 필자를 보낼 수 없다고 하여 어쩔 수 없이 초청에 응했다. 지상사협의회도 이상찬 회장이 별도의 자리를 마련하였다. 도시 간 이동이 봉쇄되었지만, 바르셀로나는 허가를 받아 박천욱 평통 지역회장, 이덕 한인회장을 만났다. 바르셀로나는 식당이 모두 문을 닫은 관계로 허태완 총영사가 도시락을 주문해주어 총영사관에서 이야기를 나누었다.

한류 팬들과의 작별도 기억이 많이 난다. 11.26(목)에 화상을 통해 Teresa, Shey, Ivan, Nuria, Sylvia, The Brats, Francis, Jinhee, Toñi, Belen 등과 작별 인사를 했는데 그동안 정이 많이 들었는지 모두 못내 아쉬움을 표현했다. 그런데 11.27(금) 오전에 한류 동호회 화랑 멤버들이 깜짝 방문하여 꽃을 주고 갔다. 태극기 모양을 본떠 아래는 파란 장미, 위는 빨간 장미로 만들었다는 설명에 감동하였다. 최고의 선물이었다.

한류동호회 화랑이 필자에게 송별 인사로 보내온 꽃

이임 전에 필자가 받은 또 하나의 선물이 있었다. 아스투리아스 귀족단이 필자에게 한-스페인 수교 70주년에 기여한 공로로

'펠라요 국왕 건국 1,300주년 기념 메달'을 수여한 것이다. 펠라요 국왕은 8세기 초 이베리아반도 전체가 이슬람 세력에 의해 장악될 위기에 놓인 상황에서 아스투리아스 코바동가에서 기적적으로 이슬람의 공격을 물리치고 국토회복전쟁을 시작한 인물이다. 그가 718년에 세운 아스투리아스 왕국은 현 스페인 왕국의 시초가 되었으며, 19세기부터 스페인 왕위 계승자(왕세자)는 아스투리아스 대공의 직책을 부여받고 있다. 유서 깊은 아스투리아스 귀족단은 펠라요 국왕의 업적을 기리기 위해 매년 기념 메달을 수여하는데, 필자가 기념 메달을 받은 것은 개인적으로도 큰 영광이었다.

펠라요 국왕 건국 1,300주년 기념메달을 받은 필자

마지막으로 조기중 공사참사관과 이창원 서기관이 지난 몇 개월간 작업한 '스페인 17개 자치주 경제통상 환경' 책자의 원고가 완료되어 인쇄에 들어갔다. 지방 분권화가 고도화된 스페인은 경제통상 활동에서 자치주와의 협력이 필수적이라 필자는 여러 자치주를 방문하여 지방정부와 기업인들을 만났다. 이러한 필자의 경험과 정보를 한국 기업들과 공유하면 좋겠다는 생각에서 책자 발간을 준비하였는데, 필자가 떠나기 직전에 완료된 것이었다. 마지막까지 의미 있는 성과가 나와 가슴이 뿌듯했다.

España en mi vida

62. 스페인을 떠나다

    12.1(화)에 스페인을 떠나는 귀국 항공권을 예약했다. 일요일인 11.29에 아내와 함께 마드리드 시내에 마지막 나들이를 갔다. 늦가을에 하늘도 흐려 약간 쌀쌀한 날씨였다. 마지막이라는 아쉬움 때문일까? 3년 동안 다녔던 장소들인데도 기분이 새롭다. 왕궁과 알무데나(Almudena) 성당 앞. 작년 성주간(Semana Santa)에 성당을 출발하는 예수 행렬을 보려고 군중 속에서 한참을 기다렸던 생각이 났다.

    대광장(Plaza Mayor)으로 가니 벌써 크리스마스 나무와 장식을 파는 시장이 들어섰다. 옆에는 전통시장을 리모델링한 산미겔(San Miguel) 시장이 있다. 각종 타파스를 먹을 수 있는 장소로 항상 사람들로 붐빈다. 주위 옥외 테이블에서는 여름에는 시원한 맥주, 겨울에는 따뜻한 추로스와 커피를 마시곤 했다. 솔 광장(Puerta del Sol)으로 가는 길에 플라멩코 공연장(Tablao)이 보인다. 마드리드에서 가장 유명한 케이크 가게인 라 마요르키나(La Mallorquina)에는 오늘도 사람들이 줄을 섰다.

솔 광장에는 카를로스 3세의 동상 옆 분수대에 사람들이 앉아 쉬고 있다. 12.31 밤에는 수만 명이 모여 마드리드 주정부 청사 시계 탑에서 울리는 12번의 종소리를 들으며 12알의 포도를 먹으면서 새해를 맞이한다. 북쪽으로 그란 비아(Gran Vía)로 이동하여 까야오 광장(Plaza de Callao)에서 맥주 한잔을 했다. 동쪽의 시벨레스(Cibeles) 분수로 가서 마드리드 시청, 스페인 은행, 세르반테스 문화원을 배경으로 사진을 찍었다. 좀 더 내려가면 있는 프라도 미술관, 레이나 소피아 미술관, 티센 미술관도 많이 다녔던 장소 중의 하나이다. 세 곳 모두에 한국어 음성서비스가 설치된 것을 생각하니 기분이 좋았다. 늦가을의 레티로(Retiro) 공원과 크리스털 궁전도 둘러보았다.

저녁은 트레스 마레스(Tres Mares) 식당에서 했다. 삼면의 바다(three seas)라는 뜻의 해산물 식당인데 필자와 아내가 제일 좋아하는 식당으로 단골이었다. 서민적인 식당이지만 맛은 최고였다. 한국에서 손님들이 오면 이 식당에 초대를 많이 했는데 모두 만족하였다. 문을 열고 식당으로 들어가자 주인이 반갑게 인사한다. 직원들도 이제 모두 아는 사이가 되었다. 늘 주문하던 가리비(zamburiña), 문어 구이(pulpo a la plancha)와 알바리뇨 화이트 와인(Martín Códax)을 주문했다. 항상 그랬듯이 주인이 새우와 토마토소스 빵을 서비스로 가져오면서 안부를 물었다.

마지막으로 식사는 랍스터 밥(Arroz con Bogavante)를 시켰다. 보통의 파에야(Paella)와는 달리 이 음식은 밥이 죽같이 걸쭉한데 맛이 참 좋다.

식당 주인과 아쉬운 작별 인사를 하고 관저로 돌아와서 아내와 지난 3년을 회고했다. 7번째 해외 생활을 함께 마치는 것인데 아내는 항상 필자의 든든한 후원자였다. 2020년에는 오십견이 재발하였으나 코로나 상황에서 치료를 제대로 받을 수가 없어 고생했던 것을 생각하면 마음이 아팠다.

다음 날인 11.30(월) 대사관에서 직원들과 작별 인사를 했다. 직원들이 필자와 아내를 위해 송별식을 준비했다. 임웅순 공사,

대사관 환송행사, 정무과 직원들과

이창원 서기관, 김보령 실무관, 다니엘 연구원이 필자와 함께했던 시간을 회고하는 송별 인사를 했다. 그리고 필자의 스페인 생활 3년을 담은 동영상을 만들어 보여주었는데, 마음이 울컥하지 않을 수가 없었다. 생각해보면 직원들이 부족한 필자를 믿고 따라주었기에 맡은 소임을 완수할 수 있었다. 직원들이 너무 고맙고 이런 직원들을 만난 필자가 복이 많았다.

임웅순 공사, 박내천 공참, 조기중 공참, 변정일 무관, 조충경 서기관, 이창원 서기관, 이영수 서기관, 홍다혜 서기관, 신혜민 영사, 김승철 영사, 성은지 서기관, 탁영찬 서기관, 오지훈 문화원장, 안영주 KOTRA 관장, 강명재 부장, 남선우 차장, 그리고 시윤경, 김보령, 나예원, 김현정, 박난영, 고한울, 정기훈, 이우석,

직원들과 작별 인사

이정희, 박미미 등 모든 실무관과 다니엘, 메르세데스, 헤수스, 엔리케, 이사벨, 윌프레도, 헤로니모(KOTRA), 문화원 직원들에게 감사의 인사를 했다.

이전에 필자와 함께 일했던 김대환 서기관, 고일권 무관, 유지한 서기관, 최종욱 공참, 민보람 서기관, 유승주 참사관, 배영기 영사, 황인용 서기관, 류재원 KOTRA 관장, 심재상 차장, 이종률 문화원장도 생각난다. 지금은 대부분 국내외에서 주요 보직을 맡아 일하고 있다.

차량에 탑승하는 필자를 직원들이 현관에서 배웅하였다. 마지막 작별 인사를 하고 차에 타려는 순간, 갑자기 조충경 서기관과 직원들이 손을 흔들며 힘차게 "인생은 60부터!"라고 외쳤다. 필자가 스페인을 이임한 후 곧 정년 퇴직을 하기 때문이었다. 젊은 후배들은 마지막 순간에도 필자에게 이렇게 힘과 용기를 주었다.

12.1(화)에 암스테르담 경유 인천행 비행기를 탔다. 부임할 때와 달리 주 4회 운항했던 마드리드-인천 직항이 중단되어 아쉬웠다. 임웅순 공사 내외가 공항에 나와 배웅을 했다. 임공사도 뉴욕으로 발령이 났는데, 고맙게도 필자를 먼저 보낸다고 떠나는 것을 조금 미루었다. 이렇게 만나고 헤어지는 것이 외교관의 삶인 것 같다.

전홍조 대사의
스페인 일기

못다한 이야기

ESPAÑA EN MI VIDA

전홍조 대사의 스페인 일기

못다한 이야기

España en mi vida

63. 한국과 스페인의 유사성

2019년 3월 30일 레티로 공원 근처에 있는 크레마데스 & 칼보-소텔로(Cremades & Calvo-Sotelo) 법무법인 5층 회의실에서 개최된 서-한 상공회의소 조찬 간담회에서의 일이다. '이베리아 윤활유 기유 회사'(ILBOC)의 로메로 사장이 "한국 사람은 아시아의 라틴 사람이다"라는 말을 했다. ILBOC은 스페인 최대 석유화학 기업인 렙솔(Repsol)과 한국의 SK 루브리컨츠가 2014년 설립한 합작 회사인데, 불과 4년 만에 유럽 시장에서 45%의 점유율(매출액 3.5억 유로)을 기록할 정도로 성장하고 있었다. 한국 기업과 4년간 함께 일을 하면서 한국 사람과 스페인 사람의 케미가 너무 잘 맞는 것을 깨달았다고 강조했다.

사실 이 말은 2018년 10월 10일에 플랜트 건설기업 테크니카스 레우니다스(Técnicas Reunidas)의 발렌시아 부사장에게서도 들은 적이 있다. 이 기업은 오랜 기간 한국 건설기업들과 제3국에서 많은 프로젝트를 함께 수행하였는데, 한국 기업들과 케미가 맞아 모든 프로젝트를 성공적으로 수행할 수 있었다고 말했다.

그리고 보면 한국 사람과 스페인 사람은 정서적으로 잘 맞다는 생각이 든다. 스페인 사람들은 다른 선진 유럽 국가들보다 친절하고 인간적인 면모가 많다. 이것은 확실히 한국 사람들의 기질과 비슷하다. 개방적이고 열정적이며 가족 간 유대를 중시하는 것도 비슷하다. 그러니 서로가 만나면 마음이 통할 가능성이 크다.

그런데 이 자리에서 몇 달 전 주한 스페인 대사 근무를 마치고 귀임한 오르티스 대사는 "한국 사람은 아시아의 라틴 사람이다"라는 말에 동의하지 않는다고 하였다. 한국 사람들은 스페인 사람들보다 훨씬 과학적이고 기술적이며 혁신을 추구하기 때문이라고 했다. 한국에서 오래 생활했던 오르티스 대사의 입장에서는 그렇게 생각할 수도 있을 것 같다. 그러나 스페인에서 생활했던 필자는 이 말에 충분히 공감이 된다.

스페인 음식은 마늘과 양파를 양념으로 많이 사용하여 한국 사람들의 입맛에도 맞다. 그래서 그런지 스페인을 여행하는 한국 사람들은 한식을 먹고 싶다는 생각이 많이 들지 않는다고 한다. 음식 메뉴를 보면 'al ajillo'라는 말이 자주 보이는데 올리브 오일에 마늘을 넣고 끓여 만든 소스이다.

역사적 경험도 비슷한 측면이 많다. 스페인은 1936-1939년간 이념에 의한 동족상잔의 내전으로 군인 백만 명이 전사하고, 민간인 20만 명이 살해되었으며 국토 전체가 파괴되는 아픔을 겪었다. 이후 스페인은 1975년까지 36년간 프랑코의 독재 지배 하에 놓이게 되며, 프랑코 사후 여러 어려움을 극복하며 민주화를 이룩하게 된다. 민주화와 함께 1986년 유럽공동체(EC) 가입 이후 급속한 경제성장을 하여 1991-1992년에는 세계 8위의 경제대국으로 성장하게 된다. 1990년대에 중남미 진출을 통해 발판을 마련한 금융, 통신, 건설, 에너지, 호텔 기업들은 유럽, 미국으로 사업을 확대하여 글로벌 기업으로 성장했다.

비슷한 시기에 내전과 독재라는 어려움을 겪은 후 민주화와 경제발전을 동시에 이룩했다는 점에서 스페인과 한국의 역사적 경험은 닮은 점이 많다. 2004-2011년간 총리를 역임하고 한국과 긴밀한 관계를 유지했던 사파테로 전 총리는 한국-스페인 수교 70주년 책자에 기고한 글에서 이러한 양국의 유사성을 역사의 평행 이론이라고 설명하기도 했다.

필자가 스페인에서 근무할 때 종종 스페인 인사들로부터 1988년 서울올림픽 준비 상황을 파악하기 위해 한국을 방문한 적이 있다는 이야기를 들은 적이 있다. 자신들의 1992년 바르셀로나 올림픽 개최 준비를 위한 것이었는데, 그때 한국 관계자들이 협조를 잘해 주어 도움이 많이 되었다고 말했다. 한국과 스페인이 4년 간격으로 올림픽 개최를 통해 자신의 발전상을 전 세계에 보여주었다는 점도 또 다른 평행 이론의 사례라고 할 수 있겠다.

2000년대 들어 한국과 스페인은 비슷한 경제력과 인구를 가진 중견국으로 민주주의, 인권, 법치, 다자주의라는 보편적 가치를 공유하면서 국제사회에서 훌륭한 파트너로서 긴밀히 협력하고 있다. 유라시아 대륙의 동쪽 끝과 서쪽 끝에 위치한 한국과 스페인의 이러한 유사성은 향후 양국관계 발전에 소중하고 유용한 자산이 될 것으로 생각한다.

España en mi vida

64. 마요르카의 안익태 선생 유택

애국가를 작곡한 안익태 선생을 빼고 스페인을 이야기할 수 없다. 안익태 선생은 1936년부터 유럽의 여러 나라에서 활동하다가 2차 세계대전이 막바지에 이른 1944년 6월에 스페인으로 이주하였다. 1946년에 스페인 여성 마리아 돌로레스 탈라베라(Maria Dolores(애칭 Lolita) Talavera)를 만나 결혼하여 마요르카섬의 팔마시에 살다가 1965년에 사망하였고, 부인과 슬하에 세 딸을 두었다. 안익태 선생은 마요르카 오케스트라를 창단하여 지휘하였고, 이를 기념하여 사후에 "안익태 거리"가 명명되고 기념비도 세워졌다. 매년 여름에 마요르카에서 휴가를 보내는 펠리페 6세 국왕도 필자에게 안익태 선생에 대해 이야기한 적이 있었다.

안익태 선생은 1955년 고국을 떠난 지 34년 만에 한국을 방문하여 한국인으로는 처음으로 문화훈장을 받았다. 1962-64년에는 서울에서 매년 국제음악제를 주관하였다. 사망 12년 후인 1977년에는 안익태 선생의 유해가 스페인에서 국립묘지로 안장되는 등 애국지사로 예우를 받았다. 애국가를 작곡하고 세계적으로 알려진 음악가인 안익태 선생의 애국심에 대해 어떠한 의심도 있을 수가 없었다.

안익태 거리

안익태 선생의 유택에 얽힌 몇 가지 사연을 이야기하고자 한다. 탈라베라 여사와 가족들은 안익태 선생이 사망한 이후에도 같은 집에서 계속 살았다. 그런데 이 집은 안익태 선생이 소유한 것이 아니고 세를 살았던 집이었다. 그런데 1990년에 들어 집 주인이 집을 팔려고 내놓았는데, 동포 사업가인 권영호 인터불고 그룹 회장이 매입하여 정부에 기증하였다. 권영호 회장은 1970-1980년대에 번성했던 라스팔마스 원양어업에서 큰돈을 벌었고, 한국에도 인터불고 그룹을 설립한 사업가였다.

안익태 선생 유택

필자는 2018년에 대사관에서 권영호 회장을 만나 그 당시 상황을 설명들을 수 있었다. 그때 권영호 회장은 자식들에게 사업을 물려주고 스페인에서 조용히 생활하고 있었다. 당시 한 교민이 자신을 찾아와 집주인이 집을 팔려고 내놓은 사실을 이야기하면서, 만약 집이 다른 사람의 소유가 되면 안익태 선생의 유택이 없어지게 될 것을 우려하였다고 한다. 그러면서 자신에게 그 집을 매입하여 가족들이 계속 살게 하여 유택을 보존하는 방안을 제안하였고, 권 회장은 이 제안을 수용하였다고 한다. 주택을 매입한 후 한국 정부에 기증할 의사를 표명하였고, 이후 1992년 바르셀로나 올림픽 취재를 위해 스페인을 방문한 한국 언론들이 이 사실을 보도함으로써 한국 국내에도 알려져 많은 성금이 모였다고 한다.

한국 정부는 심의위원회를 구성하여 권영호 회장의 기증을 수용함으로써 이후 이 집은 외교부 소관의 국유재산이 되었다. 심의위원회는 또한 안익태 기념재단을 설립하여 성금을 관리하도록 결정하였다. 안익태 기념재단은 유품 인수와 유족 생활비 지급 등에 기금을 사용하였고, 많은 시간이 지나 이제는 기금도 고갈되었다고 한다. 이후 탈라베라 여사는 2009년 94세의 나이로 사망하였고 국립현충원 안익태 선생의 묘에 합장되었다. 대사관은 2016년에 노후된 유택을 개보수하고 1층에는 유품을 전

안익태 선생 기념관

시한 기념관도 개설하였다. 현재 셋째 딸인 레오노르(Leonor)가 유택에 거주하면서 관리하고 있는데, 종종 마요르카를 여행온 한국인들이 유택을 방문한다고 한다. 아름답고 평화로운 관광지인 마요르카섬에 이렇게 한국인 음악가의 발자취가 있다는 것은 좋은 일이다.

그런데 최근 안익태 선생의 친일 행적과 친나치 행적을 둘러싼 논쟁이 벌어지면서 분위기도 예전 같지는 않은 것 같다. 2006년에 독일에서 음악을 공부하던 유학생 송병욱이 1942년에 안익태 선생이 베를린에서 자신이 작곡한 〈만주국 환상곡〉을 지휘하는 동영상을 공개하면서 우리에게 충격을 주었다.
  그리고 시간이 흘러 필자가 스페인에서 근무하던 2019년에 이해영 교수의 『안익태 케이스』라는 책이 발간되면서 또다시 큰 파장이 일었다. 안익태 선생이 일본의 의뢰로 리하르트 슈트라우스가 작곡한 〈일본 축전곡〉을 지휘한 사실, 나치의 독일제국 음악원 회원이 된 사실, 히틀러 생일을 축하하는 프랑스 파리 베토벤 페스티벌에서 3차례 공연한 사실 등이 그것이다. 급기야는 〈애국가〉 교체 논쟁까지 일어나는 뉴스를 접하면서 스페인에서 유택을 관리하는 필자의 마음은 착잡했다.

España en mi vida

65. 스페인의 산업과 기업

필자는 2019년 2월에 네르하-말라가-마르베야-지브롤터에 이르는 태양의 해변(Costa del Sol)을 가보았다. 우리에게는 잘 알려지지 않았지만, 이 지역은 매년 1,200만 명의 유럽 관광객이 태양과 해변을 즐기는 곳이다. 하얀색의 예쁜 집들이 바다와 어울려 그림 같은 풍경을 만들어낸다. 네르하에는 유럽의 발코니라 불리는 곳도 있다. 그리고 네르하에서 자동차로 1시간 고속도로를 달려 그라나다의 알함브라 궁전을 보았다. 스페인 관광의 진수를 맛본 것이다.

스페인은 2019년 기준으로 해외관광객 8,300만 명, 관광수입 1,000억 달러의 세계 2위의 관광대국이다. 세계경제포럼(WEF)의 2019년 세계여행관광 경쟁력지수에서 1위를 차지하였고, 관광산업이 직간접으로 GDP의 14%(약 2천억 불)에 달한다. 전시컨벤션(MICE) 산업도 세계 3위를 차지하고, 바르셀로나의 모바일월드콩그레스(MWC), 마드리드 국제관광박람회(Fitur)와 같은 세계적인 행사를 매년 개최하고 있다. 그렇다면 스페인이 세계적인 관광대국이 된 비결은 무엇일까?

첫째, 태양과 해변이다. '태양을 팔아 먹고사는 나라'라는 말이 있을 정도이다. 해변의 길이는 10,000km가 넘는다. 2019년에는 해외관광객 8,300만 명 중 영국, 독일, 프랑스 등 유럽 관광객들이 5,900만 명으로 70%가 넘는데, 이들은 대부분 해변에서 1주일 이상 휴양을 즐긴다.

태양의 해변(출처 : 엽서)

둘째, 보고 즐길 거리가 많다. 스페인은 중국과 이탈리아에 이어 세계 3위의 유네스코 세계유산 보유국(48개)이다. 특히 800년간의 이슬람 지배가 남긴 독특한 문화유산은 다른 유럽에서는 찾아볼 수 없다. 그리고 산페르민, 파야스, 토마티나 등 1년 365일 다양한 축제가 개최된다. 산티아고 순례길도 유명한 관광자원으로 활용되고 있다. 3면이 바다이고 국토가 넓어 먹거리도 다양하다.

셋째, 관광 인프라가 잘 갖추어져 있다. 스페인은 세계 2위의 고속철 망(3,410km)을 운영하고 있다. 마드리드를 중심으로 고속도로가 전국적으로 방사선으로 펼쳐져 있다. 재미있는 것은 대부분 고속도로에서 통행료를 받지 않는데, 필자가 궁금해서 물어보니 스페인이 EU의 지원으로 건설한 고속도로는 통행료가 없다고 한다. 숙박 시설도 다양한데, 특히 옛날 성, 수도원 등을 개조한 파라도르(Parador)가 독특하다.

그러나, 관광만으로 스페인 경제를 모두 설명할 수는 없다. 여러 분야에서 글로벌 기업들이 이름을 알리고 있다. 금융에서는 Santander(세계 16위), BBVA(세계 42위)와 통신에서는 Telefónica(세계 8위), 에너지에서는 Repsol(세계 27위)이 중남미, 유럽, 미국에 진출하고 있다. 스페인은 재생에너지의 발전 비중이 40%인 재생에너지 강국인데, Iberdrola는 세계 1위의 풍력발전사로 세계 12개국에서 전력사업을 운영하고 있다.

스페인은 해외건설수주액 2위의 건설강국이기도 하다. 1위인 ACS를 비롯하여 9개 건설사가 세계 100대 건설기업에 포함되어 있다. 특히 교통인프라 컨세션에서 세계 1위의 투자국(27개국, 2,650억 불)이다. 한국 기업과는 17개국에서 56개 프로젝트를 공동으로 수주하여 시행하는 등 긴밀한 협력을 유지하고 있다.

자동차는 외국투자 기업이긴 하지만 9개 기업이 16개 공장에서 연 282만 대를 생산하고 있다(세계 9위). Gestamp, Antolin

과 같은 자동차 부품 기업들도 글로벌 기업으로 성장하였으며, 한국에도 공장을 운영하고 있다.

  1992년에 고속철(AVE)을 개통하였고 세계 2위의 고속철망(3,410km)을 보유하고 있는 스페인에는, Talgo, Caf와 같은 철도 차량 생산기업이 있다. 스페인은 Airbus의 4대 주주로서 수송기와 공중급유기를 생산하고 있는데, 한국은 2018-2019년에 공중급유기 4대를 도입한 적이 있다. Amadeus는 세계 1위의 항공·여행 IT 솔루션 기업인데, 한국과도 대한항공과 합작회사를 설립하였다. 현재 대한항공과 많은 한국 여행사들이 Amadeus 시스템을 사용하고 있다. Indra는 세계 항공관제시스템 시장의 30%를 점유하는 기술기업으로서 한국의 인천공항, 김포공항에 시스템을 수출하였으며, 2020년에는 한국 공군기지의 항공관제시스템 사업을 수주하였다. 이 밖에도 Grifols(혈장기반 의약품), Acerinox(스테인레스 철강), Inditex(Zara 등 9개 브랜드 생산, 세계 1위

고속철도 차량 제작 기업 Talgo 방문

소매의류), Melía(세계 17위 호텔체인)가 모두 전 세계에 진출하고 있는 다국적기업이다.

토마스 로페스 아마데우스 CEO 예방

이러한 스페인 기업들은 언제부터 어떻게 세계적인 기업들이 되었을까? 이들은 대부분 1990년대에 중남미에서 해외투자를 시작하였는데, 그 배경은 다음과 같다. 스페인은 1986년에 오래 기다려 왔던 유럽공동체(EC)에 가입하게 되는데, 1993년 유럽 단일시장의 출범을 앞두고 우려가 컸다. 당시 스페인 기업들은 국제경쟁력이 높지 않은 상황이었고, 단일시장으로 교역과 투자에 장벽이 없어지면 스페인 시장은 영국, 독일, 프랑스 기업들에 의해 장악될 가능성이 컸다. 생존을 위해 스페인 기업들은 해외투자를 통해 규모를 키워 경쟁력을 높이고자 했는데, 언어적, 역사적, 문화적 유대가 강한 중남미에 눈을 돌렸다.

한편, 중남미는 1980년대의 외채 위기와 인플레이션(잃어버린 10년)을 극복하기 위해 신자유주의 정책을 시행하였고, 이에 따라 많은 국영기업을 민영화하였다. 스페인 기업들은 이때 통신, 금융, 전력, 석유 분야 기업들을 대거 인수하는 데 성공하였다. 스페인 정부 통계에 의하면 1996-2000년 동안 스페인은 중남미에 728억 유로를 투자하였으며, 특히 1999년과 2000년에는 미국을 제치고 제1위 투자국으로 부상하였다.

중남미에서 발판을 마련한 스페인 기업들은 이후 유럽과 미국으로 사업을 확대함으로써 세계적인 기업으로 성장하였다. 한국 기업들도 중남미, 유럽 진출을 위해 이러한 스페인 기업들과 협력하면 좋은 결과를 거둘 수 있을 것으로 생각한다. 필자가 스페인에서 만난 많은 기업 관계자들도 한국 기업과의 협력을 희망하였다.

호세 루이스 보넷 스페인 상공회의소 회장 예방

España en mi vida

66. 스페인 포도주와 음식의 추억

외교관은 항상 손님을 초청할 때 어떤 포도주를 선택할까 고민을 많이 한다. 비싼 와인을 대접하면 좋겠지만 예산 사정상 그러기가 어렵다. 가격은 합리적이면서 맛이 있는 와인을 찾는 것이 숙제이다. 와인이 생산되지 않는 나라에서는 더 그렇다. 그러나 스페인에서는 이러한 고민을 할 필요가 없었다. 스페인을 생각하면 다양한 문화, 음식, 축제와 같이 좋은 것이 너무 많다. 그러나 필자는 그중에서 하나를 선택하라면 단연코 포도주를 선택하겠다.

스페인에서도 와인은 2유로에서 몇백 유로까지 종류가 엄청 많다. 그러나 레드 와인의 경우 대개 10-20 유로면 괜찮은 와인을 살 수 있다. 스페인 와인 가격이 아직 프랑스와 이탈리아에 비해 저렴하기 때문이다. 스페인은 전국적으로 포도주를 생산하지만, 레드 와인은 북중부 지역의 라 리오하(La Rioja)와 리베라 델 두에로(Ribera del Duero)가 주생산지이고, 화이트 와인은 루에다(Rueda, 마드리드 북서쪽)와 리아스 바이사스(Rías Baixas,

갈리시아 해안)가 주생산지이다. 레드 와인을 만드는 포도 품종은 템프라니요(tempranillo)인데, 등급은 숙성기간 3년(오크통 2년)의 레세르바(Reserva)와 숙성기간 2년(오크통 1년)의 크리안자(Crianza)로 구분된다. 필자는 지인의 추천으로 리베라 델 두에로의 에밀리오 모로(Emilio Moro) 크리안자를 맛보았는데, 맛이 레세르바에 못지않았고 가격도 18유로 정도여서 제일 많이 사용하였다. 화이트 와인으로 리아스 바이사스의 마르틴 코닥스(Martin Codax) 알바리뇨(Albariño) 와인이 해산물과 잘 매치가 되어 좋았다.

스페인에는 일반 와인 외에 카바(Cava)와 셰리(Sherry)주라는 특별한 와인도 생산된다. 카바는 스파클링 와인으로 북동부 카탈루냐 페네데스(Penedes) 지방이 주요 생산지이다. 카바는 동굴이라는 뜻인데, 와인을 숙성시키기 위해 동굴을 사용했기 때문이라고 한다. 스파클링 와인의 대명사는 프랑스의 샴페인이지만, 필자의 생각으로는 카바가 샴페인 못지않게 맛이 있고 가격도 저렴하여 가성비가 좋다. 코도르뉴(Codorniu)와 프레시넷(Freixenet)이 대표적인 와이너리이다. 프레시넷 그룹의 소유주였던 보넷 상공회의소 회장이 필자를 와이너리에 초청하였는데, 여러 사정으로 가보지 못한 것이 많이 후회된다.

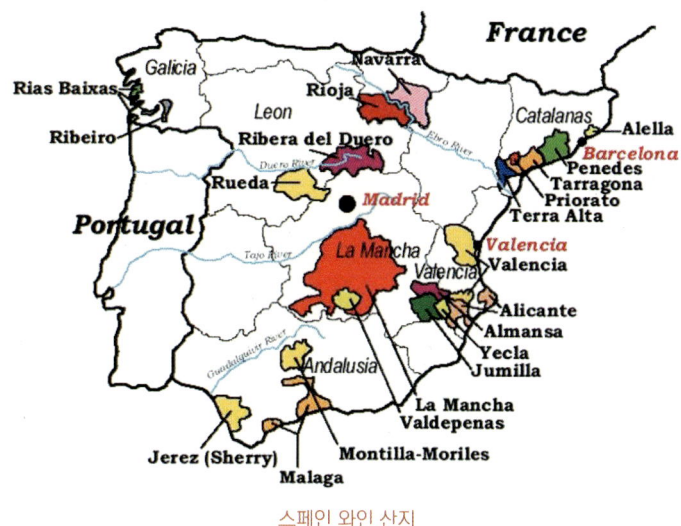

스페인 와인 산지

셰리주는 식사 전에 입맛을 돋우기 위해 마시는 식전주로 남부 안달루시아 지방의 헤레스(Jerez) 마을에서 생산된다. 헤레스(Jerez)가 프랑스어 그제레스(Xeres)로 변하고 다시 영어 셰리(Sherry)로 발음되면서 생긴 이름이다. 화이트 와인에 브랜디를 첨가해 도수를 높여 주정을 강화한 와인이다. 포르투갈의 포트(Port) 와인처럼 식사 후에 디저트와 함께 마시는 와인은 많이 있으나, 식사 전에 마시는 와인은 셰리 와인이 유명하다. 세비야를 가면 꼭 마셔 보기를 권한다. 이와 같이 스페인은 다양한 와인이 생산되고 저렴한 가격으로 마실 수 있는 와인의 천국이다. 이제 한국에도 다양한 스페인 와인이 판매되고 있는데, 조만간 프랑스, 이탈리아 와인 못지않은 인기를 누리기를 기대한다.

스페인 음식에 대한 필자의 경험도 간략히 이야기하고자 한다. 스페인 음식하면 단연코 파에야(Paella)가 대표적이다. 스페인의 쌀 생산지인 발렌시아가 원조이나 이제는 전국적으로 확산되었다. 필자는 발렌시아의 토끼고기 파에야, 마드리드 트레스 마레스 식당의 걸쭉한 해산물 파에야, 바르셀로나의 먹물 파에야 등 다양한 파에야를 맛보았다. 2019.6.1에 이사벨 여왕의 탄생지인 마드리갈 델 라스 알타스 토레스에서 개최된 '한-스페인 문화교류 한마당'에서 250명의 한국과 스페인 사람들이 파에야를 함께 만들어 먹었던 기억도 난다.

2019년 5월 어느 날 개최된 한인회 행사에 새끼 돼지 통구이 요리인 코치니요(Cochinillo)가 나왔다. 무대 위 테이블에 여러 마리의 코치니요가 놓여 있었는데, 요리를 만든 스페인 셰프가 필자와 한인회장에게 앞으로 나와 고기를 잘라달라면서 접시를 주었다. 고기가 워낙 부드러워 접시를 누르니 쉽게 잘렸다. 그런데 셰프가 갑자기 접시를 바닥에 던졌다. 필자에게도 던지라고 해서 잠시 망설이다가 던졌는데, 쨍그랑 깨지는 소리에 모두가 웃으면서 박수를 쳤다. 코치니요를 자르고 접시를 던지는 것이 이들의 전통이라고 한다. 코치니요는 로마 수로교로 유명한 세고비아가 원조인데, 수로교 밑에 있는 칸디도(Candido) 식당이 유명하다. 마드리드에도 세계에서 가장 오랜된 식당으로 기네스북에 오르고 헤밍웨이가 코치니요를 먹었다는 보틴(Botín)이라는 식당이 유명한데, 생각만큼 맛은 없다고 한다.

안달루시아에서 무더운 한여름에 먹는 시원한 수프인 가스파초(Gazpacho), 장작불에 잘 태운 대파를 소스에 찍어 먹는 카탈루냐의 칼솟(Calcot) 요리, 코르도바와 론다 지방의 소꼬리찜, 돼지고기와 이집트콩, 초리소, 야채를 넣어 끓인 뚝배기 요리인 코시도(Cocido) 등 각 지방의 색다른 요리도 맛보았다.

그런데, 필자가 스페인에서 경험했던 다양한 음식 중에서도 가장 대중적이고 스페인적인 것은 '타파스(Tapas)'인 것 같다. 술

타파스바(출처 : 위키미디어 공용)

안주로 제공되는 소량의 음식인 타파스는 덮개라는 뜻인데, 이름부터 재미있다. 치즈, 하몽, 올리브, 해산물, 야채 등 다양한 음식이 모두 재료로 사용된다. 바스크 지방에서는 잘게 썬 빵 위에 음식을 얹고 나무 꼬챙이를 끼었다고 해서 '핀초(Pincho)'라고 불린다. 스페인 사람들은 어디에서나 타파스를 와인이나 맥주와 함께 먹으면서 사람들과 자유롭게 담소를 나눈다. 타파스는 단순한 음식이 아니라 스페인의 일상생활이자 문화인 것이다. 인심이 좋은 남부 안달루시아에 가면 타파스를 주문할 필요가 없다. 맥주를 시키면 타파스 하나가 꼭 따라서 나오기 때문이다.

España en mi vida

67. 어떻게 스페인을 여행할까?

가끔 사람들이 "스페인을 여행하고 싶은데 어디가 좋아요?"라고 묻는다. 이런 질문을 받으면 사실 답변하기가 쉽지 않다. 스페인같이 국토가 넓고 역사와 문화가 다양한 국가를 여행하는데 한두 군데를 찍어서 보라고 하기는 어렵기 때문이다. 여행하는 사람들의 관심 분야와 여행 기간 등 사정에 따라 여행지도 달라질 수가 있을 것이다.

그래서 필자는 다음과 같이 답변을 했다. 먼저 스페인을 처음 여행하고 기간이 짧은 사람들은 우선 마드리드와 바르셀로나부터 보는 것이 좋다. 마드리드는 1561년부터 460년간 스페인의 수도로서 정치, 경제, 문화를 대표하는 곳이다. 주변 1시간 거리에 서고트 왕국과 카스티야 왕국의 수도였던 톨레도도 위치한다. 시간이 더 있으면 로마 수로교가 있는 세고비아, 세르반테스의 생가가 있는 16세기 초 설립 대학도시인 알칼라 데 에나레스, 왕실의 여름 별장이자 사냥터였던 아란후에스 궁전도 가볼 만하다. 모두 마드리드에서 1시간 거리에 있다.

바르셀로나는 마드리드와는 사뭇 역사적, 문화적 배경이 다른 도시이다. 마드리드의 중앙집권과 군주제에 반대하며 지금은 분리독립을 추진하는 도시의 특징을 볼 수 있다. 이와 함께 가우디, 달리, 미로와 같이 위대한 예술가들이 남긴 문화적 유산을 즐길 수 있는 곳이다. 성가족 성당, 구엘 공원, 카사 밀라 등등 유명한 곳이 너무 많다.

두 번째로 권하고 싶은 코스는 이슬람 문화의 유산이 남아 있는 남부 안달루시아 지역의 코르도바, 세비야, 그라나다를 차례로 방문하는 것이다. 약 800년간(711-1492년)의 이슬람 세력의 스페인 지배는 3단계로 구분되는데, 각 단계의 수도가 코르도바, 세비야, 그라나다였다. 시대별 이슬람 문화의 특징을 보고 이후 이슬람과 가톨릭 문화가 혼합된 무데하르 양식도 감상할 수 있다.

코르도바는 이슬람 세력이 가장 번성했던 시대(756-1031년)의 수도였다. 그 당시 인구 50만의 세계 3대 도시의 하나로 중세 서유럽에서 가장 크고 부유하였으며 학문과 과학의 중심지였다. 말발굽 형태의 아치가 숲처럼 펼쳐진 모스크(이슬람 사원)와 좁은 골목길에 꽃으로 장식한 하얀색 집들이 있는 유대인지구(후데리아)가 유명하다. 가로수가 오렌지 나무인 점도 특이하다.

세비야는 1147-1248년간 알모아데 왕조의 수도였다. 1248년에 카스티야 왕국의 페르난도 3세가 세비야를 함락한 후 모스크의 탑 위에 가톨릭 성당의 종루를 얹은 히랄다탑이 유명하다. 이슬람 성을 왕궁으로 바꾼 알카사르도 무데하르 양식의 대표적 건축물로 유명하다. 이후 세비야는 중남미 식민지 경영의 중심 도시로 번성하였는데, 식민지에서 가져온 금으로 화려한 황금제단을 만든 세비야 대성당이 유명하다.

세비야의 함락으로 이슬람 세력은 그라나다 지역으로 영토가 축소되었지만, 나사리 왕조는 250년간 지속되었고 그 유명한 알함브라 궁전을 남겼다. 그라나다를 보고 시간이 조금 더 있으면, 앞에서 이야기한 지중해 태양의 해변(Costa del Sol)도 가보기를 권한다. 특히 마르베야.

이번에는 북쪽으로 가보자. 비스케이만 동쪽의 산세바스티안에서 서쪽으로 해안을 따라서 라코루냐까지의 지역은 무덥고 건조한 남쪽 날씨와는 전혀 다른 기후를 가지고 있다. 연중 평균 기온이 10-20도로 온화하고 강수량이 많아, 숲이 우거져 경치가 아주 예쁘다. 곳곳에 한적하고 예쁜 해변이 많다. 중간지역에는 유럽의 꼭대기(Picos de Europa)라 불리는 넓이 20㎢, 최고봉 2650m의 산맥도 있다. 여름에 40도가 넘는 남쪽에서 무더위로 고생하기보다는, 이곳에서 시원하게 휴가를 보내는 것이 훨씬 좋다.

산세바스티안은 인구 18만 명의 작은 도시이지만 미쉐린 식당들과 핀초 바들이 즐비한 미식의 도시이다. 영화제, 재즈 페스티벌도 유명하다. 빌바오는 구겐하임 미술관이 명물이고 스페인 최대 전력회사 Iberdrola와 BBVA 은행의 본사가 있는 곳이다. 산탄데르는 아름다운 항구도시로 Santander 은행의 본사가 있고, 주변에 알타미라 동굴벽화가 있다. 오비에도는 국토수복전쟁(Reconquista)의 시발이 된 아스투리아스 왕국의 수도였고, 주변에 722년 이슬람 군대를 물리친 코바동가가 있다.

갈리시아주의 라코루냐는 1세기 후반 로마의 등대로 건설된 헤라클레스의 탑이 도시의 상징물이다. 라코루냐의 남쪽에는 산티아고 순례길의 종착지인 산티아고 데 콤포스텔라가 있어, 순례를 마친 순례객들의 즐거운 모습을 볼 수 있다. 이 지역 리아스 바이사스에서 생산된 알바리뇨 화이트 와인에 순례길의 상징인 조개와 갈리시아식 문어 요리를 먹는 것도 즐거움이다.

산티아고 순례길은 800km가 넘는 거리에 시간도 한 달 이상 걸려 상당한 준비가 필요한 것 같다. 피레네산맥을 넘어 중세도시 팜플로나, 부르고스, 레온을 연결하는 광활한 밀밭이 펼쳐지는 메세타 고원 지대를 걸어, 사리아 등 산악 지대를 지나면 산티아고 데 콤포스텔라에 도착한다. 걸으면서 또는 알베르게에서 세계 각지에서 온 사람들과 친구가 되어 순례를 함께 하는 것도 즐거움이다. 그런데 한 가지 팁이 있다. 순례길을 완주하면 증명서를 발급받는데 800km를 모두 걸을 필요가 없고, 100km만 걸어도 증명서를 발급받을 수 있다. 시간이 없는 사람들은 이 방법도 생각해볼 수 있겠다.

이 밖에도 시간이 있으면 가볼 만한 곳이 너무 많다. 파야스 불꽃 축제로 유명한 발렌시아, 피카소의 생가가 있는 말라가, 아름다운 계곡과 투우장이 유명한 론다 등을 추천하고 싶다.

[참고문헌]

◆ 권혜림, 『미식의 나라, 스페인을 가다』, 버튼북스, 2019
◆ 김훈, 『세계를 뒤흔든 스페인의 다섯 가지 힘』, 유노북스, 2020
◆ 신정환·전용갑, 『두 개의 스페인』, 한국외국어대학교출판부, 2020
◆ 이강혁, 『처음 만나는 스페인 이야기』, 지식프레임, 2018

전홍조 대사의
스페인 일기

초판인쇄 2022년 10월 20일
초판발행 2022년 10월 26일

저　　자 전 홍 조
발 행 인 권 호 순
발 행 처 시간의물레
등　　록 2004년 6월 5일
주　　소 경기도 파주시 숲속노을로 150, 708-701
전　　화 031-945-3867
팩　　스 031-945-3868
전자우편 timeofr@naver.com
블 로 그 http://blog.naver.com/mulretime
홈페이지 http://www.mulretime.com
I S B N 978-89-6511-406-2 (03920)
정　　가 20,000원

※ 이 책의 저작권은 저자에게 출판권은 시간의물레에 있습니다.
※ 잘못된 책은 바꿔드립니다.